中国出版蓝皮书
CHINA PUBLISHING BLUE BOOK

2013—2014

中国出版业发展报告
ANNUAL REPORT OF PUBLISHING INDUSTRY IN CHINA
2013—2014

主 编/范 军　副主编/张晓斌

图书在版编目（CIP）数据

2013~2014中国出版业发展报告/范军主编．—北京：中国书籍出版社，2014.8
ISBN 978-7-5068-4292-1

Ⅰ.①2… Ⅱ.①范… Ⅲ.①出版工作-研究报告-中国-2013~2014 Ⅳ.①G239.2

中国版本图书馆CIP数据核字（2014）第166620号

2013~2014中国出版业发展报告

范　军　主编

责任编辑	许艳辉
责任印制	孙马飞　马　芝
封面设计	北京楠竹文化发展有限公司
出版发行	中国书籍出版社
地　　址	北京市丰台区三路居路97号（邮编：100073）
电　　话	（010）52257143（总编室）　　（010）52257153（发行部）
电子邮箱	chinabp@vip.sina.com
经　　销	全国新华书店
印　　刷	三河市顺兴印务有限公司
开　　本	787毫米×1092毫米　1/16
印　　张	19.25
字　　数	315千字
版　　次	2014年10月第1版　2014年10月第1次印刷
书　　号	ISBN 978-7-5068-4292-1
定　　价	70.00元

版权所有　翻印必究

《2013~2014中国出版业发展报告》编纂人、撰稿人和审稿人名单

组　　长：范　军

副组长：张晓斌

撰稿人（按文章顺序排列）：

中国出版业发展报告课题组　杨　伟　张泽青　郭全中
许正明　王　飚　毛文思　王　洁　李永林　常震波　冯建辉
出版传媒集团发展报告研究课题组　全国国民阅读调查课题组
高校学报出版质量综合评估课题组　杨春兰　张　姝　李建红
甄云霞　闫　鑫　汤雪梅　刘颖丽　龚　玲　李家驹　梁伟基
潘浩霖　刘美儿　王国强　黄昱凯　戴思晶　香港联合出版集团

统　　审：贾靓琨　龚　玲

审　　定：魏玉山　范　军　张晓斌

目　录

主报告

改革发展中的中国出版业
——2013~2014年中国出版业发展报告
　　…………………………………中国出版业发展报告课题组（3）
　一、2013年中国出版业改革发展 ………………………………（4）
　二、中国出版业改革发展的趋势分析 …………………………（18）
　三、关于推进中国出版业改革发展的建议 ……………………（28）

分类报告

2013~2014年中国图书出版业报告………………………杨　伟（39）
　一、2013年中国图书市场基本状况 ……………………………（39）
　二、2013年影响和推动图书出版行业的主要因素和事件 ……（46）
　三、2014年及未来一段时间图书出版业发展趋势与展望 ……（49）
2013年期刊出版现象观察…………………………………张泽青（53）
　一、创办与变更 …………………………………………………（53）
　二、高校学报自觉转型 …………………………………………（53）
　三、首届中国武汉期刊（交易）博览会成功举办 ……………（54）

四、国家资助精品科技期刊 …………………………………………… (54)
　　五、微信直接影响文摘期刊 …………………………………………… (55)
　　六、期刊发展举步维艰 ………………………………………………… (56)
　　七、以刊物评价论文，以论文评价人才的局面将转变 ……………… (56)

整合转型中的中国报业 ……………………………………… 郭全中 (58)
　　一、市场化是改革主基调 ……………………………………………… (58)
　　二、管理机构进一步整合 ……………………………………………… (60)
　　三、报业广告收入继续高位下滑 ……………………………………… (61)
　　四、市场退出机制初步建立 …………………………………………… (62)
　　五、区域化整合成为转型的抓手 ……………………………………… (63)
　　六、收购重点解决成长性难题 ………………………………………… (66)
　　七、体制外转型探索不断深入 ………………………………………… (68)
　　八、战略合作和多元化探索亮点频频 ………………………………… (69)

2014 年或将成为音像电子出版业发展的新起点 ……………… 许正明 (71)
　　一、我国音像电子出版业发展的整体态势 …………………………… (71)
　　二、音像电子出版业面临极好的发展机遇 …………………………… (73)
　　三、推动音像电子出版业发展的思路和举措 ………………………… (73)

2013~2014 年数字出版产业发展报告 ………… 王飚　毛文思　王洁 (76)
　　一、数字出版发展现状 ………………………………………………… (76)
　　二、数字出版问题与对策 ……………………………………………… (82)
　　三、数字出版发展趋势 ………………………………………………… (86)

2013~2014 年印刷业发展报告 ……………………………… 李永林 (92)
　　一、2013 年印刷产业运行概况 ………………………………………… (92)
　　二、2013 年印刷产业发展的主要特点 ………………………………… (98)
　　三、2013 年印刷产业发展存在的主要问题及启示 …………………… (100)
　　四、2014 年印刷产业发展的基本预期 ………………………………… (101)
　　五、印刷产业发展对策的思考及建议 ………………………………… (103)

2013 年出版物发行业报告 …………………………………… 常震波 (105)
　　一、教辅新政对教辅市场的影响 ……………………………………… (105)
　　二、展销活动活跃 ……………………………………………………… (109)

三、新华书店扩张渠道 …………………………………………… (113)

四、部分民营实体书店逆势而出 ………………………………… (114)

五、优扶政策频现 ………………………………………………… (116)

六、在线图书零售增长迅猛 ……………………………………… (117)

七、信息化建设取得阶段性成果 ………………………………… (118)

八、报刊零售市场整体下滑 ……………………………………… (119)

九、传统音像行业"涅槃"转型 ………………………………… (120)

十、海外发行延续强劲势头 ……………………………………… (121)

2013年度出版科研八大热点综述 ……………………………… 冯建辉 (124)

一、科研视角更趋宽泛 …………………………………………… (124)

二、集团、上市研究不断出新 …………………………………… (126)

三、公共服务研究进一步深化 …………………………………… (127)

四、数字出版研究呈现新亮点 …………………………………… (128)

五、国际出版交流研究持续深入 ………………………………… (130)

六、出版文化研究广受关注 ……………………………………… (132)

七、学术期刊研究热度不减 ……………………………………… (134)

八、出版史研究有新的突破 ……………………………………… (135)

年度重点专题报告

2013年出版传媒集团发展的十大趋势解读

………………………………… 出版传媒集团发展报告研究课题组 (141)

一、出版传媒集团探索特殊管理股制度试点将会有突破 ……… (141)

二、混合经济将助推出版传媒集团实现较快发展 ……………… (142)

三、出版传媒集团跨媒介经营将会有新进展 …………………… (143)

四、股份制合作公司将成为地方出版传媒集团突破地域壁垒的

重要力量 ……………………………………………………… (144)

五、对出版传媒集团监管机制的探索将会见成效 ……………… (144)

六、出版传媒集团自我裂变式发展将会有新进展 ……………… (145)

七、专业出版集团将会在中国出版业的发展格局中占有较大的分量……（146）
　　八、出版传媒股票将会受到股民持续关注……（147）
　　九、专业化的报刊集团将不断增多……（148）
　　十、移动阅读将成为出版传媒集团关注的焦点……（149）

第十一次全国国民阅读调查主要发现………全国国民阅读调查课题组（151）
　　一、成年国民阅读情况分析……（151）
　　二、未成年人阅读情况分析……（155）

高校学报出版质量现状、问题及对策建议
　　——基于高校学报出版质量综合评估数据所作的分析
　　………………………高校学报出版质量综合评估课题组（157）
　　一、高校学报出版质量现状及存在问题……（157）
　　二、提升高校学报出版质量的意见和建议……（162）

2013 中国期刊业：寻求突破与融合……………杨春兰（166）
　　一、2013 年中国期刊业发展特点……（166）
　　二、中国期刊业发展趋势……（171）

2013~2014 年出版物市场治理情况……………张　姝（177）
　　一、总体情况……（177）
　　二、主要特点……（182）
　　三、下一步重点工作……（185）

2013 年中国民营书业发展报告………李建红　甄云霞　闫　鑫（187）
　　一、2013 年中国民营书业总体情况……（187）
　　二、发展趋势……（191）
　　三、对策与建议……（194）
　　四、两点思考……（195）

2013 年数字出版模式的多元探索………………汤雪梅（197）
　　一、自媒体及平台……（197）
　　二、免费模式电子书……（198）
　　三、融合营销传播……（199）
　　四、粉丝经营——微店及其他……（200）

五、电商出版 …………………………………………………（202）
　　六、社会化阅读 ………………………………………………（203）
　　七、众筹出版 …………………………………………………（204）
2013~2014年出版标准化建设 ………………………… 刘颖丽（206）
　　一、标准化工作进展情况 ……………………………………（206）
　　二、标准化工作的几个转变 …………………………………（213）
　　三、主要问题 …………………………………………………（215）
　　四、作用及发展建议 …………………………………………（217）
2013年中国新闻出版业"走出去"情况分析 …………… 龚　玲（220）
　　一、2013年中国新闻出版"走出去"基本情况 ……………（220）
　　二、新闻出版"走出去"面临的困难及相关建议 ……………（225）

港、澳、台地区出版业报告

2013年香港特别行政区出版概况
　　…………………… 李家驹　梁伟基　潘浩霖　刘美儿（229）
　　一、综合出版 …………………………………………………（229）
　　二、教育出版 …………………………………………………（233）
　　三、阅读趋势 …………………………………………………（235）
　　四、不是结局而是开始 ………………………………………（238）
2013年澳门特别行政区出版业概况 …………………… 王国强（240）
　　一、前言 ………………………………………………………（240）
　　二、出版品统计 ………………………………………………（240）
　　三、出版业界的交流 …………………………………………（245）
　　四、书店业 ……………………………………………………（246）
　　五、结语 ………………………………………………………（246）
2013~2014年台湾地区出版业报告 …………………… 黄昱凯（248）
　　一、台湾地区出版产业概况 …………………………………（248）
　　二、两岸与国际交流概况 ……………………………………（250）

三、数字出版发展概况 ………………………………………………（253）
四、有关部门的角色 …………………………………………………（255）
五、结语 ………………………………………………………………（256）

附 录

2013年中国出版业大事记 ……………………………………… 戴思晶（261）
2013年中国香港特别行政区出版业大事记 ………… 香港联合出版集团（282）
2013年中国台湾地区出版业大事记 ……………………………… 黄昱凯（288）

主报告

改革发展中的中国出版业
——2013~2014年中国出版业发展报告

中国出版业发展报告课题组

2013年至2014年是中国出版业发展史上十分重要的时期。党的十八届二中全会、三中全会的召开，对包括出版业在内的全国各条战线的改革发展作出重大部署。

在这一大的宏观背景下，中国出版业在发展中改革，在改革中发展，保持了良好的势头。2013年全国出版、印刷和发行服务营业收入较2012年增长9.7%，增加值增长9.6%，利润总额增长9.3%。2013年全国共出版图书44.4万种，较2012年增长7.4%，出版图书品种增速较2012年回落4.7个百分点，其中新版图书回落10.8个百分点。这从一定程度上说明，图书出版结构有所优化、质量有所提高，由规模数量型向质量效益型转化的步伐加快。一批宣传阐释十八大、十八届二中全会和三中全会精神、社会主义核心价值观、中华民族伟大复兴的中国梦主题出版物，一批传播当代中国价值观念、展示当代中国学术研究成果，一批文学、大众、科技类出版物相继出版发行，受到广大读者的热烈欢迎。数字出版发展也显示出强劲的势头，2013年数字出版营业收入较2012年增长31.3%。民营书刊发行业加快转型，努力实现品牌化、数字化和多元化。这些发展的成果正是得益于出版业不断深化体制机制以及行政管理改革。2013年至2014年，非时政类报刊出版单位改革继续推进，已有3 000多家完成转企。出版企业兼并重组有了新突破，传媒资本受到追捧。在2013年国务院取消下放的行政审批事项中，出版行政审批事项占到14项，占总量的39%。这包括取消出版物总发行单位设立审批，今后任何一家出版物批发单位均可与出版单位合作，从事某一出版物的总发行。这使那些在市场竞争中脱颖而出的市场主体在出版物发行市场中没有准入的门槛。以全民阅读为核心的农家书屋、"东风工程"、古籍整理出版工程、民族出版工程、电子阅报屏工程等出版公共服务体系建设不断推进，对出版物出版环节、实体书店优扶政策相继出台。"走出去"迈出坚实的步伐，版权输出在比例结构、区域结构、内容结构、语种结构、媒体形态机构等方面不断优化，版权输出与版权引进比缩至1∶1.7。北京国际图书博览会、2013年土耳其伊斯坦布尔国际书展中国主宾国活动成功举办，"经典中国"国际出版工程、中国图书对外推广计划、中国出版物国际营销渠道拓展工程顺利开展，极大地增强了中国文化的影响力和传播力。

一、2013年中国出版业改革发展

（一）认真贯彻十八届三中全会精神，出版业改革平稳推进

党的十八届三中全会《中共中央关于全面深化改革若干重大问题的决定》（以下简称《决定》）指出，要紧紧围绕建设社会主义核心价值体系、社会主义文化强国深化文化体制改革，加快完善文化管理体制和文化生产经营机制，建立健全现代公共文化服务体系、现代文化市场体系。出版业认真贯彻《决定》精神，紧紧围绕两个"完善"、两个"体系"不断推进体制改革和机制创新。

1. 部委出版社转企深化，专业出版集团实力增强

部委出版社转企完成后，不少部委都在酝酿整合资源，成立出版传媒集团，中国教育出版集团、中国科技出版集团、中国国际出版集团都是部委出版社转企深化带来的成果。2013年部委出版社成立集团又有了新进展。8月，中国财经出版传媒集团挂牌仪式在京举行。11月，中国人力资源和社会保障出版集团有限公司在京召开成立大会。12月，中国工信出版传媒集团顺利获得工商营业执照。专业出版集团的相继成立，增强了中国出版业格局中专业出版集团的实力，顺应了国际上出版集团专业化发展的潮流。

2. 异地出版机构首获出版权，跨地域发展实现新突破

2013年5月，安徽时代出版旗下的全资子公司北京时代华文书局获得国家

新闻出版广电总局批准颁发的图书出版许可证,这是我国出版业首家获得跨地区出版资质的出版机构。以往跨地域发展主要通过跨地域并购来实现,此次国家新闻出版广电总局赋予跨地域设立的出版机构出版权,而且是一家国有独资、民营机制、全员聘用的出版机构,此举为出版企业跨地域发展开辟了新通道。目前,许多出版企业都在北京、上海、广州等地跨地域设立了出版公司,这些出版公司都没有出版权,出版企业跨地域并购的民营公司也都没有出版资质,这不利于塑造公司品牌,对公司的经营也有很大的影响。如果这些出版公司能积极申请并获得出版资质,将会极大地促进出版业跨地域发展,有利于打破出版业区域利益垄断格局,促进出版资源与人才资源在全国范围内流动,形成出版企业之间进一步良性竞争。

3. 报刊改革取得新收获,专业报刊集团成为有生力量

2013年非时政类报刊改革持续深入,山西科技新闻出版传媒集团、湖北今古传奇传媒集团、广西师范大学报刊传媒集团有限公司相继成立。解放日报报业集团和文汇新民联合报业集团整合重组成立上海报业集团。中国社会科学院启动了院属期刊改革,将近70种院属期刊委托社科文献出版社统一印制、统一发行。北京中科期刊出版有限公司正在向科技期刊集团迈进。2014年3月,国家新闻出版广电总局在京召开的2014年中央报刊主管单位工作会议要求进一步推动报刊调整结构、兼并重组,积极培育一批骨干传媒集团,相信在不久的将来专业报刊集团的实力将会进一步壮大。

从总体上看,2013年,新闻出版业改革总体上是平稳均衡推进,在量变的同时孕育着新的质变。2014年2月中央全面深化改革领导小组第二次会议审议通过了《深化文化体制改革实施方案》,2014年4月国务院办公厅印发《文化体制改革中经营性文化事业单位转制为企业的规定》及《进一步支持文化企业发展的规定》。同月,国家新闻出版广电总局办公厅公布了2014年新闻出版改革发展八项工作要点。有理由相信,这一系列改革政策措施的出台,将极大地推进新闻出版业改革迈上新台阶。

(二)社会主义核心价值观引领,各类出版物争相出彩

2012年11月,党的十八大报告明确提出富强、民主、文明、和谐、自由、平等、公正、法治、爱国、敬业、诚信、友善24字核心价值观。2013年12

月，中共中央办公厅印发《关于培育和践行社会主义核心价值观的意见》，对新形势下培育和践行社会主义核心价值观提出了具体指导意见。在社会主义核心价值观引领下，一大批满足广大人民群众的多元文化需求的出版物相继出版发行。

1. 主题出版物生动活泼，既"叫好"又"叫座"

2013年是贯彻落实党的十八大精神的开局之年，出版系统把坚持和发展中国特色社会主义作为学习宣传贯彻党的十八大精神的聚焦点、着力点和落脚点，集中策划推出了一批题材广泛、内容丰富、主题鲜明的图书。《〈中共中央关于全面深化改革若干重大问题的决定〉辅导读本》《党的十八届三中全会〈决定〉学习辅导百问》等十八届三中全会学习辅导读物在很短的时期内发货数就达到611.5万，成为帮助读者大众清晰了解未来中国全面深化改革"路线图"的必要工具。

2013年，宣传中国梦的出版物进一步创新形式和内容，及时地把学习习总书记系列讲话引向深入，《中国道路》《中共十八大：中国梦与世界》《习近平关于实现中华民族伟大复兴的中国梦论述摘编》等一批优秀图书均以多种文字出版；同时，还出版了一批面向青少年的内容生动、形式活泼的中国梦主题图书。

主题出版优秀图书在销售数量上也占据领先地位，如《理性看 齐心办：理论热点面对面·2013》，据开卷统计，排行全国图书零售市场畅销书排行榜第8位。

2. 文学文化类图书提升阅读格调，原创与引进各领风骚

无论是"大众喜爱的50种书"、中央电视台和中国图书评论学会联合举办的"首届年度好书推介盛典""第九届文津图书奖"，还是"深圳读书月"、江苏省、湖北省等面向大众的推荐书单中，以及各大媒体的"年度好书"评选，有数本图书屡屡出现，代表了2013年文学文化类图书的品格。文化类图书如《邓小平时代》《漫漫自由路》《陈独秀全传》《洪业传》《古书之美》《中国经济双重转型之路》《旧制度与大革命》等，文学类图书如《繁花》《带灯》《小艾，爸爸特别特别地想你》《平如美棠：我俩的故事》等。这些图书既有引进的精品，又有国内作者的力作，大多可称为"明日经典之作"，能够"叫好又叫座"，不仅思想深邃，格调高雅，富有人文关怀精神，更展现了当代中国装

帧设计的独特审美与风格，如同浩瀚书海中的一颗颗光华流转的明珠，照亮着 2013 年中国的阅读空间。

3. 大众畅销书彰显市场活力，体现多媒体时代营销特点

开卷统计，2013 年我国动销的 126 万种图书当中，监控销售排名前 5% 的图书品种为零售市场贡献了超过 59% 的市场码洋，也就是说，畅销书已经成为我国图书零售市场发展的重要力量。"畅销"就意味着图书中具备强烈吸引读者的元素，因此畅销书往往成为影视创作颇受欢迎的资源。在多媒体时代，网络成为出版者策划畅销书又一需要重点考察的领域，驾驭得当，庞大的"粉丝群"往往会转化为潜在图书读者群。2013 年，成功的案例有柴静的《看见》，这部书被喻为图书界的"泰囧"，一经问世，"砍柴""挺柴"的微博骂战让其销量不降反增，使其荣登开卷公司发布的"2013 年非虚构类畅销书排行榜 TOP100"之榜首。此外，《小时代 1.0》《小时代 2.0》《致我们终将逝去的青春》《宝贝》《霍比特人》《不省心》等，都称得上是出版与影、视、网、名人效应结合的创新佳作。

4. 科技新知引领阅读潮流，促进人们思想观念变革

2013 年，一本书的畅销让一个概念变得尽人皆知，这本书就是《大数据时代》，该书是国外大数据研究的先河之作，在我国出版之后，"大数据"的概念迅速在全社会引发热议，政界、商界、信息技术界乃至医学界、教育界等众多领域都试图将其付诸应用，至于该书是否能像《第三次浪潮》等里程碑式著作那样促进人们思想观念实现重要变革，以科技之光照亮当下及未来，令人拭目以待。同样能够传播现代科学知识、培养科学精神，能够指导读者建立健康科学的生活方式的该年度优秀科技科普类新书还有《数学之美》《科学外史》《众病之王：癌症传》《3D 打印：从想象到现实》《孟山都眼中的世界——转基因深化及其破产》《只有医生知道！》等。

5. 少儿类出版物展现我国原创实力，保持强劲上升势头

有学者称过去的十年为我国少儿出版的"黄金十年"，该领域成为拉动我国图书市场发展的重要板块，2013 年全国大众畅销书榜单 TOP100 当中，少儿类占据 55 个席位，创造了近六年来的最佳成绩。本年度，曹文轩、杨红樱、梅子涵等知名少儿文学作家持续保持旺盛的创作精力，新晋少儿文学作家精品迭出，更有张炜、王安忆、赵丽宏、薛涛等成人文学作家加盟，汇成了本土原

创少儿图书创作的不竭之源，开卷发布的2013年度少儿畅销书排行榜TOP100中，国内原创作品上榜品种数为89种。从类型来看，少儿文学、少儿科普读物、少儿绘本、低幼启蒙等各类图书都有优秀作品出版，少儿文学类图书如"淘气包马小跳"系列、沈石溪动物小说系列、"笑猫日记"系列、"墨多多谜境冒险"系列图书在2013年推出的新品种继续占据畅销书前列，"植物大战僵尸"系列、"熊出没"系列卡通漫画书成为影视游戏出版的新热点，这些图书寓教于乐，受到家长和青少年读者的欢迎。

（三）兼并重组呈现新特点，出版传媒股资本市场受追捧

兼并重组是出版传媒集团做大做强的重要手段，也是国际传媒集团发展壮大的通常做法。长期以来我国的出版集团在兼并重组方面做出了许多有益的探索，2013年出版传媒集团兼并重组又取得了新进展。

1. 重组影视媒体突破媒介壁垒

2013年江西出版集团旗下二十一世纪出版社与上海美术电影制片厂签订了战略合作协议，中南出版传媒集团与湖南教育电视台合资创立湖南教育电视传媒有限公司，中国教育出版传媒集团与中国教育电视台举行战略合作签约仪式。这些举措体现了出版传媒集团跨媒介发展的有益探索，在跨媒体合作方面的突破。

2. 合资组建股份制公司突破地域壁垒

2013年3月海峡出版集团和城邦集团共同投资组建的海峡书局股份有限公司正式宣告成立；6月，中国教育出版传媒集团所属人民教育出版社、人教教材中心与陕西人民出版社、陕西出版集团四家股东按比例出资、共同组建的国有股份制文化企业——陕西西北人教玉成文化传媒有限公司揭牌；8月，中国出版传媒与江西新华发行集团、中国科技出版传媒、凤凰传媒在京签署合作协议，决定共同出资重组新华联合发行有限公司。

3. 跨界并购手机游戏拓展新领域

手机游戏有着良好的发展前景，出版传媒企业凭借内容优势延伸发展，进入手机游戏领域已初见端倪。2013年8月，江苏凤凰出版传媒以3.1亿元认购上海慕和网络科技有限公司新增注册资本，从而持有慕和网络64%的股权。同月，天舟文化斥资12.54亿元完成对北京神奇时代网络有限公司100%股权收购。

2013年8月23日，凤凰传媒公告投资手游公司慕和网络后，其股价放量涨停，8月27日，天舟文化公告完成对手游公司神奇时代的收购后，其股价连续9天涨停，这足见股民对手游市场的看好。长期以来，出版传媒股票一直因为业绩增长预期不高，缺乏具有想象力的故事而不被资本市场看好。出版传媒企业进军手机游戏等新领域，未来的增长空间被打开，改变了股民长期形成的偏见。

（四）数字出版日新月异，多媒体书报刊、Kindle阅读器受关注

2013年8月国务院印发《关于促进信息消费扩大内需的若干意见》，将信息消费作为国家发展新战略，信息消费的扩大将带动数字出版产业实现较快的发展。2013年，数字出版实现营业收入2 540.4亿元，较2012年增长31.3%；利润总额199.4亿元，增长31.2%。2013年数字出版的重要性日益得到体现，数字出版的赢利模式日益多样，电商、互联网大佬、传统出版企业、数字出版企业、技术提供商都希望在这个领域分到蛋糕，各种力量的角逐日趋激烈。

1. 新技术助推多媒体融合发展，互动排版技术前景广阔

单纯的纸质书、电子书、音视频领域的竞争日趋饱和，多种媒体的融合发展正在成为趋势，互动排版技术、二维码、MPR技术、可穿戴技术使多媒体融合成效日益显著；通过手机扫描书报刊上的二维码，便可以观看相关视频；通过点读笔，书本上的单词会发出声音，这些已不是新鲜事。值得关注的是近年来方正电子、睿泰科技等公司推出的国产互动式排版工具愈加完善，进一步推动了电子书刊的立体化发展。2013年10月，方正推出飞翔6.0数字版互动式电子书排版软件，以更多的互动式模板、更加简便的操作为互动式电子书刊制作提供了帮助。

互动电子书刊是一种增强版的阅读体验，其本质是软件应用，如带有GPS功能的互动旅游向导，带有计时器和音频菜单的烹饪书，或者任何使用平板电脑来加强互动体验的传统图书等等。2013年BIBF北京国际图书博览会上，阅读互动电子书《爱丽丝梦游仙境》，可以用加速器让主角爱丽丝变得跟房子一样大，让馅饼飞起来；儿童科普电子书《Bobo Explores Light》通过书中一个叫Bobo的"机器人"使用视频、纹样等与读者互动，借助小游戏引领儿童学习激光器、望远镜、闪电反射、生物发光和阳光色彩等所有关于光的科学知识。

业内人士认为电子书时代已经打破了传统写作的线性思维限制，互动式数字技术的进步正在使逻辑思维与形象思维之间的界限变得更加宽泛而且相互交叉，其应用前景将更加广阔。

2. 互联网大佬、电商竞争数字内容，Kindle入华带动电子书销量增长

2013年5月，腾讯文学与"创世中文网"达成合作，随后，百度多库文学网上线，新浪拆分读书频道成立文学公司，互联网大佬竞争网络文学拉开了帷幕。值得注意的是"创世中文网"是由从盛大文学出走的原起点中文网核心团队创办的，可见对网络文学争夺的背后是对人才的争夺。互联网大佬看中网络文学并非网络文学网站自身能赚多少钱，他们看中的是网络文学对用户的吸引力，他们把网络文学当作用户进入互联网的入口，当作"娱乐产业的最上游"，当作吸引用户的金字招牌。

从2011年年底起，当当网、京东商城、淘宝书城、苏宁易购、阿里巴巴、亚马逊中国等相继上线电子书，并低价销售或者免费赠送。这些电商上线电子书也都是醉翁之意不在酒，而在吸引人流带动其他商品销售。这种免费模式遭到了部分传统出版商的抵制，但电商并未改其初衷。

2013年6月7日，亚马逊Kindle电子阅读器和KindleFire平板电脑同步入华销售。至此，亚马逊中国终于打通了"终端＋内容"的全产业链运营模式。亚马逊内部人士透露，Kindle在华上市半年，累计销量几十万台，在电子书阅读器市场迅速成长为行业第一。2013年底，亚马逊中国在线电子书达到6万册，相较一年前增长了两倍。据亚马逊公布的数字，目前亚马逊已与国内超过300家出版社建立合作关系。Kindle阅读器进入中国市场，也促进了国产电子书销售。中信出版社2013年第三季度电子书销售收入达到第一季度的3倍便是一个很好的例证。

（五）民营书业加快转型，品牌化、数字化和多元化三足鼎立

2012年"教辅新政"出台后，民营书业企业纷纷开始转型，经过将近两年的探索发展，初步摆脱了主要依赖系统教辅生存的状况，形成了品牌化图书、数字化产品、多元化经营三足鼎立的新格局。

1. 品牌化效应进一步凸显

在教辅方面，继教辅新政之后，2013年8月，国家新闻出版广电总局先后

下发《关于加强 2013 年秋季中小学教辅材料出版发行管理的通知》和《关于严厉禁止和坚决查处中小学教辅材料出版发行违法违规行为的通知》，明确要求严把中小学教辅材料出版印制关，严禁违规发行中小学教辅材料，严格中小学教辅材料价格管理，严查非法出版发行中小学教辅材料行为。这些措施，带来教辅市场的重新洗牌，国有出版集团成立了专门的教辅公司，加大了教辅出版力度，对民营教辅企业形成了很大冲击。民营教辅企业一方面加强了同国有出版企业与新华书店的合作，另一方面确立了依赖品牌在市场竞争中获胜的思路，通过自主研发和自主创新，用持续更新的内容赋予老的品牌新的生命力，同时积极开发教辅新品，取得了良好的市场效益。比如江西金太阳教育研究有限公司的"大联考"、江苏春雨教育集团的《1课3练》、经纶文化传媒集团的《高中精讲精练》等经过市场长期考验的教辅品牌在 2013 年都获得了良好的销售业绩，天舟文化新推出"学＋考全通"系列等也受到了市场关注。

在大众图书领域，民营出版企业推出了一大批叫好叫座的畅销书和常销书，较好地巩固了他们在大众图书领域的优势地位。在当当网 2014 年初召开的年度供应商大会上，磨铁图书、中南博集天卷、新经典等 3 家民营出版企业成为当当网 2013 年度销售的亿元大户。湛庐文化推出的《大数据时代》等也获得了良好的市场效应。

2. 数字化转型初见成效

前些年，很多民营教辅企业就已经意识到了数字时代纸质图书的局限性，也都开始涉足数字产品的研发，但步子一直迈得很小。"教辅新政"出台带来的压力助推了民营教辅企业的数字化转型，加速了其对数字产品的研发和推广。

（1）数字资源平台、多样化数字产品得到广泛使用

许多民营出版企业把转型发展的"倒逼机制"作为内生动力，及时调整思路，加快教育资源库、数字资源终端产品的开发推广，提供专业在线教育资源服务，在不断升级和完善在线教育平台的基础上，重点进行了移动终端的开发，云智能学习平台的开发，PC、PAD、手机等各终端的跨平台应用。志鸿教育集团公司通过互联网以及各种终端向用户提供数字教学资源库、数字教学题库、电子书等七大类数字出版产品，成为了数字教育资源提供商。金榜苑集团研发建设了"全媒体数字教育网""91 淘课网"两个资源平台，开发出学校教学一体机、平板学习机、学生学习手机等终端产品。天成公司研发了多媒体教

室中央控制设备、视频讲台等数字教学产品。新坐标书业、水浒书业等公司也都结合自身实际，着手研发数字产品，使被压缩了的纸媒市场份额通过数字产品得到有效补足。

（2）大型数字化发行平台成功上线

2013年3月国际风险投资巨头红杉资本出资1.5亿元人民币投向新经典文化有限公司，新经典借此打造了其"私有云"平台，即信息服务和物流服务平台，通过收购各省排名第一的社科文艺、少儿图书经销商，并借助成熟的网络信息技术互联彼此，以改变图书发行信息不透明的现状。2013年7月1日，这个覆盖全国的发行网络平台投入试运营，以北京总部、各地分站点的形式使"私有云"延伸至线下数万家零售书店。

（3）全流程数字出版系统投入运营

还有一些龙头企业，不满足于图书产品和发行渠道的独立环节数字化，投入巨大资源，探索建立数字出版全流程系统。2012年底，春雨集团联合江苏云想信息技术有限公司研发的"云想出版发行全流程解决方案"成功上线。该方案含编务管理系统、印务管理系统、发行管理系统、电子商务平台和商业智能决策支持系统等五大系统，不仅能满足国有与民营大中型出版集团、发行集团的全流程业务，还可细分客户，局部独立运行，满足中小型出版社、批发商、连锁店、小型图书零售店等各类规模的出版发行企业对信息化管理的个性化需求。目前，已有400余家地市代理商、4 000余家三线销售网点通过云想客户端，实现了在线对账、报订、盘存、调货等，有力地助推了出版发行企业的信息化建设进程。

3. 多元化发展模式基本成型

"教辅新政"的实施，也促使许多民营书业企业加大了面向大文化产业的多元化经营转型，其目标是要基于原有的图书产品，把自己打造成文化产业集团。如志鸿集团正在致力于打造集会展、旅游、传媒于一体的文化传媒集团，可一文化未来的发展方向是数字出版和艺术品经营，曲一线公司则在原有的成熟的教辅图书产品线上开辟了茶文化业务，打造"芬吉"茶文化品牌，上海童石网络科技有限公司在游戏、图书、杂志、动画、电影等领域展开跨媒体叙事，前景颇被看好。2013年江苏可一文化产业集团股份有限公司的可一文化产业园、志鸿教育集团联手复星集团打造的印象齐都文化产业园、经纶文化旗下的经纶文化传媒集团产业园、江苏春雨的春雨文化产业园都取得阶段性成果。

一些独立书店则从自身的资源优势入手，寻找适合自己的转型发展方向。先锋书店尝试进入文化创意产业，逐渐形成了新一轮发展的新优势，迄今已经开发了"独立先锋"系列文化创意产品共5 000多种，创意产品的销售利润达到书店利润总额的40%以上。很多书店采取联动营销的模式，创意馆与书区、咖啡馆区联动促销，买书送创意产品优惠券，送咖啡优惠券，喝咖啡送图书优惠券等。多元的文化活动，对图书销售产生了很大的促进作用。

（六）全民阅读成社会热点，公共文化服务全面推进

2013年11月，党的十八届三中全会通过的《中共中央关于全面深化改革若干重大问题的决定》明确提出要构建完善现代出版市场体系和现代公共文化服务体系两个体系，这充分体现了党中央发展文化要分类发展，两手抓两手都要硬的发展思路。

根据财政部公布的《2013年中央财政支持公共文化服务体系建设情况》报告，2013年中央财政共安排公共文化服务体系建设资金169.63亿元，年增长10.55%。在新闻出版公共服务领域，中央财政资金主要用于农家书屋出版物的补充及更新、县级以上（含县级）新闻出版事业单位基础设施维修改造和设备购置等方面。

在中央政策和财政的双重支持下，2013年新闻出版公共服务建设全面推进，其中全民阅读成为了全社会关注的热点。

1. 全民阅读立法获重大进展，各种阅读活动成效显著

1月24日，原新闻出版总署全民阅读活动组织协调办公室召开会议，制定了包括推动设立国家全民阅读指导委员会、推动全民阅读国家立法等在内的七项措施，促进全民阅读活动。"两会"期间，全国政协委员、原新闻出版总署副署长邬书林提出《关于制定实施国家全民阅读战略的提案》，得到了115名政协委员的联名签署。3月底，总局成立全民阅读立法起草工作小组，草拟了《全民阅读促进条例》草案。10月，总局委托中国新闻出版研究院承担《全民阅读中长期规划》项目。2013年，《全民阅读促进条例》被列入国家立法计划，这是我国全民阅读工程建设具有里程碑意义的突破。阅读立法有利于改善

阅读条件和环境，保障民众的阅读需求，意义重大。

为促进全民阅读，2013年总局连续下发多个文件和通知，包括《关于深入开展2013年全民阅读活动的通知》《关于开展首届全国"书香之家"推荐活动的通知》等。4月23日，"2013书香中国"全民阅读电视晚会成功播出。品牌图书推荐活动如"大众喜爱的50种图书""向青少年推荐百种优秀图书"等，报送图书数量创建新高。12月底，总局对全国推荐的996个候选书香家庭进行了公示。截至2013年，全国共有400多个城市举办了各具特色的读书月、读书节等活动，每年超过8亿人次参加，"书香上海""书香岭南""书香荆楚""北京阅读季"地方书香品牌风起云动。上海、武汉、深圳、杭州、张家港等地市以建设读书城市为未来工作目标，其中，深圳于2013年10月被联合国教科文组织授予"全球全民阅读典范城市"称号，成为迄今为止唯一获此殊荣的中国城市。

由中国新闻出版研究院组织实施的第11次全国国民阅读调查结果显示：2013年我国成年国民图书阅读率为57.8%，较2012年上升了2.9个百分点，数字化阅读方式的接触率为50.1%，较2012年上升了9.8个百分点，各媒介综合阅读率为76.7%，较2012年上升了0.4个百分点。调查结果显示全民阅读活动开展取得了显著成效。

2. 农家书屋得到补充更新，数字农家书屋优势渐显

2013年是全国60万家农家书屋全面投入使用的第一年，也是检验其成效的第一年。60万个书屋，遍布全国各地，虽然建设标准一致，但所在地经济基础不同，民众对待读书的态度有别，阅读水平存在多种层次，因此开展效果千差万别。围绕书屋管理和使用情况的报道频见报端，赞美者有之，批评者亦不少见。然而，文化是个慢功夫活儿，读书兴趣的培养亦非一朝一夕能够养成，施政者、管理者、组织者仍需再接再厉，按既定方针有序推进书屋发展，并继续扩大数字农家书屋覆盖范围。

2013年，按照每个农家书屋每年2 000元的出版物补充更新标准，国家财政共投入了12亿元，对60万家农家书屋的出版物进行了补充更新。其中，中央财政资金5.96亿元。新闻出版广电总局制定了《2013~2014年农家书屋重点出版物推荐目录》，指导各地书屋出版物补充工作。

数字农家书屋建设方兴未艾。截至2013年，全国已建成各类数字农家书

屋 1.75 万个，其中卫星数字农家书屋超过 1.5 万个。数字农家书屋的建设不仅有效解决了报刊在偏远地区的投放难题，对丰富书屋的内容、形式同样有着重要的意义。

3. "东风工程"深入推进，少数民族精神营养日益丰富

2013 年新疆维吾尔自治区"东风工程"对全区行政村人口、文种分布进行了统计，完成了民文出版译制、"扫黄打非·天山工程""睦邻固边"、人才队伍等项目建设工作任务，完成免费赠阅项目出版印刷任务，向全疆 853 个乡镇，160 个街道，1 720 个社区、8 640 个行政村免费赠阅少数民族文字图书、期刊、音像制品等。

工程实施七年来，出版物免费赠阅项目已累计为全区基层文化站室配送图书 2 414 种 2 084 万册、音像制品 470 种 490 万盒、报纸 46 种 54.86 万份、期刊 45 种 77.62 万份。

4. 城乡阅报屏（栏）建设初现规模，民众阅读日趋便捷

城乡公共阅报屏（栏）建设工程是《国家基本公共服务体系"十二五"规划》和《新闻出版业"十二五"时期发展规划》确定的重大项目工程。截至 2013 年，全国已有 120 家报社、10 家新闻出版广电出版单位、3 家社会机构单位建设电子阅报屏 42 555 座、传统阅报栏 30 620 座，共投资近 8 亿元。

10 月，新闻出版广电总局新闻报刊司下发了《关于开展城乡公共阅报屏（栏）建设情况普查暨示范项目推荐工作的通知》，并从全国 133 家单位的 74 个申报项目中，评选出 20 个"全国城乡公共阅报栏（屏）建设示范项目"，为未来阅报屏（栏）的建设提供了标杆，带动了全国阅报屏（栏）建设，为民众阅读报纸提供了极大的方便。

此外，盲文出版范围扩大到低视力群体。中国盲文出版社新出版大号字教材三百余种，其中包括中小学教材。全国已有一千多家阅览室提供盲文读物。

（七）"走出去"多方尝试，成效显著

据《2013 年新闻出版产业分析报告》，2013 年，全国共输出版权 10 401 种（其中出版物版权 8 444 种），增加 1 036 种，增长 11.1%；版权输出品种与引进品种比例由 2012 年的 1∶1.9 提高至 1∶1.7。新闻出版业"走出去"实现了较快增长得益于行政管理部门先期从国家层面对新闻出版业"走出去"进行

的全方位布局和新闻出版业积极思考，勇于实践。具体地说2013年新闻出版"走出去"呈现出以下特点。

1. 步入欧美主流市场有新进展，差异化、特色化"走出去"见新成效

近年来，我国出版业"走出去"取得了丰硕成果，但在走向欧美主流市场方面比较薄弱。2013年不少出版企业在战略定位上紧盯欧美主流市场，实现了新的突破。在战略合作方面，中国出版集团所属人民音乐出版社与德国朔特音乐国际（有限）公司建立了"战略合作伙伴关系"，中南出版传媒集团与圣智学习集团签署战略合作协议，中国电力出版社与美国约翰威立国际出版公司、社会科学文献出版社与德国施普林格出版社、中国社会科学出版社与荷兰博睿出版社也都建立了战略合作关系。在企业"走出去"方面，凤凰出版传媒集团的首家海外出版子公司——凤凰传媒国际（伦敦）有限公司在伦敦书展会场举行揭牌仪式，并与英国斯卡拉出版社签约，计划联合推出50卷系列丛书。

在版权输出方面，人民文学出版社与上海九久读书人文化实业有限公司（简称99读书人）合作出版的《租界》成功售出英、法、德、意、荷等5种文字版权，并获得6万美元的英文版预付金，创下了中国当代文学作品版权输出的又一个小高峰。在图书销售方面，中国国际图书贸易集团有限公司持续通过传统书店、电子商务打通欧美主流市场。由其主办的"全球百家华文书店中国图书联展""亚马逊中国书店"在欧美都获得了良好的销售业绩。

另一些出版企业则依据自身资源优势、地缘优势，在特色化、差异化"走出去"方面获得了成效。广西出版传媒集团积极打造面向东盟市场的特色文化产品，云南出版集团在新加坡投资建成了"中国云南文化贸易中心"，云南大学出版社申报的"面向东南亚、南亚、西亚文化出版基地"项目被列为2013~2014年度国家文化出口重点项目，新疆美术摄影出版社、新疆电子音像出版社两家出版社在哈萨克斯坦齐木肯特市组建"达斯坦"出版社。这些以特色"走出去"的举措也值得借鉴。

2. "中国梦"带动文学、少儿、学术图书走出去，出版企业尝试版权贸易新方式

2013年是我国新闻出版走出去的"品牌年"，版权输出引进比例提前实现"十二五"规划目标。新闻出版企业在不断生产适合"走出去"需要的内容产

品，扩大对外版权输出的同时，积极尝试新方法、新途径。一方面，着力讲好中国故事，传播好中国声音；另一方面，加强与国际出版界的交流合作，以版权贸易为纽带，主动融入国际市场。

2013年，《中国梦：谁的梦？》《中国强军梦——强军梦护航中国梦》《朱镕基讲话实录》等"中国梦""中国概念""中国故事"图书仍旧是我国版权输出的亮点。与此同时，代表各企业特色的版权项目和合作出版产品也受到合作方的好评，在目标市场产生了重要影响。中国教育出版集团下属高等教育出版社与泰国教育部基础教育委员会、泰国BOWT出版社合作开发的《体验汉语中小学系列项目（泰国版）》在泰国已累计销售逾200万册，共有1 288所中小学使用此套教材。

除此之外，文学、少儿、学术等不同选题图书在2013年都有良好表现。莫言获得诺贝尔文学奖带动了文学类图书版权的销售。在少儿图书方面，仅中国少年儿童新闻出版总社一家在博洛尼亚国际童书展上就一次性输出版权40余项。清华大学出版社、上海交通大学出版社、北京大学出版社等高校出版社在学术图书版权输出上呈现良好势头。

在内容产品输出的同时，出版企业在版权贸易方式上也不断进行新的探索，实现版权内容和交易模式同时与国际接轨。重庆出版集团主动牵头与韩国子音与母音出版集团及法国菲利浦皮克尔出版社共同发起国际合作出版项目；新世界出版社与圣智学习集团合作将《中国梦：谁的梦？》专门针对国际市场改写后再推广发行。清华大学出版社与德国施普林格出版社成立工作小组，就合作出版的图书设立独立的工作流程；上海交通大学出版社与外方成立合作编辑部，联合策划出版"十二五"国家重点图书。江西出版集团下属二十一世纪出版社签下世界著名图画书作家麦克·格雷涅茨新作的全球版权，开创了国内出版社经营国外童书作家作品出版的先河。

3. 数字出版"走出去"方式日趋多样，国际传播能力日益提升

数字出版作为我国"走出去"的重要领域，在加强企业与国外联系，提升企业出版经营与国际同步化方面具有重要作用。国内出版企业主动把握这一机遇，通过合作获取支持和经验，通过推出各种平台及数字化产品尝试在"走出去"领域的全媒体开拓，逐步形成在线服务、内容集成、即时交流的立体化数字出版"走出去"格局。

首先是通过国外出版机构的平台实现"走出去"。中国出版集团、中南出版传媒集团、南方出版传媒集团等出版集团与圣智学习、施普林格等国外知名出版机构确立了包括开展数字出版业务在内的合作协议和计划，以"借船出海"的方式尝试进入国际数字出版市场。

其次是自建平台"走出去"。不少出版企业积极搭建数字化出版平台推动数字内容"走出去"。中国对外翻译出版有限公司的"译云"平台上线，提高了"走出去"翻译服务能力。中国图书进出口总公司"易阅通"数字资源交易与服务平台可为国内出版机构提供国外4万多家机构用户的广阔市场。时代出版建立的"走出去"平台"时光流影"通过社交化媒体与国外读者互动。作家出版社推出以"众包"翻译为模式的中文作品译介平台。

第三是通过APP直接销售数字产品。一些出版企业专门针对APP设计新型数字化产品，使内容资源可以更好地"走出去"。如中国国际图书贸易集团针对喜欢中国菜的外国人开发了应用产品，并在苹果商店上线销售，将内容产品转化成数字产品，利用数字形式加以推送。

第四是通过国外的社交媒体传播中国声音。《今日中国》《北京周报》、俄文《中国》等对外宣传类期刊依靠其在海外的分支机构，建立了Facebook、Twitter等官方账户，并充分利用当地知名博客网站、社交网站等，构建了面向当地读者的微传播和互动平台交错的传播网，将"中国声音""中国观点"融入当地读者的日常生活。

二、中国出版业改革发展的趋势分析

（一）出版改革政策措施不断出台，破解改革难题

随着中国出版业改革的进一步深入，改革的难点、焦点问题日益凸显，比如出版企业归部门所有形成的行业壁垒难以消除，比如学术期刊编辑部的改革难以推进等，这些改革难题将会通过科学的制度安排得到有效破解。

1. 出版企业的市场主体地位将进一步确立

出版企业具有意识形态属性与产业属性，如何正确处理两者的关系是出

版改革必须解决的重要议题。2013年11月党的十八届三中全会《决定》提出要对按规定转制的重要国有传媒企业探索实行特殊管理股制度，2014年2月中央全面深化改革领导小组第二次会议，审议通过的《深化文化体制改革实施方案》把在传媒企业实行特殊管理股制度试点列为2014年工作要点。2014年4月国家新闻出版广电总局办公厅公布的2014年新闻出版改革发展八项工作要点中的重要一点是"根据中央统一部署，选择若干家已转制的重要国有新闻出版企业，开展特殊管理股制度试点"。特殊管理股制度是正确处理出版企业意识形态属性与产业属性关系的一种重要的制度安排，是出版体制改革的一个重大突破。特殊管理股制度有利于加强对企业的意识形态管理，坚持正确导向，更有利于出版企业成为市场主体更好地进行市场化运作。有特殊管理股作为保障，出版企业可以更好地按照市场规律办事，加快公司制、股份制改造，设计科学合理的股权结构，形成董事会民主决策的机制，提高科学决策的效率。

2. 部门所有制正在被打破

对于大部分出版传媒企业来说，目前其受主管主办单位与出资人的双重管理。这种双重管理制度具有一定的优越性，但也存在一些不够协调的方面。例如，许多部委出版企业分属不同的部委管理，形成了条块分割的现状，导致出版资源与要素无法在全国范围内自由流动。党的十八届三中全会决定指出，要推动党政部门与其所属的文化企事业单位进一步理顺关系，建立党委和政府监管国有文化资产的管理机构，实行管人管事管资产管导向相统一。这是新闻出版业深化改革的重要突破口。建立党委和政府统一的监管国有文化资产的管理机构后，出版企业由统一的机构监管，部门所有制将被打破，体制的束缚将被革除，出版企业之间的行业壁垒将被消解，所有出版企业都在统一的监管体系下运营，完全进入市场公平竞争。这既有利于对出版企业的管理，也有利于出版企业更好地跨地域、跨行业、跨媒体发展，有利于出版企业进一步做大做强。

（二）主题出版继续引领时代潮流

2014年是新中国成立65周年，是纪念邓小平同志诞辰110周年，相关主题将成为各出版社关注的重点。同时，出版社的核心选题将继续围绕学习贯彻党的十八届三中全会、习近平总书记重要讲话精神、培育和践行社会主义核心价值观、中华民族伟大复兴中国梦等主题深入挖掘、阐释内涵，选题数量和品种都将继续增长，从而巩固壮大主流思想阵地。可以相信，未来主题出版物将继续作为出版主流，新的出版亮点将不断涌现。

1. 廉政文化主题将更加引人注目

党的十八大以来，中央进一步加强党的建设，突出党要管党、从严治党，加强反腐倡廉建设和制度建设等。这将催化出版界聚焦于该领域，出版形式多样的图书配合实际需要。许多学者专家正致力于对反腐倡廉重大理论、重要政策、重要制度、重要问题等进行研究，为纪检监察工作提供理论依据和智力支持，此类研究性学术性图书将成为未来出版亮点。同时，文艺作品的创作也将与时代需要相呼应，通过描写刻画廉洁人物与故事，让读者在潜移默化中受到教益。

2. 民族类出版物内容题材将更加丰富，建设共有精神家园

民族类出版物结构将进一步优化，主题将更加鲜明，此类图书将通过出版形式多样的民文主题出版图书，向少数民族地区的读者提供更多的精神食粮，引导各族人民牢固树立国家意识、公民意识、中华民族共同意识，以加强民族团结、反对民族分裂、维护祖国统一。同时，民族类出版物将更加关注文化民生，进一步挖掘、抢救少数民族文化遗产，弘扬民族优秀文化；探讨如何促进民族地区经济社会发展，提高各族人民群众科学文化素质和生产生活条件，并将积极引导宗教与社会主义相适应，发挥宗教界人士和信教群众促进经济社会发展的积极作用。

3. 新出版模式将助推小众图书出版，内容更加多元

随着按需印刷、众筹等新型出版模式的出现，作者和目标读者之间的距离被前所未有地拉近，包括一些冷门学术著作在内的小众图书的出版风险被大大降低，出版的机会将大大增加，这将促使图书内容将更加多元，图书品种也将由此而大幅增加。

4. 畅销书将进一步向适合跨界传播的选题集中

随着智能手机的普及，Kindle等电子阅读设备在华销售数量的增加，阅读已经成为这些设备持有者的刚性需求，由此，适合数字阅读的选题将被进一步开发，并将占大众图书市场越来越大的份额。鉴于近年来影、视、网、出版"四栖"畅销书的不俗表现，越来越多的出版策划者将争夺影视、网络小说乃

至微博、微信上具备潜力的选题资源，以求争取将为数甚众的"粉丝"转换为忠实读者。

（三）出版产业将借力资本实现大发展

产业的发展往往都离不开金融资本的支持，文化产业的发展也不例外，文化金融对文化产业的发展起重要的促进作用，文化金融是搞活文化企业这盘棋的关键所在，也是发展壮大文化产业的重要支撑，但我国的文化金融体系并不健全，这在一定程度上制约着文化产业的发展。

在文化产业发达的美欧日等国家，文化金融体系已基本成熟并成为支撑文化企业进行资本运营的主要工具。在美国，随着20世纪八九十年代经济的金融化，诸如摩根士丹利这样的银行机构早就主动介入了大型文化传媒集团的资金运作，摩根士丹利还专门设置了娱乐顾问负责电影等文化行业的资本投资。

在国内，科技金融体系已经基本成型。不少银行已设立科技支行，许多科技小额贷款公司已经成立，有些部门还建立了科技金融服务中心，形成了包括银行、保险、中介服务机构、法律服务、培训服务等一揽子服务的一站式平台。这些尝试性的工作，给予了科技企业实质性的实惠，日益成为扶持科技产业快速发展的重要依托。文化产业和科技产业有许多相似之处，可以借鉴科技与金融对接的许多做法，针对文化产业自身的特殊性建立文化金融体系。

国际国内的经验都在提醒我们，建立健全文化金融体系是大势所趋。国家政策也对文化金融体系的建立给予大力支持，继2010年中央宣传部等9部委发布《关于金融支持文化产业振兴和发展繁荣的指导意见》后，2014年3月文化部、中国人民银行、财政部又正式发布《关于深入推进文化金融合作的意见》，这些政策对建立文化金融体系做出了具体的指导。《关于深入推进文化金融合作的意见》指出，要创新文化金融服务组织形式，包括鼓励金融机构建立专门服务文化产业的专营机构，支持发展文化类小额贷款公司，支持民间资本设立专门扶持文化产业发展的中小型银行等。《意见》还提出要建立完善文化金融中介服务体系，包括建设文化金融服务中心，加强著作权、专利权、商标权等文化类无形资产的评估、登记、托管、流转服务，建立完善融资性担保体系等。《意见》还对探索创建文化金融合作试验区，创新符合文化产业发展需求特点的金融产品与服务等提出了具体要求。

有产业发展的内在要求,有国家政策的大力支持,扶持文化产业发展的文化金融体系必将进一步完善,新兴的文化金融业态必将进一步成熟。

长期以来出版企业依赖教材教辅的稳定利润,局限于自我的小天地里,一直认为出版企业不缺钱,对资本的力量重视不够。随着市场化改革的推进及国际国内推动出版企业做大做强压力的加大,出版企业日益认识到资本的重要。凤凰传媒等出版企业已经成功实现上市融资,中南传媒成立了全国文化行业首家企业集团财务公司,南方出版传媒股份有限公司等已经预披露公开发行股票招股说明书,中国科学集团等企业正在谋求上市,时代出版等企业实现了通过发行债券融资,中文传媒等企业成立了担保公司与投资公司,中国出版集团等企业与银行签订了战略合作协议。出版企业正在借力金融谋求发展,但出版企业资本运营的手段还不够娴熟,与金融的融合还不够深入。出版产业是文化产业的重要组成部分,文化金融新业态的形成,对出版产业的发展必将产生巨大的推动作用。

(四) 传统媒体与新媒体融合将是大势所趋

传统媒体与新媒体融合是大势所趋,主要体现在以下几个方面。

1. 三屏互动展示媒介融合新方向

"三屏互动",是指手机屏、电脑屏、电视屏三种屏显产品实现内容共享、操作互动。比如在手机上玩到一半的"愤怒小鸟"游戏轻松"推"到身边的大屏幕电视上接着玩;或者把电视上正在播出的视频节目轻松"转"到手机上出门接着看。电视与手机、电脑都需要兼容上一时间地点里未完成的内容消费,使地点的差异并不影响时间上的连贯,一方面为了方便阅读方便收看,另一方面方便内容的存储与调取。

2013年,很多企业都推出了基于"三屏互动"功能的应用程序与硬件产品。海尔亮相了被命名为"云PAD"的智能电视,采用Windows7操作系统,同时支持Flash、微博、QQ、天气、游戏等上万种应用软件,且可以与海尔HaiPad平板电脑以及搭载Android系统的手机轻松相连,实现"三屏互动"。

由于使用功能各具所长,手机、PC、电视三种终端产品尚无法做到相互取代,三屏将在很长一段时间内坚守自己的角色定位。但这并不意味着三屏互动之间的内容彼此孤立,三屏之间在应用方面的融合将成为媒介融合下一步的发展趋势。随着网络技术的发展，端到端的服务创建及交付环境技术升级的实现，在视频及其他数字内容的消费、传输及制作领域，许多重大的消费及技术正在发生变化，三屏之间会出现更多的内容与功能上的渗透，三屏互联互通、格式切换、数据存储转换，会在新的一年里有更多的创新性应用出现。

2. 社交化推动数字内容传播

2013年3月底，亚马逊宣布收购社交阅读和推荐服务网站Goodreads，该网站在全球拥有超过1 600万用户，用户可以发表书评，相互间推荐图书，并且可以从亚马逊和巴诺等多个互联网零售商购买图书。几乎同时，世界排名第一的科技、医学出版公司爱思唯尔收购在线社交学术平台Mendeley，Mendeley是一款免费的跨平台文献管理软件和在线学术社交网络平台，向用户提供基于社交网络的学术成果分享和合作服务，可追踪论文引用记录等。另外，国际著名的出版商如企鹅兰登书屋、斯普林格等纷纷推出具有社交功能的"作者门户"等网站。在国内，阅读的社区化正方兴未艾，如分享阅读已成为社区平台豆瓣网最重要的一个业务、腾讯微信的朋友圈、中国出版集团公司旗下的大佳网上线运营"读客"社区频道，还有扎客、鲜果、飞丽博、虎嗅、雷锋网等等，都是阅读与社交结合模式的实例。

数字阅读平台与社交网络平台相结合，将成为未来数字出版发展的一个重要趋势。这种结合，是在传统的以"内容"为核心的架构上，增加了"关系"要素，这种社交加内容传播的方式，一改过去单纯依靠内容为建构主体的平台建构方式，增加了受众主体建构，多重建构的社会化阅读平台，使平台建构更加立体化。数字出版不再仅仅停留在满足人们静态阅读的需求，还满足人与人之间关系拓展的需求，满足信息构建与社群传递的需求，满足内容欣赏与互动展示的需求。

3. 移动互联快速发展带动数字终端多元化

在很长一段时间里，人们几乎把移动终端等同于手机，伴随移动网加速布局，移动终端将呈现出多载体化趋势。

与网络相连，正蔓延至整个消费电子产品领域。目前已有相机厂商推出植入无线功能的照相机，使拍摄内容可以即时传送到网上。在汽车电子终端领域，车载电子屏开始与无线网络相连，多家汽车厂商开始推出4G移动汽车互联网，中国上汽集团也开始在荣威系车中装载无线网络，车联网将开拓移动载体新领域。电视与网络相连近年来一直在积极推进，苹果在研发 iTV 智能电视，谷歌拟推出 Android 平台智能电视，传统的电视厂商也在加紧研发数字电视。智能化的数字电视将在系统上融入新闻阅读、文件管理和一系列网上电子商务的运行功能。此外，眼镜、手表等可穿戴设备在经历概念性的市场试销后，大规模的市场应用会在不久的将来实现。

数字终端的不断演进告诉我们，真正重要的不是载体等形式，而是网络。2013 年，日本一家名为 Seraku 的公司则将一面镜子做成了终端，能够让用户在洗手的时候通过触摸屏幕查看新闻、天气等各类信息。这一信息告诉我们：在万物互联之后，一切具备屏功能的产品，皆有可能成为数字终端。其实，屏也只是一种载体，在微软亚洲研究院的实验室里，"去屏化"概念早在几年前就已被提出，当没有任何介质作为屏的时候，只需打一束光，即可实现屏功能。

（五）民营生产力将在政策红利中逐步释放

党的十八届三中全会《决定》中，提出了一系列对民营书业的利好政策。与三中全会《决定》相关，政府也相继制定了一系列推动民营书业发展的相关政策和规定，随着时间的推移，这些政策带给民营书业的红利将逐步释放。

1. 混合经济将为民营书企提供更多发展机遇

党的十八届三中全会《决定》指出，国有资本、集体资本、非公有资本等交叉持股、相互融合的混合所有制经济是我国基本经济制度的重要实现形式，要积极发展混合所有制经济。在出版产业内发展混合经济意味着民营资本可以进入专有出版权以外的所有出版环节，可以与国有出版企业合资经营，从而借力国有出版企业的资源优势、政策优势、管理优势等实现更好的发展。《决定》还提出要对按规定转制的重要国有传媒企业探索实行特殊管理股制度，这意味着各种媒体的意识形态功能将通过特殊管理股制度得到进一步的加强，同时也意味着有些混合所有制企业中民营企业可以获得控股权，在不影响意识形态安全的前提下具有更大的决策权与经营权。这有利于发挥民营书业企业的市场竞争优势，进而将国有优势与民营优势结合起来，实现双赢发展。

2. 小微民营书企的活力将进一步被激发

《决定》中特别提出要重视小微文化企业的发展，指出要"认真履行中小企业管理职责，推动废除对非公有制经济各种形式的不合理规定，消除各种隐性壁垒，激发非公有制经济和小微企业的活力与创造力"。政策的扶持将有利于解决小微书企不被重视、融资难等问题，并且让众多小微享受一系列税收优惠，进而增强其市场竞争力。小微民营书企在民营书企中占有较大的比例，小微民营书企的发展对整个民营书业乃至整个出版产业都会产生重大影响。

3. 免税、资助政策将助力实体书店走出困境

2013年12月，财政部、税务总局联合发布的《关于延续宣传文化增值税和营业税优惠政策的通知》指出："自2013年1月1日起至2017年12月31日，免征图书批发、零售环节增值税。"2013年，国家新闻出版广电总局积极协调财政部文资办，对北京、上海、南京、杭州、广州、武汉、长沙、合肥、南昌、成都、西安、昆明12个城市开展实体书店财政扶持试点，以奖励的形式对特色书店和品牌书店予以资助。截至2013年11月，奖励资金已拨付，首批56家实体书店获得9 000余万的资助。

免税政策、资助政策的出台，为实体书店的发展带来了极大的利好。以南京先锋书店为例，其增值税占总成本的5%左右，占经营成本的20%~25%，是除水电租金、人员工资外最大的经营成本。2013年总共缴纳的增值税为70万元左右，2014年通过这项政策，至少能够减免70万元的增值税，这对微利的书店来说无疑是一大福音。

受到免税、资助政策的鼓舞，以及国家对全民阅读的大力推行，有些民营书企开始重新铺开地面店，有些书店增开分店。可以预见，未来，随着政策和市场环境的日益趋好，会有更多民营资本投入实体书店，实体书店将孕育出新的生机。

（六）公共文化服务社会化发展将提速

2013年11月，第十八届三中全会《决定》明确提出要引入竞争机制，推动公共文化服务社会化发展；鼓励社会力量、社会资本参与公共文化服务体系建设，培育文化非营利组织，等等。这为新闻出版公共服务体系的发展进一步指明了方向，也展示出公共文化服务发展的新趋势。长期以来，我国政府采用的是政府主导直接投入公共文化服务建设模式，这种模式的不足之处一是政府财政资金有限导致财政投入不足，二是政府官员更多地着眼于政绩，在一定程度上忽视了公众的文化需求，进而导致许多没有任何实用价值的形象工程。而随着党的十八届三中全会精神的进一步贯彻落实，各种社会基金组织、非营利

组织将会不断产生并参与到公共文化服务中,形成政府主导、社会各界参与的公共文化服务运营机制。这种机制既要适合中国国情,又要借鉴西方国家公共文化服务民间主导模式及政府与民间组织分权化模式的成功经验,给非营利组织更大的发展空间。非营利组织作为介于政府与企业间的社会公益组织,以"民间"身份从事社会公共服务,但在经济上独立核算、自主经营、自负盈亏。非营利组织可以接受各种基金资助及社会捐助,可以享受政府财政补贴与免税政策。非营利组织可以采用股份公司制,建立完善的法人治理结构,以市场化手段满足公众的文化需求。非营利组织并非不能赢利,而是赢得的利润不能用于股东分红,只能用于事业的发展。非营利组织需要通过市场化运营获得收益,因而其必须了解公众的文化需求,从而更好地满足公众文化需求,更好地为公众服务。非营利组织在美国等西方国家经过了长期的实践检验,事实证明其对公共文化服务建设具有重要的促进作用。有国家政策的扶持,有自身体制的优势,有巨大的公益文化市场,非营利文化组织必将在我国获得较快的发展。

在出版行业已经有不少非营利组织在萌芽发展。比如在全民阅读活动中已经出现了一些公益性的阅读推广组织,在农家书屋、少数民族出版、学术出版及学术期刊出版等领域也有不少出版机构作出了公益性贡献。随着扶持非营利组织发展的政策、法律、法规的不断完善,相信在将来会有不少非营利性组织涌现。

(七)"走出去"力度将进一步加大

经过多年的努力,我国新闻出版"走出去"已经取得了显著成效,积累了丰富的经验,并在未来发展方向上进行了深入思考。蓄势之后,全行业将在提升国际传播能力方面相时而动,顺势而为,通过多种方式加强与国际业界的交流合作。

1. 政策扶持力度将进一步加大

党的十八大将中华文化"走出去"迈出更大步伐作为全面建成小康社会的目标之一,党的十八届三中全会明确了"走出去"的规划,作为一项政策推动型的系统工程,新闻出版"走出去"工作将迎来更多利好政策出台。

国家新闻出版广电总局将在国家"走出去"战略指引下,落实《关于加快发展对外文化贸易的意见》，在版权输出上实行普遍奖励制度，惠及民营企业和个体作者；将经典中国国际出版工程放宽申报条件，惠及外国出版企业和译者；延伸中国出版物国际营销渠道拓展工程资助链条，惠及参与工程实施的海外渠道商。所有这些扶持政策无疑对调动社会各方面参与新闻出版"走出去"的积极性，不断汇聚"走出去"新资源、新能量起到显著的推动作用。

2. 混合式经营将助推出版主业"走出去"

随着新闻出版广电总局的成立和机构职能的调整，随着地方"大文化"政策的推进，新闻出版"走出去"与其他产业、产品形态、渠道和交流平台的融合将逐步展开，文化产业海外发展过程中"相互搭台、一起唱戏"将成为趋势，这更有利于新闻出版业在"走出去"过程中采取市场化经营策略，达到内容、服务、合作的本土化效果。

在企业层面，一些企业在"走出去"战略选择上已经有所倾向，希望通过不断开发各类型"走出去"文化产品，将出版物实物出口和文化装备制造贸易相结合，将培训、会展等服务项目与核心出版业务相结合，以混合式经营拓展国际市场，从版权、实物等传统、单一的"走出去"形态发展为产品、服务、品牌、资本"走出去"的"混合拳"。安徽出版集团重点开拓录入、印制外文图书、动漫加工外包等文化服务贸易和加入中国元素的文化装备出口等"非主营"业务，以"非主营"带动"主营"，拓宽图书版权输出的渠道和市场。这可以说是一个通过混合经营"走出去"的典型，对其他出版企业"走出去"将起到一定的借鉴作用。

3. 本土化运营将成为"走出去"企业的自觉选择

随着我国文化开放水平的不断提高，我国各级各类新闻出版企业与国外业界的交流合作已经不再满足于在产品、项目这样的内容和服务方面，更希望以参股、控股、收购等多种方式，在境外办社办站、办报办刊、办厂办店，提高企业品牌的海外知名度，积极参与国际市场竞争。

中国出版集团、中国国际出版集团、凤凰出版集团、科学出版集团、中国青年出版社、安徽出版集团、云南出版集团、漫友文化等企业都已在海外设立了分支机构或者计划设立分支机构，其中有些分支机构采用了本土化运营的模式。比如中国青年出版社在英国设立的出版机构中青国际通过努力与英国Quarto出版集团、北美设计图书出版销售公司Gingko、美国RHPS出版公司等都建立了良好的合作关系，并借助这些公司实现了良好的销售业绩。漫友文化则与法国达高动漫集团共同出资在法国成立专业漫画出版社。新疆美术摄影出版社、新疆电子音像出版社在土耳其设立的丝绸之路广告旅游文化出版国际贸易有限公司，聘请当地人开展业务，在运作过程中考察合作伙伴。实践证明，本土化运营是中国出版企业"走出去"的有效方式，本土化运营将会成为多数中国出版企业"走出去"的自觉选择。

三、关于推进中国出版业改革发展的建议

（一）应着力围绕社会主义核心价值体系建设来打造无愧于时代的阅读精品

党的十八届三中全会《决定》指出，要坚持以人民为中心的工作导向，以激发全民族文化创造活力为中心环节。出版业在建设文化强国，激发全民族创造活力方面应该有所担当，要通过创造有创意的阅读精品，来激发全民族创造活力，推动社会经济发展。

1. 深入总结主题出版物畅销成功典型，将政治任务内化为自主策划

分析历年来畅销的主题出版物，我们就会发现，这些出版物无一不建立在对时代脉动和未来趋势的透彻分析之上，能够解决人们的内心疑惑，指明发展道路。随着近年来主题出版物所带来的影响力越来越大，许多出版社已经将主题出版常规化，建立了相对完善的编辑出版机制，将政治任务内化为自主策划，这就为出版精品主题出版物的未来发展建立了良好的根基。制度创新、产品创新、技术创新离不开思想创新、理论创新，这需要出版界进一步加强社会调研，将自身打造成为顶层设计和基层需求的重要桥梁，打造成为发现理论家的伯乐，自主策划出版一批无愧于时代、无愧于家国百姓的重量级选题，打造出更多双效图书。

2. 深入挖掘老百姓阅读需求，出版感动人心的阅读精品

近年来，国家不断加大公共文化服务的投入，越来越多的地方政府和各类出版机构、媒体将全民阅读作为公共文化服务的重要抓手，由此而来的各种图书推荐活动日益增多，百花齐放，对引领社会阅读风气起到了积极作用，被推

荐的图书固然是精品力作，但大多需要较高的文化素质和知识储备才能读懂、爱读。许多基层图书馆、图书室的借阅单和商业类图书销售榜上，仍然是"长销"十余年的言情、武侠甚至官场小说占据首位。由此，为真正推进全民阅读，出版社必须加强力度，调查研究普通百姓的阅读喜好、阅读需求，推动作家创作出既贴近基层生活，又传递正能量的优秀图书，远如《平凡的世界》，近如《带灯》，让读者在潜移默化中为之感动，受到教益。

（二）应着力围绕释放生产力来加快推进"两个"试点

出版改革的主要任务是解放出版文化生产力，出版改革的主要内容是出版体制改革与经营机制改革。出版体制改革重在理顺政府与市场的关系，建立健全市场主体，出版经营机制改革则重在激发出版企业的市场活力。为此我们提出以下两点建议。

1. 加快推进特殊管理股制度试点

特殊管理股制度是理顺政府与市场关系的重要制度安排，特殊管理股制度的实施有助于出版企业按照现代企业制度规范运营，成为独立的市场主体。党的十八届三中全会《决定》提出要对按规定转制的重要国有传媒企业探索试点特殊管理股制度后，中央全面深化改革领导小组、国家新闻出版广电总局都把开展特殊管理股制度试点列为工作重点，下一步的主要任务是探索如何开展特殊管理股试点。我们认为试点特殊管理股制度首先要深刻理解特殊管理股制度的内涵，其次要明确特殊管理股制度的适用对象，第三要认清特殊管理股的管理范围，第四要确定特殊管理股的行使主体，第五要建立健全相应的法律法规。这些问题都需要展开深入的探讨，才能找到正确的答案。

2. 尽快实行股权激励试点

薪酬激励、奖金激励都是有效的物质激励手段，但股权激励更能将员工与企业绑在一起，与企业共命运，形成主人翁的责任感，产生更好的激励效果。股权激励在国外企业与民营公司中比较常见，国有企业也有不少实行了股权激励，有不少人一直呼吁在新闻出版企业实行股权激励，但由于种种原因，出版行业一直未能实行。国家新闻出版广电总局发布的"2014新闻出版改革发展八项"要点指出，经批准允许有条件的国有新闻出版企业开展股权激励试点。安徽省委宣传部有关领导表示将在时代出版与皖新传媒进行股权激励试点。这是一个良好的开端,希望今后国家有关部门能推出更多的新闻出版股份制企业,包括打算进行股份制改造的企业开始实行股权激励试点。

(三) 应着力围绕产业升级转型推动与新媒体深度融合

传统媒体与新媒体的融合发展是必然趋势,应顺势而为,促进其实现深度融合。

1. 加强多方合作,着力促进内容与产品升级

当下,国内外互联网寡头携强大的资金优势、用户优势进入数字出版领域,对中小型数字出版企业的打击是压迫性,甚至是毁灭性的。一些新兴媒体对传统媒体的冲击也不可忽视。面对严峻的外部环境,需要传统出版企业加强内容制作、技术标准、渠道谈判、平台建设等多方合作以御强敌;加强产学研合作,共同探索适合自身的赢利模式;加强与互联网企业、技术公司、新媒体的合作,取长补短,共同做大。上海《解放日报》与腾讯门户网站合作开创上海本地门户网站大申网,《重庆商报》与百度联手打造了定位地方的消费门户"重庆—百度";传统出版商通过众筹网络平台实现众筹出版。这些都是传统纸媒与新媒体融合的例证。

2. 以融合营销模式将内容营销与实物营销结合起来

2013年,《华盛顿邮报》的主要收入来自跨国教育机构卡普兰教育集团的利润,英国《卫报》除了报纸销售,还出售图书和旅游商品。融合营销正在成为数字出版新的赢利模式。阿里巴巴发现很多买实物商品的用户,也有与实物商品相关的精神产品需求,比如孕妇在购买怀孕期间以及生了孩子之后的各种用品时,也需要相关阶段的知识指导。实物商品只是最基本的需求,创建一站式服务平台,将实物商品与精神产品结合销售,是阿里巴巴数字出版最新探索出的方向。如果说阿里巴巴是以实物销售为入口,融合内容产品的销售,那么传统出版则开始探索以内容资源为入口,进行实物销售的融合营销模式。以《中国国家地理》为例,以期刊本身的内容APP作为入口,但APP平台不再仅限于纸制版的内容数字化,而是以"地理内容"作为平台,吸引到相关注意力,为客户提供与内容具有关联的各种消费服务,如与所介绍的旅行地相关的GPS定位、在线机票、酒店预定、户外装备购买、与景区相关的各种服务。

互联网与新兴技术使得内容营销与实物营销相互融合日益密切，只有顺应这一趋势，建立融合营销的赢利模式，传统出版企业才能获得更好的发展。

3. 建立统一的多媒体数字出版运营平台

目前，我国大多数出版企业的数字化运营模式是残缺不全的，主要表现为以下两种情形：一种情形是，已经建立 ERP 管理系统，图书信息基础数据、发行、储运、财务，都能实现数字化管理，但内容生产环节，还遵循传统发排方式，尚未进入到数字化运营体系之中。一种情形是，由专门的数字部门对部分图书进行数字化加工，针对个别销售平台提供电子书，或者将纸本书直接提供给销售平台，这在一定程度上造成资源浪费，而且不便于统一管理。真正的数字出版运营管理应该是将编辑策划、内容平台以及网络营销体系三个方面紧密结合起来的管理系统。因而建立统一的数字出版协同编纂平台是十分必要的。

协同编纂系统是指从稿源上既面向作者和编辑开放，实现结构化内容的编纂、审校、管理和动态出版的全流程数字化出版生产系统解决方案，支持出版社、期刊社、数字内容加工的数字化出版流程。目前开发得比较好的协同编纂系统平台，可在文稿的创建、协同创作、系统配置、控制和发布 5 个环节全面支持 XML 结构化数据标准，支持从内容源头开始的基于内容对象的数字内容创作，生成多形态数字产品，并可实现内容一次制作多元产品发布服务。数字出版全流程包括选题策划、在线编辑创作、机构化知识库生成、产品设计、发行推广。所以，一个成功的数字出版平台应该在全流程的各个环节上实现数字化，形成对作者、出版者、读者、业务合作伙伴的全流程数字化管理模式。只有建立完备的数字出版系统将自身的数字内容直接与中移动阅读基地、亚马逊电子书平台、当当网电子书销售平台等链接在一起，掌握用户使用和反馈情况，形成生产、销售、反馈一体化的数字运营体系，才有可能节约资源，获得良好的效益。

目前，平台运营商希望能建立全国统一的出版物销售云平台，而内容提供商则希望自建平台，然后通过平台商销售，两种模式各有优劣。我们更倾向于由内容提供商主导，建立统一的内容运营、销售平台，但这些平台必须找到出口，必须与移动阅读基地、当当网等各种销售平台尽可能地链接起来。要实现这种链接需要销售平台转变观念，需要格式标准的统一，也需要建立谁提供内容谁承担责任的法规。不然的话，销售平台要承担对内容管理的责任，它是不会与内容提供商直接链接的。

（四）应着力围绕数字出版、走出来寻找民营企业发展的突破口

党的十八届三中全会《决定》，鼓励非公有制文化企业发展，这为民营书业的发展打开了巨大的发展空间，民营书业即将进入一个新的发展时期，民营出版企业应该紧紧抓住这一历史机遇，明确战略发展重点。

1. 大力发展数字出版，适应大数据时代精准出版的要求

教辅新政实施以后民营书企向品牌化、数字化、多元化三个方面转型都取得了一定的成效，由于传统图书出版领域的增长空间有限，多元化经营只能作为民营出版企业的辅助，加之数字出版的良好前景与国家政策对民营书企参与数字出版的支持，民营出版企业应该将数字出版作为未来发展的战略重点。事实上已经有不少民营出版企业把数字出版作为发展重点，并且取得了一定成绩，但总体上看依然存在赢利能力有限、内容资源缺乏、阅读体验有待提升等各种问题，数字出版的发展空间还没有完全打开，不能适应大数据时代的需要。民营出版企业迫切需要在数字出版方面实现新的突破与提升，以适应大数据时代精准出版的要求。

2. 加大"走出去"力度，为提升中华文化软实力作出自己的贡献

加快推动中华文化走向世界，大力提升中华文化的国际竞争力、传播力和影响力，提升中华文化软实力，是国有出版单位的职责，也是所有民营出版企业发展的必然选择。十八届三中全会《决定》进一步明确鼓励民营文化企业可以参与对外出版。但坦率地讲，相对于民营影视企业、民营游戏企业"走出去"所取得的成绩，目前参与对外出版的民营出版企业比较少，在对外出版方面做出较大影响的就更少。民营出版企业黄永军在英国成立新经典出版社，时代华语在美国成立子公司等都做了有益的尝试，但影响力有限。希望有志于推动中华文化"走出去"的民营书业商能够抓住时机，在海外设立出版机构方面做出更多的尝试。

在西方媒体相对处于主导地位的国际环境下，民营书业企业应该有放眼世界的胸怀与气魄，担负提升中华文化软实力的重任，不但要实现产品"走出去"，而且要实现企业"走出去"、资本"走出去"和品牌"走出去"。不但要推出更多具有国际影响力的系列品牌图书，而且要将企业做专，做强，做大，

力争成为具有国际影响力的出版企业。

（五）应着力围绕文化民生来加强出版公共文化服务体系建设

出版公共文化服务体系正在不断完善，但同时也面临着许多问题，比如对全民阅读活动缺乏量化指标评估，个别农家书屋的使用率较低、出版公共文化服务的效果缺乏有效的评估等，为此我们提出以下建议。

1. 构建全国系统的全国全民阅读综合评估指标体系

2012年11月，江苏省张家港市发布全国首个"书香城市"建设指标评价体系；2013年年底，北京市对社会公开发布首期"北京市全民阅读综合评估指标体系"的评估结果。此外，苏州等城市也在紧锣密鼓地制定城市全民阅读综合评估指标体系。城市阅读指标体系的构建使得城市全民阅读的状况通过一系列指标数据呈现出来，但却无法了解全国的阅读状况，为此建议抓紧构建全面系统的全国全民阅读综合评估指标体系。这有利于进一步了解全国全民阅读活动全流程的质量和效果，同时对照各省市之间及城市之间全民阅读工作的特点和差异；有利于各省市及城市之间取长补短，展开竞争，激发全民阅读内生引导力；有利于把全民阅读状况列入对政府官员业绩的量化考核，从而更好地推动全民阅读发展。

2. 更好地发挥农家书屋的作用

农家书屋工程完成后，个别农家书屋存在使用效率较低的状况，书屋饱受诟病也正源于此。形成这种状况的原因很多，但农家书屋管理员队伍不稳定、图书的内容吸引力有限、村民的阅读积极性不高可以说是主要原因。为解决上述问题，首先要建立稳定的农家书屋管理员队伍。农家书屋管理员队伍的不稳定直接造成书屋的开放时间、管理和服务水平得不到保证，影响到书屋的使用效果。依据各地较为成功的探索经验，我们建议将农家书屋纳入基层图书馆统一进行管理，在此基础上建立起相对统一稳定的选拔、任用、培训、考核、激励等机制。其次，要根据农民的阅读需求，不断地补充新书好书。农民需要实用的新技术，也需要精神的激励与升华，只有通过各种途径不断地补充优质的图书，才能保持书屋对村民足够的吸引力。第三，要努力调动村民的阅读积极性。村民阅读积极性不高的主要原因是其没有体会到阅读的趣味与好处。多在书屋开展各种活动加以引导，并努力将书中的知识转化为实际的利益，是充分发挥农家书屋作用的有效手段。

3. 建立新闻出版公共服务群众评价与反馈机制

新闻出版公共服务体系是否完善，是否能够健康运行，民众的阅读文化权益是否得到充分保障，农家书屋、城乡阅报栏（屏）、东风工程等文化基础阅读设施是否充分利用，有无达到预期目的等等，这些问题需要科学评估，以落实公共文化部门责任，帮助施政部门改进公共服务管理、提高公共服务效能。而建立民众评价与反馈机制正是开展绩效评估的一条重要路径，惠民工程的建设由政府主导，效果应听取民众声音。党的十八届三中全会《决定》提出，要通过建立群众评价与反馈机制，推动文化惠民项目与群众文化需求有效对接。有鉴于此，建议有关部门尽快建立有效的群众评价与反馈机制，包括参与评价与反馈的渠道、制度与办法等。

（六）应围绕提升中华文化国际影响力来构建出版传播体系

从长远看来，当下新闻出版产品、服务、品牌、资本不断进入国际市场甚至主流渠道还只是"走出去"的初级阶段，在目标市场产生真正的影响，提升行业在国际环境中的竞争力还需要很长的路要走。党的十八届三中全会《决定》提出要建设"对外话语体系"。"对外话语体系"是一项系统工程，需要整合各方资源，大家齐心协力来建构。

1. 整合内容、营销资源，打造全国统一的出版"走出去"平台

目前的出版企业"走出去"基本上是各自为战，缺乏统一的规划、统一的平台、统一的渠道，这在一定程度上造成了资源浪费。如何把各种内容资源、各种数据库、各种平台通过一定的技术手段链接起来形成一个全国统一的大平台进行统一运营、统一营销，如何使国际用户可以通过一站式搜索找到所需要的内容，如何通过大数据技术分析用户需求实现个性化出版，是有关部门及出版企业必须认真考虑的议题。整合全国的出版资源，建构统一的平台，用商业化市场化行为传播，对外集中展示和输出中华文化，形成中国文化"走出去"的桥头堡和根据地，是一项艰巨而光荣的任务，需要出版业各方顾全大局，精诚团结才能完成。

2. 整合版权代理资源，鼓励各类所有制企业和个人参与版权代理业务

目前，我国统计制度所能掌握的版权贸易数据绝大部分来自国有出版机构和版权代理机构，这表明我国版权输出还有明显的国有专营色彩。版权输出的

"国有化"致使版权交易过程不可能完全遵循市场经济的规则,服务意识和水平都较难达到国际水准,并无形中抬高了国内版权代理领域的进入门槛。与此同时,活跃在国内的版权代理商基本上都是国外公司,代表的是国外出版商和作者的利益,造成国内版权很难顺畅地被推荐到国外。

这样看来,整合版权代理资源,吸引更多类型的国内企业和人员参与版权交易,是我国版权输出冲破"瓶颈"的必然选择。国有出版企业输出版权时可多家联合组建版权公司,以壮大输出版权的资源、人员、渠道力量,获得更大代理优势;民营机构和个人可凭借对国外特定市场、特定机构的深入了解,搜寻、推荐可与国际市场匹配的国内版权,达到版权输出"定制服务"的非常效果。

3. 整合多样资源,提高"走出去"的实际效果

实现中华文化"走出去",提升中华文化影响力是一项长期而艰巨的任务,需要整合多样资源,从量变到质变,实现"走出去"向"走进去"的突破。

在行业管理层面,整合资源主要是为"走出去"提供更加便利、直接的支持。新闻出版"走出去"是国家"走出去"战略不可分割的一部分。新闻出版"走出去"的主管部门一方面要继续推出符合行业"走出去"发展阶段的支持政策,发挥行业内的主导作用;另一方面,需要在各部委联系机制之中持续发挥行业代言作用,彰显新闻出版"走出去"成绩,学习兄弟行业优秀经验。

在企业操作层面,整合资源主要是统筹"走出去"各类要素,集中发挥最大效能。除上面提到的内容、人员、资金之外,"走出去"企业还需深入挖掘国外汉学专家、留学生、华人华侨中的优秀著译者,储备中国主题作品的海外作者和译者资源;探索符合业务特色的科技手段,将其作为提高品牌知名度、拓宽"走出去"渠道的重要方式;选取国内外优秀合作伙伴,采用项目合作、股份制成立合资公司等多种方式,通过"借船出海"达到定向开拓、成熟运作、规避风险的效果。

参考文献

[1] 刘奇葆. 加快推动传统媒体和新兴媒体融合发展 [N]. 人民日报, 2014-04-24.

[2] 蒋建国. 深化文化体制改革［J］. 求是, 2012 (24).

[3] 郝振省, 魏玉山. 2012～2013中国出版业发展报告［M］. 北京：中国书籍出版社, 2013.

[4] 肖东发, 卞卓舟. 回顾2013年图书出版业：在融合中延伸与拓展［N］. 中国新闻出版报, 2013-12-18.

（课题组组长：魏玉山；副组长：范军；执笔：庞沁文、陈含章、王珺、汤雪梅、刘建华、张文彦、甄云霞。本文由庞沁文撰稿，魏玉山、范军审定）

分类报告

2013~2014年中国图书出版业报告

杨 伟

2013年是中国出版业的变革之年，无论是在政策层面、机构层面还是在影响行业的技术革新等方面都发生了不少变化。国家新闻出版广电总局正式挂牌，新闻出版与广播电视两大系统的主管单位合并，昭示着一个新的大传媒融合发展时代即将来临；上游图书出版单位的改革继续深入，"国"字号出版集团组建增加，图书出版业集团化发展进一步扩展；而《中共中央关于全面深化改革若干重大问题的决定》的颁布和《关于延续宣传文化增值税和营业税优惠政策的通知》的推出则将出版行业上下游的未来发展政策、环境和方向进一步明确；在科技层面，互联网技术的深化发展以及社会化媒体的广泛应用为图书出版行业的产品、传播形式都提供了新的可能；同时，电子书业务发展加速、图书营销方式创新也成为年内热门话题……

一、2013年中国图书市场基本状况

（一）全年动销新书品种数首次出现下降，上下游经营理性加强

2013年，全国图书零售市场动销品种数达到126万种，市场上在销的图书品种规模依然巨大。庞大的在销图书品种，一方面显示出了出版业创造力的旺盛以及读者购书时面临的广泛选择，另一方面也反映了整个图书市场上供大于求的局面。如果关注更加具体的图书品种，则可能进一步发现图书市场上存在的"品种质量良莠不齐""同类品种数量众多"等现象。诚然，在众多出版机构做大做强的过程中，扩大品种规模无疑是不能忽视的一个途径，包括"做好

书、出精品"的策略也会需要一定的品种规模的支撑。但是，在走过了初步品种积累的阶段以后，如果仍旧是单纯依靠图书品种来支持发展则可能导致"事倍功半"的非理性循环，所以减少年度新书品种数、放缓动销品种数增长速度不失为市场理性的一种体现。下表显示，目前图书零售市场的动销品种增速已经与前几年年增长十万种的现象有所不同。

表1 近5年图书零售市场品种规模回顾 单位：年；万种

年份	零售市场动销品种数	零售市场当年首次动销新书品种数	年度初版品种数
2009	99	15.4	16.8
2010	105	16.9	18.9
2011	114	17.9	20.8
2012	125	20.5	24.2
2013	126	20.2	——

说明：上表中"初版品种数"取自国家新闻出版广电总局发布的历年《全国新闻出版业基本情况》。

从开卷观测数据来看，2013年全国图书零售市场动销品种数仅增长一万种左右，新书品种数也比上一年度有所下降。结合历年来初版品种数增长状况分析，2013年零售市场反映出的新书品种数收缩也与上一年度新品增长过快有一定关系。不过市场上整体动销品种数增速放缓、首次动销的新书品种数下降已经是一个信号。这一现象的出现，其实是行业上、下游经营理性共同作用的结果。近年来，众多下游书店强化对于坪效的关注，在投入产出对比的考量思路下，"控制在架品种总量""压缩同类书版本"的做法开始普遍，这就使得单一卖场里的在架品种数开始下降，继而渠道整体动销品种数的快速增长也被抑制。另一方面，上游出版单位当中对于提高单书效益的呼声也越来越高，在粗放式增长和精细化增长的选择当中更多人倾向于后者，"有效品种出版"的要求成为带动行业增长方式转变的重要动因。

（二）地面图书零售再现负增长，线上线下渠道格局开始稳定

近年来，我国地面渠道图书零售市场的增长速度表现为逐渐放缓的趋势，2008~2010年全国图书零售市场地面书店渠道增长速度连续三年低于5%，2011年回升到6%左右，不过在2012年整体增速变为-1.05%；2013年度同比增长率为-1.39%，继续表现为负增长。与此同时，网上书店渠道借助服务便捷、售价偏低等方面的优势快速扩张，多年来一直保持了两位数以上的增长速度，尽管增速比前几年有所回落，但是从年度增幅来看仍旧远高于地面书店渠道。

按照销售观测和行业整体分析的结果，目前全国图书零售市场总体码洋接近500亿元，其中线下与线上的比例分布大致为2∶1。在市场增长率方面，线上线下两个渠道存在巨大的成长性差异，如果将网店渠道合并计算，其实整体图书零售仍旧可以实现8%~10%的增长速度。地面书店出现持续负增长，无疑与近几年来网店渠道快速增长对地面零售带来的分流有一定关系，这一点在不同类型书店的增长性差异方面也得到了体现。开卷将观测书店按照所在城市划分出以"北上广深"为代表的"一线城市书店"、以其他直辖市及部分计划单列市为代表的"二线城市书店"以及其他重点城市构成的"三线城市书店"来分别统计不同类型书店的增速，也可以看出网店分流对不同类型书店影响的差异。2013年，"一线城市书店"年度同比增长率为-6.46%，"二线城市书店"和"三线城市书店"则分别实现了0.02%和2.54%的年度增长。可见网店配送体系越成熟的区域地面书店增速越慢，这一点在近几年的零售市场统计中多次得到验证，也可以从另一个角度说明网店分流对地面店的影响。

总的来说，线上线下两种零售渠道经过几年的竞争与发展之后，不同的读者、不同类型的图书各自形成了特色化的渠道分布，线上渠道依托"价格战方式抢夺消费流量"的方式逐渐为"以服务强化客户黏性"的良性发展方式所取代，线上渠道和线下渠道开始各自构建自身服务优势，国内整体图书零售格局已经开始稳定下来。

（三）上游集团化改制进一步深化，"国"字头出版集团增加

2011年部委社整体转企改制基本完成以后，部委出版社群体的集团化进程也开始加快。继中国出版传媒集团、中国教育出版传媒集团成立之后，更多部委出版单位开始规划集团化发展和股份制改造的道路。2013年下半年，中国财经出版传媒集团、中国工信出版传媒集团有限责任公司先后成立，这也是本年度中央级出版社深化改革的新成果。至此，"国"字头出版传媒集团队伍进一步壮大，总体数量达到8家。

大型出版传媒集团的组建，有助于实现图书出版产业规模化发展，通过规

模扩展后的集群效应并结合股份制改造，有助于出版单位更好地按照现代企业制度规划发展、增强综合实力、扩大新技术应用、推进产业升级。在先行一步的各地方出版集团当中，已经有不少取得快速发展的案例。2012年2月，原新闻出版总署发布了《关于加快出版传媒集团改革发展的指导意见》，为各地出版传媒集团深化体制改革、加强管理、应用新技术指明了方向。可以预见，伴随着更多中央级大型出版传媒集团的组建，将为我国图书出版发行行业的整体发展、具备一定实力和优势的大型出版集群的形成起到更大的推进作用。

（四）地面书店创新求变，扶持政策出台又添利好

近几年传统地面书店尤其是中小型地面书店的生存状态一直是全行业普遍关注的话题。读者阅读碎片化、屏幕化的影响，来自于网上渠道的销售分流，都对传统书店原有的经营模式造成了冲击。时而见诸报端的一些知名书店业务调整、搬迁甚至闭店的消息也加剧着行业对这一渠道的担忧。临近2013年底，深圳购书中心停业成了反映实体书店经营困境的年度案例。当然，在一些知名书店淡出读者视野的同时，也有另一些书店开出新店甚至创造出新的细分书店类型：在2013年，先锋书店、南京新华书店、上海新华、西西弗、PageOne、字里行间等都有新店开业。但是传统地面书店的经营变动已经是近期行业内不容忽视的客观现实。

其实，不管是业务调整、闭店退出还是新开门市，都是传统书店对于行业环境变化的一种自我调整和适应。面对读者需求和消费方式的新变化，传统书店在思考、在跟进。而在这个变化的过程当中，优胜劣汰、适者生存也是一种必然。我们可以看到，近几年的书店创新更加多样化，不同的书店都在寻找适合自己的路线。新华系统书店可以凭借资金及物业资源优势，在混业经营的文化商业综合体建设方面加大投入、实现升级；而民营书店则凭借自身对于市场的敏感把握，在特色化门店的打造方面更为见长。其实，不管是具有单一特色的独立书店还是能够包含"一站式消费"的文化综合体，甚至触网开展在线业务的传统书店网店，都是传统书店跟随社会消费形态变化的结果。无论采取哪种方式，书店仍旧是零售企业的本质，市场定位的明确和消费者体验的跟进应该是书店经营绝对的核心。读者的阅读需求并没有消失，社会文化消费整体还在增长，那么充分把握这其中的书业机会正是传统书店涅槃重生的关键。

2013年7月，全国范围内的实体书店扶持试点工作进一步推进，首批试点城市包括北京、上海、南京、杭州、广州等12个城市；扶持将重点针对具有一定社会知名度和品牌影响力的民营书店和国有书店，尤其是民营书店。尽管仅是部分城市的试点，但这对于正在创新求变的各类书店在精神上无疑是一大利好。来自于政府层面的支持和推动，将有助于那些真正有想法、有能力的传统书店顶住当下的经营压力实现创新发展，最终带动图书出版发行行业的下游整体升级。

（五）在线零售渠道理性发展，服务提升和平台建设成年度重点

2013年，尽管各家主要电商针对图书品类的促销仍在发生，但是从折扣力度和参与品种的广度来看都已经比前几年有所收敛，电商群体对于购买力的争夺和维护开始向包含服务在内的综合能力竞争迁移。这与上游出版机构对电商渠道的合作方式更加成熟有关，也与几家主要电商的整体发展策略高度关联。几家主要电商要么已经登陆资本市场，要么正在筹划上市的进程当中。"跑马圈地"的时代正在成为过去，对于财务指标以及长期发展的关注更加突出。

另外，在2013年，主要电商与传统地面书店之间的关系也在发生微妙的变化。尽管电商的自营图书业务与传统零售书店之间对于购买力的争抢仍旧存在，但是电商的平台业务拓展在一定程度上又让图书产品的在线零售开始变为电商与传统书店可以合作分享的"蛋糕"。无论是亚马逊、京东还是当当都在大力推行第三方平台业务，欢迎传统书店入驻开店——对于图书这样一个低毛利率的品类来说，电商采用收取服务费的平台模式或者会比赚取买卖差价的自营模式更加划算。而对于传统书店来说，借助平台开店比自营网店在技术投入和客流导入方面都能省力不少。或者，这确实将是一种双赢的选择。

除了传统书店以外，平台型经营模式也为出版商开办自营网店提供了便捷选择。与传统书店作为零售终端的天然属性有所不同，出版商开办自营网店将会比传统书店面临更大的挑战。而以品牌旗舰店的方式入驻平台降低了出版商开网店的实施门槛，也为出版商与终端读者的直接接触创造了一条新的通路。在前几年的持续尝试之后，2013年有更多品牌出版机构通过平台合作开启自营网店。

（六）电子书业务模式多元发展，先行出版社实现收益

伴随着数字阅读环境的发展和数字出版技术的逐渐完善，电子书业务在出版业开始成长起来。距离 2010 年行业主管部门发放首批电子书从业牌照至今已经过去了将近 4 年，电子书业务日渐成熟。2011 年至 2013 年，当当、京东、亚马逊三家在线零售巨头先后开展电子书业务；在此期间，国内三大电信运营商的数字阅读基地也在加快发展，而源于原创网站和智能手机 APP 的各类数字阅读推动者也在蓬勃涌现。发展至今，国内电子书市场逐渐形成了电信运营商数字阅读基地、零售电商电子书平台、电子书阅读器与智能手机 APP 书城等多种类型的电子书发行渠道。每一类型渠道均有数家或数十家主要机构参与，由此逐渐形成了一个相对多元的电子书发行和销售体系。目前，不同渠道与出版商的合作方式以及面向读者的收费模式并不统一，比如中国移动数字阅读基地主要通过阅读包套餐实现销售；亚马逊、京东等电商更倾向于与纸质书类似的单本销售模式；而基于电子书阅读器与智能手机 APP 的多家书城则会采取包月、分册、分章节等多种方式相结合的复合销售模式。

尽管并无固定模式可循，但是每种类型的渠道都已经聚集一定的使用人群。出版机构作为内容提供商，主要考虑的问题则是选取与本版产品相契合的发行渠道和销售模式，在这些养成数字阅读习惯的读者当中获取销售收益。目前，已经有很多出版社开始了与各种电子书发行渠道的合作，有的将本版优势资源授权单一或者多个渠道进行销售，也有的和电子书发行机构共同策划面向数字阅读人群的专属产品。据报道，中信出版社 2013 年的电子书收入已经达到 2 000 万元，另有多家出版社可以从不同的电子书销售渠道当中获取超过百万元的销售分成。

其实，无论是纸质图书还是电子图书，其产品核心仍旧是内容的价值，这一点对于出版单位来讲并无不同。面对读者阅读习惯的变化，电子书业务的开展以及相关经营模式的试水都是图书产品跟进读者需求变化而做出的尝试。面对习惯于碎片化阅读、屏幕化阅读的新生代人群，有针对性的产品策划和发行营销将可能为原本以纸质图书出版为主的出版单位创造新的销售增量。从这一点上来说，电子书业务的后续增长是值得期待的。

（七）年内畅销热点文学少儿最多，少儿图书增长依旧领衔各个板块

从年度整体畅销话题分布来看，2013年的大众畅销书还是以青春小说、名家散文、学术文化、名人传记、心理自助、少儿文学为主，虚构和非虚构板块都有一些新的畅销书出现，不过在畅销话题上变化不是很大，少儿类则继续以知名童书系列为主。2013年，少儿类图书实现了6.65%的年度增长率，继续在增长速度方面超过其他细分类；传记类图书受畅销书带动，也实现了3.01%的年度增长率；文学类图书因为上一年度小说类快速增长的影响，2013年表现为小幅负增长；艺术类和语言类也出现了负增长，不过降幅不大；而社科、生活休闲和科技类在2013年的整体成长性仍旧不太理想。从更加具体的分类来看，少儿卡通、少儿科普、散杂文等细分类都是2013年度的热点类别。

从年度大众畅销书榜单分布来看，少儿类和非虚构类上榜品种最多，这与往年表现类似。少儿类图书上榜数量与少儿类畅销书多为系列图书群体上榜有直接关系。不过全年榜首书则被来自于媒体人柴静的传记《看见》获得。

表2　2013年全国图书零售市场大众畅销书排行榜TO10

排名	ISBN	书名	出版社名称	作者	定价（元）
1	9787549529322	看见	广西师范大学出版社	柴静	39.8
2	9787534272516	墨多多谜境冒险系列-查理九世（17）：外星怪客	浙江少年儿童出版社有限公司	雷欧幻像	15
3	9787534272523	墨多多谜境冒险系列-查理九世（18）：地狱温泉的诅咒	浙江少年儿童出版社有限公司	雷欧幻像	15
4	9787534275166	墨多多谜境冒险系列-查理九世（20）：黑雾侏罗纪	浙江少年儿童出版社有限公司	雷欧幻像	15
5	9787533272272	笑猫日记——寻找黑骑士	明天出版社	杨红樱	15
6	9787544250580	巴学园系列-窗边的小豆豆	南海出版社	黑柳彻子	25
7	9787540456825	正能量	湖南文艺出版社	理查德·怀斯曼	29.8
8	9787534275159	墨多多谜境冒险系列-查理九世（19）：厄运水晶头骨	浙江少年儿童出版社有限公司	雷欧幻像	15
9	9787108041531	邓小平时代	生活·读书·新知三联书店	傅高义	88
10	9787010124025	朱镕基上海讲话实录	人民出版社	《朱镕基上海讲话实录》编辑组	66

结合当下图书零售渠道的结构性调整，笔者也对线上和线下畅销书榜单进行了对比分析，结果发现，在主要的畅销类型和热点图书方面，两个渠道并无明显的不同。无论是在地面书店渠道还是网上书店渠道，文学类图书和少儿类图书都是最畅销的图书类型。不过地面书店渠道的少儿类畅销书以少儿文学和少儿卡通为主，而网上书店的少儿类畅销书则是以面向低龄阅读的卡通绘本为主。如果排除少儿阅读对大众阅读畅销书榜单的影响，我们会发现文学类图书在地面书店和网上书店的畅销类型非常类似，畅销书也大量重合。相比之下，文学图书在地面渠道当中相对更加畅销一些。而在网上书店当中，心理自助类和经管类图书的上榜数量则要高于地面书店，学术文化、传记、生活、教育则在两个渠道的畅销表现差别不大。这也在一定程度上反映出了目前不同零售渠道购书人群和需求的差异。

二、2013年影响和推动图书出版行业的主要因素和事件

（一）部委合并落地，大传媒时代来临

2013年3月，《国务院机构改革和职能转变方案》公布，将原国家新闻出版总署和原国家广播电影电视总局的职责整合组建国家新闻出版广电总局。其管辖对象涵盖出版、报纸、期刊、广播、电视、电影六大行业，囊括所有传统主流传媒业，并涉及部分互联网业务，实现了全媒体覆盖，管理业务遍及全部传媒产业链。此次机构调整，无疑将有助于进一步推进文化体制改革，统筹新闻出版广播影视资源。可以想见，文化产业内部的壁垒必将进一步被打破，从出版物到影视产品以及新媒体形式产品的链条将更加通畅，这对文化产业来说是长期利好。而对于图书出版业来说，依托好的内容策划与编辑，在做好图书产品主业的同时，将有可能在文化产业大发展的"大传媒"时代获取更多的可能性。

其实，在图书出版行业内部，尽管出版企业经营范围没有进行调整，但是基于泛文化产品的多种合作形式已经在实施当中。尤其是在国家新闻出版广电总局成立的大背景下，出版机构与广电机构互抛橄榄枝的动作愈加频繁，合资

电视台、投资运营电视节目、开发电视频道、延伸电影产业链，出版广电企业深入融合，全产业链发展的通路正在打开。2013年3月，二十一世纪出版社与上海美术电影制片厂签订了战略合作协议，共同开发动画产品，做大做强动漫产业链；7月，长江出版传媒股份有限公司与盛天文化传媒签署战略合作协议，欲通过影视等新媒体输出内容资源，实现图书资源的开发，从图书快速向影视版权运营、影视剧制作及动漫、网游等产业进行综合延伸；8月，中南传媒与湖南教育电视台合资建立"湖南教育电视传媒有限公司"，主营广播电视节目及电视剧策划制作发行等业务，以此在全产业链的布局上补缺视听板块；10月，中国教育出版传媒集团与中国教育电视台签署战略合作协议，双方将加强优质教育内容和网络教育平台建设等方面共同发展。

（二）推进文化产业发展的多项举措为行业创造整体政策性利好

2013年，面向图书出版业的政策性、行业性利好不断涌现，提示着一个面向未来的"机会之年"。除了两部委合并带来的产业融合机遇之外，全民阅读环境也在进一步完善、文化产业发展专项资金的规模扩展、从中央到地方对实体书店扶持政策进一步推进以及年底明确的增值税和营业税优惠政策延续都为转型升级过程当中的图书出版行业带来了广泛的政策性利好。

在前几年全民阅读推进工作的基础上，2013年全国各地的全民阅读活动继续深入，全民阅读立法工作被纳入国务院立法工作计划。2013年8月，国务院发布《关于促进信息消费扩大内需的若干意见》，提出大力发展数字出版、互动新媒体、移动多媒体等新兴文化产业，促进动漫游戏、数字音乐、网络艺术品等数字文化内容的消费。这都为图书出版业乃至整个传媒行业创造了更加广泛的需求可能。

11月，中央财政下拨2013年度文化产业发展专项资金48亿元，比上一年度增加41.18%。专项资金范围在继续实施一般项目的基础上，得到了进一步扩展，尤其是将实体书店扶持试点纳入其中。12月底，国家财政部发布《关于延续宣传文化增值税和营业税优惠政策的通知》，宣告自2013年1月1日起至2017年12月31日，免征图书批发、零售环节增值税。上述两项政策的施行为行业上下游，尤其是传统地面书店在当下时期的发展转型提供了有力支持。

（三）推进文化体制机制创新，行业市场化程度将进一步提升

2013年11月，党的十八届三中全会召开，通过了《中共中央关于全面深化改革若干重大问题的决定》，在"推进文化体制机制创新"中明确："继续推进国有经营性文化单位转企改制；推动文化企业跨地区、跨行业、跨所有制兼并重组；鼓励非公有制文化企业发展，支持各种形式小微文化企业发展等。"

随着行业内市场竞争的加剧，图书行业与相关行业、相关领域之间的相互渗透、相互融合是一种必然趋势。在过去的几年中，通过"五跨"，众多出版集团成功进入到不同的领域和行业，在与合作伙伴共谋未来的过程中，在多元化发展上取得了丰硕成果；近期出版集团的"五跨"动向更有针对性，更注重产业链条的打造。2013年，出版企业的合作意识早已不局限于国有与国有书业、国有与民营书业，而是寻求众多的非业内合作伙伴，以发挥不同领域的协同效应。如今，跨区域、跨行业、跨所有制整合的政策引导方向进一步明朗，无疑将为书业企业的未来发展提供更广泛的可能。在此政策指导下，图书出版发行企业可以更好地以市场为目标、以资本为纽带，创新多种业务开展和合作模式，充分把握文化、传媒领域的发展机遇，加快发展。

而对民营文化企业的政策放宽，尤其是小微型企业的发展支持，将为更多社会资本进入出版行业提供了可能，进而为文化产品多样化以及文化服务创新发展创造更好的环境。

（四）社会化媒体与大数据发展助推书业业务环节创新

近年来，互联网技术飞速发展，基于互联网和移动终端的广泛应用正在深入改变着人们的生活，并已经深刻影响到了图书出版行业链条上的多个业务环节。无论是数字资源的整合开发、电子书业务的发展，还是图书发行渠道结构和营销模式，都已经受到了互联网技术的深刻影响。网上书店的影响作用已经持续数年，电子书业务和数字出版也已经风生水起，而社会化网络营销和基于大数据的产品策划则成为2013年前后的重要亮点。

在社会化媒体兴起之初，书业对其直接应用非常有限，但是在2013年各类畅销书的宣传营销过程中，微博却已经成为了必不可少的通路，甚至在很多产品宣传上的影响力已经超过了传统纸质媒体——微博以及微信渠道开始被出

版机构誉为图书营销"海陆空体系"当中的"空军"。微博上的各类宣传营销及活动策划早已屡见不鲜；在2013年更得益于移动终端支付应用的成熟，已然出现了多个出版机构通过微信直接售书的案例；而年内畅销书《从你的全世界路过》甚至是一个从微博上产生的图书选题。

2013年被社会各界誉为"大数据元年"，"大数据"是比社会化媒体范围更广的技术应用。如果说互联网和社会化媒体主要实现了传播的效果，那么大数据将发挥回溯的功能，在书业之外，通过大数据分析进行精准营销的成功案例已有不少。虽然书业应用尚未全面展开，但是来源于书业的大数据探讨已经启动。在可以预期的将来，大数据将与社会化媒体一样，为图书出版发行行业在某些业务环节的转型升级提供更有效的助力。

（五）著作权相关规定进一步完善，版权保护环境得到优化

继2012年《中华人民共和国著作权法》（修改草案）征求意见之后，2013年我国图书出版业在版权领域又有新进展。2013年9月，国家版权局公布了《使用文字作品支付报酬办法》修订征求意见稿，旨在对1999年《出版文字作品报酬规定》的修订与完善，结合近期社会经济发展状况提高稿酬指导标准和报刊转载稿酬标准。12月1日，国家版权局和国家发展改革委联合颁布的《教科书法定许可使用作品支付报酬办法》正式施行，改善了2001年《著作权法》修订时引入了教科书法定许可制度后教科书法定许可付酬标准和办法一直不明确的状况，在2014年全国教科书编写出版单位将按照这个办法规定的标准向作者支付报酬。

尽管上述两项规定仅仅是对著作权保护的局部调整，目前《著作权法》修改建议也还在探讨当中，但是全社会版权保护意识的不断提升以及相关版权制度的不断完善，无疑将对未来图书出版行业乃至整个文化产品的整体发展提供重要保障。

三、2014年及未来一段时间图书出版业发展趋势与展望

回顾2013年，尽管图书出版行业还在面临着转型发展过程当中的诸多疑

惑，但是来自于上、下游的积极探索正在为全行业的创新求变之路拓展出更丰富的可能。而来自于政策层面的诸多利好消息也让行业攻坚的信心为之一振。可以相信，随着《中共中央关于全面深化改革若干重大问题的决定》的出台和文化体制改革的深入，2014年将是健全现代文化市场体系的关键一年。

未来一段时期，在深化文化体制机制改革的政策引领下，在文化产业、图书产品市场发展的业务驱动下，也在科学技术发展的支持之下，我国图书出版行业将逐渐完成体制创新和产业升级，形成具备持续发展能力和更大范围影响力的企业集群。

（一）文化产业大发展助推图书出版业外延扩展

源自于消费者的文化消费和文化产品需求是一个基于功能实现的集合，并不局限于单一的产品形式。比如阅读需求可以由纸质图书、数字内容等多种形式来满足，而对于某一类图书的阅读需求将可能代表着一系列关联产品的需要。如何从消费者和目标顾客出发满足其功能需求，而不是围绕着销售本版产品来组织经营将可能成为未来图书出版发行企业需要广泛思考的话题。而近几年来广泛出现的图书出版跨媒体合作、图书发行渠道形式创新以及零售书店的多元化经营其实都是对上述特点进行响应的结果。

伴随着更多产业政策的出台，尤其是地域、行业整合壁垒的打破，这些基于消费者文化产品需求的整合响应将可能得到更好的满足。在内容资源方面，传统出版单位可以在数字出版产业链上多点开花，选择各个领域不同的合作伙伴探索更多的数字出版赢利商业模式；在关联产品方面，出版企业也在不断拓展业务领域来进行产业链延伸，比如设立书业新公司新部门开辟新门类、设立数字新媒体部门或子公司，甚至新设创意公司开发创意产品，以及与其他领域文化企业深度合作、进行关联产品的合作开发等等。

其实，图书、影视广播、创意产品与其他文化产品背后的价值都是共通的，彼此之间的差异仅在于形式的不同。从市场与消费需求出发，最终这些产品的走向可能是类似甚至完全一致的。因此，在政策规定明朗以后，借助有效的业务合作及资本推动手段，聚合多种产品形式的商业成功将是可以预期的。

（二）市场竞争主体更加丰富，更多企业运营手段走入书业

《中共中央关于全面深化改革若干重大问题的决定》在推进文化体制机制创新相关要求中明确提出"完善文化管理体制"和"建立健全现代文化市场体系"。国有经营性文化单位转企改制将继续推进并加快公司制、股份制改造；推动文化企业跨地区、跨行业、跨所有制兼并重组，提高文化产业规模化、集约化、专业化水平；非公有制文化企业发展获准参与对外出版、网络出版，允许以控股形式参与国有影视制作机构、文艺院团改制经营。

由此可以预见，未来图书出版行业的市场竞争主体类型将进一步丰富和多元。大型国有出版集团将着重向规模化、集约化发展，而各种类型的中小出版单位包括小微民营机构将在专业化发展方面建立特色。这一趋势既符合文化产业多样化发展的需求，也有助于整个行业市场化机制和效率的完善和提升。

而在多种类型的市场主体形成过程中，基于产业链和业务整合的各类收购兼并、资本运作将广泛出现，地域分割和行业壁垒将被打破，原本非图书出版行业的企业也可能通过业务或者资本合作的方式进入图书出版业；在此过程当中，更多形式的金融手段也可能发挥作用。当然，所有这些做法和努力都将围绕着多出好书这一核心，全行业整体的市场化水平和经营效率也将得到提升。

（三）内容产品仍是核心，版权保护护航书业可持续发展

抛开纸质图书还是电子图书的考量，除却图书单一产品还是图书与多媒体产品互动的设计，内容无疑还是图书出版业发展的核心。只有通过策划开发出好的内容和好的图书产品，才能够获取市场认可以及实现向更多文化产品和媒体形式进行转化和合作的可能。因此，无论市场和行业发展到任何阶段，内容产品本身仍旧是图书出版业的重中之重。

而围绕内容建设的可持续性，充分保障作者和版权相关人的利益也将是未来图书出版业良性发展的关键。在图书发行、宣传零售的过程当中，不排除各种符合商业规则的营销尝试，但是这一切都需要考虑到出版、发行机构的长期利益以及图书出版业的可持续发展要求。以伤害版权方利益为代价的做法可能获得一时的收益，但是必将损害行业的长远发展。所以围绕版权保护的法制规

范以及行业约束都是必要的行为。

（四）关注读者需求变化趋势，跟进科技发展带来的深度影响

科技发展会直接作用于一个行业的产业链条，同时还会通过影响消费者而间接作用于行业所面对的价值链条。数字出版技术、移动阅读、电子书、社会化媒体以及大数据技术都已经广泛渗透到了书业内部以及书业所面对的顾客群体当中。关注读者需求的变化以及发展趋势，充分吸纳新的技术手段给行业带来的创新机会和升级可能，也是在2014年以及未来几年当中的图书出版业必将面对的课题。虽然国内出版企业不大可能像一些海外传媒集团那样去寻找技术派的掌门人，但是对于技术革新的关注和应用深度必将深刻影响中国图书出版业的发展步伐。

总的来说，2013年是一个给了行业太多期许的"规划之年"，也是一个"机会之年"。不管是在政策层面、市场层面，还是科技应用层面，都已经出现了太多值得我们去尝试和努力的可能。方向已经明确，路径逐渐清晰，如果说要有什么特别的思考和提示，那么应该是体现在行业如何将新的政策、新的设想、新的目标落到实地的这一过程当中，怎么能够做得更好？

（特别说明：本文所涉及零售市场数据均来源于北京开卷信息技术有限公司自1998年建立的"全国图书零售观测系统"）

（作者为北京开卷信息技术有限公司研究总监）

2013 年期刊出版现象观察

张泽青

2013 年，传统期刊变更数量减少，国家采取措施提升科技期刊的国际影响力，期刊人在与新媒体共舞的同时不断寻找新的发展空间。从中，我们可以发现一些值得记录的事件或现象。

一、创办与变更

2013 年，新创办期刊 40 多种，其中不乏填补学科空白的刊物，如《城市轨道交通》《新能源汽车新闻》等，也有用英文出版的、直接与国际科研接轨的科技期刊，如《工程管理前沿》《植物生态学报》等，社科类期刊有《国际援助》《世界史研究》（英文）等，市场化程度高的不多。

值得关注的是期刊更名数量比前两年要明显减少，大约比前两年减少了四分之一到三分之一，更名的期刊有一半左右是因学校更名而随之更名的，难以发现真正走市场、有发展潜力的刊名出现。这一异常变化是否说明期刊人找不到新的市场发展亮点，对未来发展缺乏信心，有些茫然？

二、高校学报自觉转型

期刊更名中比较令人注意的现象是数种高校学报由综合性的学报变更为专业性的学术刊物，如《北京青年政治学院学报》变更为《北京青年研究》，

《北京中医药大学学报》（中医临床版）变更为《现代中医临床》，《内蒙古财经学院学报》变更为《财经理论研究》等。我国现有两千五百多种高校学报，约占全国期刊总数的四分之一，均为自然科学或者社会科学领域的综合性学术刊物。这些学报由于涵盖学科众多导致内容定位不准确，在各类评价体系中难以获得较高的评价，更难以与世界一流的高校进行学术交流，发行量普遍偏低，也导致高校优秀科研成果大量外流到国内外专业学术期刊上发表。前几年，一些教育部直属高校的文科学报联合起来尝试出版若干种一级学科的专业性学报（电子版），收到了明显的效果，点击率大大增加。高校学报自觉转变定位，开始由综合性内容转变为专业性内容，这是适应期刊发展规律、提升期刊质量和影响力的有效措施。如果教育行政部门能够进行行政干预，全国两千多种高校学报将会彻底摆脱数十年来高校学报低水平重复的局面，迎来高校学术期刊全面复兴的春天。

三、首届中国武汉期刊（交易）博览会成功举办

距2001年新闻出版总署在北京国际展览中心举办全国期刊展览已经过去了12年，首届中国期刊（武汉）交易博览会2013年9月份在武汉成功举办，这个期刊博览会集中展示了当前我国期刊的整体状况，参展刊物数量多，品种丰富，整个展览规模宏大，活动内容精彩丰富，参观者众多，是中国期刊界难得的一次盛会。在传统媒体生存遇到困难的时候举办这个规模盛大的期刊交易博览会，给期刊界提供了一个学习交流的平台，也在为中国的期刊加油鼓劲。

四、国家资助精品科技期刊

2013年，科技学术期刊听到了一个振奋人心的好消息，有关部门关于提升我国科技期刊国际影响力的报告引起中央领导的高度重视并取得了实质性进展，由中央财政拿出9100万元支持《中国科技期刊国际影响力提升计划》，76种英文科技期刊入选。相信这笔巨款一定能够给优秀的科技期刊增添发展的强劲

动力，使得我国的科技期刊在国际上的影响力不断提升。当然，就提升期刊的学术影响力方面，可能更需要的是改变目前一些部门和单位评价人才、评价论文的机制。事实证明，由于各部门、各机构的一些不尽合理的奖励政策、评价机制，导致科研人员唯 SCI 是从，国内科学家的一流的科技论文都外流到国外的刊物上发表了，即使是国家各级基金、科研经费资助的科研项目，出了成果也大多首先发表在国外的科技刊物上。有报纸发表文章《"拜杂志教"折射中国科研评价弊病》[1]，披露了我国科研工作者盲目追捧国际三大刊物的情况。如果大的环境没有根本改变，投入的钱再多恐怕也难以提升国内学术期刊的学术质量。

五、微信直接影响文摘期刊

据有关部门统计，目前国内使用微信的人数已经超过 5 亿，这种可以免费发长篇文章、大容量图片、语音通话的新型传输方式受到广泛欢迎。不少期刊在开通 IPAD 功能后，相继开通了刊物的微信平台，免费推送刊物的部分内容。更多平面媒体的读者转向阅读数字媒体。短信、微博、微信等为读者提供了大量碎片化阅读的内容，读者有着丰富多样的、个性化的阅读选择，而传统媒体便不断被放弃，在这种情况下，最受市场冲击影响的莫过于文摘类期刊了，也许不久以后综合性文摘期刊将全面转型到电子载体上出版，更多大众化、市场化的刊物将全面转战数字媒体。总体看来，传统期刊面对新媒体的快速发展反应有些迟钝，更多的期刊不是不想改变现状，但是由于经济、技术、人才等方面的限制，确实感到力不从心。其实，只要传统媒体及时调整发展模式，尽快转型，很多期刊还是能够找到新的发展空间的，事实上期刊界也不乏成功转型的例子，如《新周刊》新浪微博粉丝数就已超过 316 万。

对于期刊制作 APP 付费下载的转型问题，目前反映不够乐观。有专家认为，期刊 APP 失败的原因主要有四：①作 APP 的竞争者太多，而统计表明读者每日平均只使用 8 个 APP；②APP 与开放的网络相隔绝；③形态老跟不上开放潮流；④卖不出价，付费 APP 收入平均只占总订阅收入的 12%。

---

[1] 叶铁桥、高四维：《"拜杂志教"折射中国科研评价弊病》，《中国青年报》2013 年 12 月 20 日。

六、期刊发展举步维艰

据新闻出版总署官方网站公布,2013年因各种原因被总署注销刊号的期刊有43种,不少刊物是因为中止出版活动超过180天,违反了《出版管理条例》的规定被注销刊号的。这说明越来越多的期刊遇到了市场萎缩、持续亏损的问题,难以为继,不得不终止出版活动。知名刊物《钱经》杂志执行主编张桔在其微博上称,《钱经》杂志将于2014年1月1日开始正式停刊。7月8日上午5点,《南方能源观察》杂志社执行总编蒋志高通过微博称:"据悉,《好运MONEY+》八月初出最后一期。"

同是四川省的刊物,《星星》诗刊在2013年获得了四川师范大学文理学院1000万元投资,这本数十年前曾经影响很大的诗歌刊物将会焕发青春。而同样曾经影响很大的科幻文学刊物《科幻世界》的子刊《飞·奇幻世界》则自2013年6月起黯然停刊。

《中国青年报》发表《报亭·城市微光》报道2013年北京市各报刊亭营业额再创新低,文章说:"在北京,报亭总数超过2000个,销售着550种期刊和110种报纸,2013年北京各报刊亭营业额均再创新低,日均营业额100元左右。据报道,2008年至2012年底,全国共拆除了10468个邮政报刊亭,目前全国邮政报刊亭总数为30662个。如今报刊亭的摊主都把主要的经营阵地转到饮料、充值卡、彩票等方面,有的甚至已不再出售书刊。"[①] 据了解,过去一些畅销的大众化期刊发行量在不断下降,传统期刊可能真是到了"最危险的时候",真的需要想方设法寻找新的发展空间了。

七、以刊物评价论文,以论文评价人才的局面将转变

最近十多年来,学术类期刊借助社会人群大量发表论文的需求,收取发表费,获得了发展的机会,一些过去的非学术刊物也悄然变身为学术刊物,与论

---

① 杨娇:《报亭·城市微光》,《中国青年报》2013年10月9日。

文中介联手运作，大发其财。与此同时，各种评价学术期刊的标准、体系、机构也应运而生，因为社会有这种需求，刊物有这种需求。前几年我的文章就多次提及"核心期刊"概念被异化等问题。2013年12月22日媒体报道，教育部官网发布《关于深化高等学校科技评价改革的意见》（以下简称《意见》）称，对高校、教师的科研评价，将实施分类评价，不搞一刀切。教育部要求各高校要改变在教师评聘、收入分配中过分依赖和不合理使用论文、专利、项目和经费数量等科技指标的做法，减少科技评价结果与利益分配过度关联。要求建立开放评价机制。基础研究以同行评价为主，大力加强国际同行评价。加强开放、多元的国内外专家数据库建设和共享。有专家认为：高校科研目前最大的问题是科研评价由行政部门进行，很多行政部门并不懂科研，所以才会存在单一的量化论文数量，出现数论文的情况。[①]

在中国国际经济交流中心主办的中国经济年会上，国家发改委副主任张晓强提出，要改革国家科技经费使用的绩效评价体系，弱化发表学术论文数量、院士数量、科技成果奖数量等指标，突出发明专利授权、技术成果转化率、促进产业技术进步等方面的考核。

看来，这些年社会各界的呼吁和我国科研论文种种乱象终于引起了高层领导的关注，引起了行政主管部门的重视。今后，以期刊排名认定论文质量，以论文评价人才的怪现象将会逐步得到遏制，中国这十几年的学术论文大跃进的不正常现象将会改变，学术期刊也将回归自己的本来面目。

有关部门的政策调整后，更多的人不必花钱找人写论文，花钱找中介发表论文了，学术期刊的稿源也将会大大减少。学术期刊应当做好准备，沉着应对政策调整给刊物带来的变化和影响。当然，如果国家进一步设立学术论文开放获取平台的话，传统的学术期刊更需要有足够的准备。

（作者为国家新闻出版广电总局新闻报刊司巡视员）

[①] 郭莹：《评判高校科研能力不再过分依赖论文》，《京华时报》2013年12月22日。

整合转型中的中国报业

郭全中

2013年是我国报业发展和改革中的转型年和关键年,一方面党的十八届三中全会通过的《中共中央关于全面深化改革若干重大问题的决定》(以下简称《决定》)为传媒业和报业的改革定下了基调;另一方面报业继续深陷下滑的泥沼,整合转型成为去年报业发展的关键词。

一、市场化是改革主基调

《决定》的核心内容都与市场相关:一是发挥市场在资源配置中的决定性作用,二是建设统一开放、竞争有序的市场体系。

(一)《决定》的解读

《决定》指出,推动政府部门由办文化向管文化转变,推动党政部门与其所属的文化企事业单位进一步理顺关系。建立党委和政府监管国有文化资产的管理机构,实行管人管事管资产管导向相统一。

首先,由"办文化"向"管文化"的实质性转变。一是要理顺新闻出版行政管理部门和市场之间的关系;二是界定清楚新闻出版行政管理部门和市场之间的关系,新闻出版行政管理部门的工作重点在于营造公平竞争的市场环境。

其次,建立党委和政府监管国有文化资产的管理机构,实行管人管事管资产管导向相统一。当前,我国国有文化资产尚缺乏全国统一的资产监督管理机构,各地对国有文化资产的监督管理五花八门,分别有宣传部门主管、财政部门主管、政府直属管理等三种模式。这种情况就导致出资人"缺位""越位"和"错位"现象并存，不仅不利于国有文化资产的保值增值，更阻碍了国有文化企业的可持续发展。下一步改革发展的重点应是成立全国性的、统一的三级国有文化资产监督管理委员会。

（二）逐步探索"特殊管理股制度"

《决定》指出，对按规定转制后的重要国有传媒企业探索实行特殊管理股制度，这标志着转制后的国有传媒企业的股权结构可能会发生重大变化，可能由目前的国有股"一股独占"或者"一股独大"转变为多元化、分散式的股权结构，进而对我国的国有传媒企业改革产生深远影响。

首先，所谓特殊管理股是指具有较多投票权的股票，即有的股票的投票权是"一股一票"，而这种特殊投票权的股票可能是"一股多票"。发行特殊管理股能够在不改变政府对重要的传媒企业掌控力的情况下来引进民营资本，进而激发传媒企业的活力，无疑是一种进步。

其次，特殊管理股制度实施的关键是要既能满足国家对重要传媒企业的掌控力，又能吸引战略投资者。这是一项艰巨的任务。特殊管理股具有一票否决权，即规定特殊管理股可以在股权比例很低的情况下依然享有一票否决权。当然一票否决权应该严格地限定于重大决策权的某些事项，最为合理的是严格限定于采编等重大业务导向事项、主要负责人等重大人事任命事项。

（三）建立健全现代文化市场体系

市场作为核心，一方面在资源配置中起决定性作用，指的是资源配置的功能；另一方面，是要建立起现代文化市场体系，指的是市场体系。

首先，完善文化市场准入和退出机制。一是在市场准入机制方面，会扩大民营文化企业的准入范围，可能会建立"负面清单"制度，采取"非禁即入"的原则。二是逐步建立起科学有效的退出机制。

其次，继续推进国有经营性文化单位转企改制。虽然我国的国有文化单位"转企改制"取得了巨大进展，但无论是范围、还是力度都还有待提升。可以预见，国有文化单位"转企改制"的改革力度会进一步加大，范围会进一步扩大,改革方式和内容会进一步深化。

再次,推动文化企业跨地区、跨行业、跨所有制兼并重组。随着"条块分割"管理体制的进一步改革,我国统一的现代文化市场体系将逐步建立,文化企业的兼并、重组时代将真正到来,这对于那些规模大、实力强、管理经验先进,尤其是打通了直接融资渠道的文化企业来说,将是重大利好。

(四) 其他相关政策

首先,完善文化经济政策,扩大政府文化资助。2013年,中央文化产业发展专项资金金额高达48亿元,同比增长41.18%,截至2013年年底,文化产业发展专项资金已累计安排142亿元。而随着未来政府对文化资助力度的进一步加大,我国文化产业将迎来更多、更好的机会。

其次,积极发展国有资本、集体资本、非公有资本等交叉持股、相互融合的混合所有制经济。允许更多国有经济和其他所有制经济发展成为混合所有制经济。允许混合所有制经济实行企业员工持股,形成资本所有者和劳动者利益共同体。可以看出,这对于文化企业来说也是重大利好,一方面可以实现混合所有制,另一方面可以逐步实现企业员工持股。

再次,完善国有资产管理体制,组建若干国有资本运营公司,支持有条件的国有企业改组为国有资本投资公司。

二、管理机构进一步整合

从全世界传媒业的发展趋势来看,传媒业的混业经营是大势所趋,但是由于我国对传媒业一直采取的是"条块分割"的管理体制,这种管理体制也必然导致传媒业的区域分割和行业分割,使得传媒业市场尤其报业市场高度碎片化,报业市场存在着中央、省级、地市级等三级管理体制,有一些县还有县级报,这种情况就导致报业呈现小、散、弱的局面,不利于进一步发展壮大。

2013年,新闻出版总署和国家广电总局合并为国家新闻出版广电总局,从国家管理层面实现了"条"的整合,顺应了传媒业融合的大趋势,将有力地促进报业和广电业的相互进入和融合，必将有利于市场化能力强、品牌影响力大、人才储备多的大型报业集团的快速发展壮大。

三、报业广告收入继续高位下滑

2013年，我国报业依然是艰难困苦之年，虽然很多地方受到房地产逆市飞扬的利好，但是中国报业广告仍然延续着2012年的大幅度下滑速度。根据中国广告协会报刊分会、央视市场研究媒介智讯发布《2013年度中国报纸广告市场分析报告》（以下简称《报告》）显示，2013年报纸广告刊登额下降8.1%，降幅超过了2012年的7.5%，而根据笔者在全国各地的实地调研，2012、2013年广告实收额的下滑速度为15%～20%。2013年，我国报业广告具有如下特点。

首先，四个季度都呈下滑趋势。一季度下滑2.1%，二季度下滑8.8%，三季度下滑10.6%，四季度下滑6.2%。尤其需要注意的是，传媒业的广告经营有"金九银十"的说法，即第三季度是广告收入最高的旺季，但是在对全年广告影响最大的第三季度却出现了最大降幅，无疑会令报业的广告经营雪上加霜。此外，虽然第四季度降幅有所收窄，但是有可能是把2014年的广告提前"预支"，进而可能对2014年的广告经营造成严重透支。

其次，全国普遍性下降。我国社会经济具有区域间发展严重不平衡的特点，这也决定了我国传媒业和报业也呈现出典型的不均衡现状。当然，正是由于这种不均衡现象的存在，相比于受互联网媒体严重冲击的东部地区，中西部地区受到的影响相对较少，即当东部地区的报业广告出现下滑时西部地区依然可能会出现增长。报告显示，2013年华东地区的报纸广告刊例下滑10.2%，全国性报纸也下降了4.9%，连西北地区虽然下降幅度最低却也为2.8%。在报纸广告规模前30个主要城市，下降的城市有24个，其中，降幅最大的西安下降幅度高达25.1%，降幅超过10%的城市有16个。可以看出，西北地区的报纸广告收入都出现了下滑，说明我国各地的报纸普遍陷入了困境。

第三，实力强的报纸也大多数呈现下降趋势，但是"马太效应"明显。《报告》显示，2013年广告刊登额前20家报纸中，只有7家增长而有13家下降,其中,6家报纸降幅超过两位数,降幅最大的超过20%。需要注意的是,前20家报纸平均下降3.8%,而20位之外的其他报纸降幅则达到9.7%,说明强者愈强、弱者愈弱的"马太效应"更加凸显。

第四,广告主普遍减少投入。2013年在报纸上广告投放增加的主要是房地产业,而其他行业普遍下降。

四、市场退出机制初步建立

根据国家新闻出版广电总局的网站显示,按照《出版管理条例》等报刊出版管理有关规定,自2012年1月1日至2013年7月9日,各级新闻出版行政部门依法共对46种报刊注销登记,其中报纸包括《购物导报》等21种。而自2013年7月10日至2013年12月4日,各级新闻出版行政部门依法共对54种报刊注销登记,其中报纸11种,具体见表1。

表1 报纸注销登记情况表

编号	报刊名称	CN号	属地
1	中国特产报	CN11-0159	北京
2	女性时报	CN12-0031	天津
3	远东时报	CN23-0030	黑龙江
4	上海新书报	CN31-0036	上海
5	湖南邮电报	CN43-0021	湖南
6	南方财经导报	CN43-0053	湖南
7	信息通信导报	CN33-0021	浙江
8	老友报	CN14-0010	山西
9	巷报	CN22-0040	吉林
10	贵州广播电视报(黔南版)	CN52-0016/02	贵州
11	东陆时报	CN53-0052	云南

资料来源:http://www.gapp.gov.cn/news/1663/164157.shtml

在短短的一年多的时间内,就有100种报刊被注销登记,其中报纸32种。

此外,2013年10月28日刚刚合并成立的上海报业集团在短短的不到2个月的时间内就在关停并转方面有大动作,12月23日其旗下的《新闻晚报》宣布将于2014年1月1日休刊。据了解,《新闻晚报》的休刊涉及300多位人员,其中采编人员130多位、经营人员110多位,人员安置方案的原则是:转型发展、充实一线；双向选择、竞争上岗；市场原则、有情操作。可以预测，上海报业集团未来可能会有更多的子报刊休刊，而《新闻晚报》也是中国很多报纸的一个缩影。

五、区域化整合成为转型的抓手

（一）上海报业市场实现整合

2013年10月28日，解放报业集团与文新报业集团合并后的"上海报业集团"正式挂牌，总资产规模达到208.71亿元，净资产为76.26亿元，如果其旗下的不动产采取完全市场化的估值方法，其总资产和净资产则会更高。结合国家新闻出版广电总局发布的《2012年新闻出版产业分析报告》的数据，解放报业集团和文新报业集团分别居于报刊出版集团总体经济规模综合排名的第3和第5位。这次整合的主要内容有：一是成立相关委员会。整合后的上海报业集团成立了如下委员会：中共上海报业集团委员会、中共上海报业集团纪律检查委员会，其党组织关系归属中共上海市委宣传部；此外，其旗下的《解放日报》《文汇报》《新民晚报》也都分设了中共解放日报社委员会、中共解放日报社纪律检查委员会；中共文汇报委员会、中共文汇报社纪律检查委员会；中共新民晚报社委员会、中共新民晚报社纪律委员会。由裘新任中共上海报业集团委员会书记、上海报业集团社长。从上述设置可以看出，集团委员会实质上相当于其他报业集团的党委会，是集团的最高决策机构。而和其他报业集团相比，尚缺乏社务委员会和编辑委员会，目前也没有任命总编辑，但由于报业集团具有很强的意识形态属性，未来有可能会设置这些委员会。二是上海报业集团为控股型集团。从公布的方案来看，上海报业集团的性质究竟是法人联合体，是事业法人还是企业法人，尚不清楚。而且，集团虽然任命了总经理，但是尚未成立集团公司，也未成立董事会。目前能够明确的是，由于恢复了《解放日报》《文汇报》和《新民晚报》这三张报纸的独立法人资格，集团应该是控股型集团，且《解放日报》和《文汇报》由于获得了上海市政府的财政支持，其应该是事业法人，而《新民晚报》未获得财政支持，未来有可能彻底转企改制，成为企业法人。此外，三大报社有很大的自主权，在年度预算之内，三大报社总编辑还将拥有完全自主的财权，三大报社未来还将拥有对中层干部的提名权、决定权和任命权。三是获得了市委市政府的大力支持。在上海报业这次大整合中，上海市委市政府给予了大力支持：市财政每年分别给《解放日报》和《文汇报》5 000万元，以支持这两张党报的发展。这也说明这两张党报在新一轮的非时政报刊单位转企改制中，将被铁定定为时政类报刊；将认购解放日报旗下的APP项目"上海观察"10万份，为新项目的启动提供了资金支持和客户支持；将从上海市宣传文化产业扶持基金中对上海报业集团的新媒体拓展项目给予大力支持。四是将大力发展新媒体产业。在上海报业集团成立的仪式上，刚刚成立的上海报业集团与百度公司签署协议，双方宣布就合作共同运营百度新闻"上海频道"达成一致，双方将开展的战略合作涉及上海本地新闻搜索引擎、媒体资源购买、云服务器资源提供、舆情报告、手机阅读服务、人才合作、战略资源购买七个方面。双方将采取共同组建团队，联合运营的方式来运营百度新闻"上海频道"。再加上此前"腾讯网"与《新闻晨报》合办的"大申网"，可以说，上海报业集团将进一步大力拓展互联网媒体。

（二）青岛报业整合见实效

2013年3月，半岛都市报社和青岛日报报业集团签订战略合作协议，共同成立青岛新报传媒公司运作《青岛早报》和《青岛晚报》，其中，半岛都市报社出资2 500万元注册资本金和1.5亿元的溢价在新成立的公司占股50%，9席董事会职位占5位，经过合并，青岛报业资源的整合基本完成。2013年7月份，《青岛早报》广告刊登额同比增长16%，《青岛晚报》同比增长35%，早报和晚报双双实现赢利。

究其原因，首先，采取了有效的整合措施。一是在新闻宣传方面，加快向主流媒体转型的步伐。由于报纸具有意识形态属性和商品属性的双重属性，其一方面必须为用户提供高质量的信息服务，另一方面又必须服务好党和政府的中心工作，做好宣传工作。尤其在互联网媒体高速发展的时代大背景下，对于突发的、即时的一般性资讯，报纸和互联网媒体相比完全没有竞争力，而提供深度的、权威的、专业的信息则是报纸的优势。基于上述考虑，为了进一步提升舆论影响力，青岛新报传媒重新调整自身战略定位，定位为"做主流媒体，树大报风范"。具体说来，一方面关注主流话题，传播主流价值，影响主流人群，提升媒体的传播价值；另一方面聚焦重大经济社会问题，特别是关注配合好青岛市委市政府的中心工作，唱响主旋律，倡导正能量，传播"青岛好声音"。

第二，在经营管理方面，加强对发展方式转变的认识。在副省级以上的城市中，青岛是全国唯一的由都市生活类报纸携手合作而实现统一市场的城市。整合之后青岛报业市场发生了颠覆性的变化，而只有在对这种变化进行深刻认识的基础上，才能真正实现发展方式的转型。目前，青岛报业市场态势已经实现了三大转变：从过去的不可控竞争转变为现在的可控竞争，即从之前的恶性竞争和无序竞争转变为现在的"竞合"；从一定程度上的可控成本转变为完全可控成本，降低自身的经营风险；从报纸之间的竞争转变为报业和其他业态媒体的竞争，这样有助于报业去抢占更多的市场份额。在发展方式方面，从之前粗放型的"三拼"向精细化的"六比"转变：从简单粗放的拼价格、拼发行、拼版面，向精细管理的比内容、比创意、比策划、比服务、比版值、比贡献转变。在资源整合方面，加速对"四报联动、两调一控"举措的推进：结合青岛市报业市场的实际，整合的关键点就是将《半岛都市报》《青岛早报》《青岛晚报》《城市信报》这四张报纸联动起来，统一实行"发行调价，广告调价，版面控制"。

第三，整合的效果显著。合作以来，青岛新报传媒公司各项工作顺利推进，在新闻宣传、经营管理、资源整合等方面都有了长足进展。一是2013年4到12月份，青岛新报传媒9个月的成绩突出：完成广告实收额1.4亿元，同比增长5%；实现净利润3 550万元，赢利能力大幅提升；《青岛早报》和《青岛晚报》双双实现赢利，一举摆脱亏损局面。二是由于青岛报业市场摆脱了无序、恶性的竞争格局，也为半岛都市报的经营营造了良好的外部环境，其2013年的净利润水平大幅度增长，其中应有一部分归功于整合之力。

第四，整合转型的关键点。一是区域化整合。虽然十八届三中全会的《决定》中指出，推动文化企业跨地区、跨行业、跨所有制兼并重组，但是由于制约跨行政区域发展的"属地化管理""主管主办"等制度尚未真正改变和完善，当前最有可能推动的就是某一省级行政区划内的区域化整合，而不是全国性整合。之前《新京报》划归北京市，《江淮晨报》合作的结束都预示着全国性的整合困难重重。二是广告占版率和有效发行量是关键性指标。当前，都市类报纸基本上是"发行倒挂"和"厚报盛行"，而随着互联网媒体尤其是移动互联网媒体给报纸带来越来越大的挑战，"厚报"变"薄报"，日报变周报是大势所趋，在这种情况下，如何科学确定一张报纸的发行量和版面呢？关键是确定好一张报纸的盈亏平衡点，即要确保报纸赢利。而要确保报纸赢利的关键，一方面就是保证合理的广告占版率，即当广告收入下降的时候，相应地减版；另一方面，在"发行倒挂"的情况下，应根据广告收入量来调整发行量，实现有效发行。

当然，在报业进行整合的同时，一些地方也出现了分拆现象。据了解，成都传媒集团已经进行了分拆，其电视业务剥离出来，而其主要业务将是报纸相关业务，不过分拆后的成都传媒集团的体量依然很大。

六、收购重点解决成长性难题

（一）传统媒体和报业积极进行并购

当前，我国传统媒体正陷入收入下滑的困境，传统媒体上市公司亟待寻找新的业务增长点，而并购网络游戏等高利润率和高成长性的业务无疑是最佳选择。2013年，传统媒体和传统公司发起的并购有9起，交易总金额为116.03亿元，其中浙报传媒以32亿元收购杭州边锋和上海浩方为最大并购事件，具体见表2。

表2　2013年传统媒体和企业的主要并购事件　　单位：亿元%

	买方企业	标的企业	交易金额	交易宣布时间	交易股权
1	浙报传媒	杭州边锋 上海浩方	32	2013-5-10	100%
2	苏宁和弘毅资本	PPTV	25.43	2013-10-29	44%
3	中国电信	天翼视讯	11.44	2013-4-26	80%
4	博瑞传播	吉比特	9.20	2012-7-25	79%
5	博瑞传播	漫游谷	10.36	2013-7-10	70%

（续前表）

	买方企业	标的企业	交易金额	交易宣布时间	交易股权
6	苏宁	红孩子	4.00	2012-8-30	N/A
7	粤传媒	香榭丽	4.5	2013-10-28	100%
8	蓝色光标	西藏博杰	16	2013-7-9	89%
9	凤凰传媒	幕和网络	3.104	2013-8-21	64%

资料来源：根据相关资料整理。

注：此处的美元对人民币汇率采取的是1美元=6.0553人民币元。

首先，2013年1月份，浙报传媒集团斥巨资31.9亿元收购杭州边锋和上海浩方100%股权的申请得到证监会的审核通过。边锋和浩方属于全国知名游戏平台，拥有边锋游戏、游戏茶苑、浩方电竞、三国杀online等众多知名品牌。

其次，2013年7月10日，博瑞传播宣布日前与漫游谷及售股股东签订了《购股协议补充协议》，就此前《购股协议》拟以非公开发行方式，以10.36亿元购买北京漫游谷70%的股权，并签署了"对赌协议"，2014年漫游谷年净利润不为负，将以不高于4.3亿购买漫游谷剩余30%股权。

第三，华闻传媒以24.5亿购华商传媒及其8家附属公司的少数股东权益。华闻传媒与华商传媒将合并持有华商数码、华商广告、华商网络、重庆华博传媒、吉林华商传媒、辽宁盈丰传媒100%股权以及陕西黄马甲90%股份；华闻传媒与华商广告合并持有华商卓越文化100%股权。

第四，粤传媒以4.5亿元收购户外LED媒体运营商上海香榭丽广告传媒股份有限公司；根据收购报告，粤传媒及其全资子公司将以现金8749.55万元收购香榭丽传媒19.44%的股份，同时以10.92元/股的价格发行3319.63万股，收购剩余80.56%的股份，交易完成后，粤传媒将持有香榭丽传媒100%股份。

（二）并购动因是为了解决"成长性"难题

目前，传统媒体上市公司的业绩不容乐观，例如，根据新华传媒的财报，2010~2012年，其报刊广告营业收入分别为11.57亿元、8.98亿元、6.10亿元，同比增速分别为1.35%、-22.38%、-32.04%；而营业利润分别同比下滑10.84%、14.35%、14.95%。在传统媒体市场快速衰落的大背景下，与互联网公司并购不同的是，传统媒体并购主要出于短期目的，即通过并购高成长性和高利润的业务来解决自身的成长性和利润承诺难题。

要有效解决成长性问题，无疑收购高成长性、高利润率的网游公司是最佳选择，由表2可以看出，传统媒体上市公司收购的多是网游公司。例如，巨人网络2013年第二季度净利润率为62.5%，这远远超过传统媒体。在浙报控股与 Shanda Interactive Entertainment Limited 签署的《补偿协议》中约定，杭州边锋、上海浩方2013、2014、2015年度的预测净利润可以合并计算，即杭州边锋和上海浩方2013年至2015年合并计算的预测净利润为25 443.46万元、32 127.31万元和37 933.98万元。正是得益于对边锋和浩方的收购，浙报传媒2013年上半年营收为9.3亿元，同比增长40.9%，其中，网络游戏业务营收1.28亿元，毛利率高达85.29%；归属于上市公司股东的净利润为1.76亿元，同比增长55.5%，其中边锋、浩方两家公司自2013年5月起纳入浙报传媒合并范围，5至6月归属于上市公司股东的净利润就高达6 202.91万元。再例如，博瑞传播与漫游谷售股股东签订的《购股协议补充协议》中约定，漫游谷2013年至2015年的利润承诺分别为1.56亿元、2.03亿元和2.03亿元。可以看出，传统媒体上市公司收购的网游公司不仅具有高成长性，而且净利润率较高。

目前，我国由于传媒业的区域化分割和行业化分割的制约，传媒业和报业市场被高度碎片化，也导致我国的传统媒体企业和单位呈现小、散、弱的局面。随着我国传媒业改革的进一步深化，全国统一性的传媒业大市场将逐步形成。目前，由于我国的传统媒体上市公司数量已经较多，但规模都较小且成长性不够。因此，为了促进传媒业的进一步发展以及维持上市公司的成长性，国内范围内的传统媒体业和报业的并购将此起彼伏，成为新的热点。

七、体制外转型探索不断深入

在这块，浙报传媒旗下的传媒梦工场是一个标杆，其探索对于国内具有强大品牌影响力的报业集团有较大的借鉴价值。

首先，传媒梦工场的主要思路如下：一是传媒梦工场作为独立的市场主体。浙报传媒认识到在体制内进行新媒体转型的成功可能性不大，所以传媒梦工场一开始就是作为独立的市场主体，和浙报集团的传统业务相对独立，相互区隔,以期望在体制外孵化新媒体。二是传媒梦工场对新项目采取的是孵化模式。传媒梦工场对新项目采取的多是风险投资的方式,浙报集团所有的资金和资源投入以股本形式进入公司,但股权比例相对较低,基本上由创业团队控股。这样既能发挥创业者的积极性,又能建立起适应市场需求的企业制度和体制,同时也能发挥浙报集团的品牌优势,即体制外优势和体制内优势兼顾。三是传媒梦工场搭建市场化的团队。四是浙报集团给予强有力支持。其一是充分利用浙报集团多年凝聚的影响力,为传媒梦工场提供平台和人脉等多方面的支持;其二是浙报集团已经拿出5000多万元来支持传媒梦工场,并给予5年的培育期这一较为宽松的政策环境。

其次,传媒梦工场的具体做法:一是充分利用浙报传媒的品牌影响力来吸引创业者和新项目。二是专注于新媒体创业领域,以与其他类型的创业孵化器有效区隔。三是采取行之有效的运作模式。传媒梦工场挑选具有优秀创意、良好市场前景的新媒体产品与创业团队,为其提供发展所需的相关资金、资质、品牌、管理能力和经验、人才、人脉等方面的资源,帮助其快速成长。四是充分利用浙报传媒收购的现有平台。不久前,浙报传媒已经成功全资收购盛大旗下的杭州边锋和上海浩方,这为传媒梦工场的孵化对象提供了较好的用户平台和较大的流量,也可以加快孵化对象的成长进程。五是传媒梦工场的本质界定为风险投资机构和公司。目前,传媒梦工场是一个优秀的新媒体孵化基地,其本质更是风险投资机构。

八、战略合作和多元化探索亮点频频

(一)南方报业积极拓展战略合作

南方报业传媒集团旗下的南方都市报积极拓展外部市场,2013年5月8日,清远市委与南方报业传媒集团签订战略合作协议,共同推进清远市委机关报《清远日报》改革,通过南方都市报社与清远日报社的资产合作和运营机制改革,实现优势互补,合作共赢,这也是国内第一家省级都市报与地市级党报的合作,目前运作状况良好,开拓出了一条新的探索道路。此外,南方全媒体集群与《郑州晚报》《兰州晚报》进行战略合作，双方将在全媒体集群的报纸、网络、微博、品牌运营、全媒体内容制作等各个方面展开深度合作。

（二）各地纷纷探索多元化经营新探索

首先，深圳报业旗下的地铁传媒有限公司成立于2010年12月28日，公司于2010年12月6日通过竞标获得2011年至2017年深圳地铁1、2、5号线的平面广告媒体经营权，并于2012年通过竞标取得成都地铁2号线10年广告经营权。虽然在竞标武汉地铁广告市场时受挫，但是最近正在积极拓展其他市场。通过两年多的发展，该公司的收入增长速度快，运转良好。

其次，半岛传媒集团进入休闲文化旅游业。其在青岛黄岛区兴建的明清古建筑园，将为半岛传媒增加新的业务支柱。

再次，都市快报社与中国美术学院合作进入工艺品市场，去年相关销售收入高达6 000万元，净利润近千万元。

2013年，中国报业面临着前所未有的困难，各家报纸纷纷通过改革、整合、多元化探索等方式积极转型，还出现了如下新创新：一是各地积极探索房产电商模式。二是华西都市报积极探索全媒体营销。华西都市报构建起了品类齐全、深覆盖的全媒介体系，在全媒介营销方面取得了不错的业绩。三是南方报业旗下的《南都周刊》把握住娱乐与营销深度融合的趋势，在娱乐营销方面做得风生水起。当然，我们也必须清醒认识到，出于对报业前景的悲观预期，报业的优秀人才开始流失，2013年21世纪传媒执行总裁刘洲伟的离职对业界震动巨大。而高度依赖于人才的报业一旦优秀人才大量流失，其前景也就值得忧虑了。

参考文献

[1]《中共中央关于全面深化改革若干重大问题的决定》[M]．北京：人民出版社，2013.

[2]《中共中央关于全面深化改革若干重大问题的决定》辅导读本[M]．北京：人民出版社，2013.

[3] 相关上市公司的财报．

（作者为国家行政学院社会和文化教研部高级经济师）

2014年或将成为音像电子出版业发展的新起点

许正明

音像电子出版业由于产业链长、关联产业多，是文化产业中一个基础性行业。国际上特别是发达国家以及我国的港台地区将音像业多称谓为"唱片业"和"家庭娱乐业"。而电子出版的内涵和外延则更广，包括了数字出版和线上出版。但无论怎么讲，音像制品和电子出版物作为重要的大众娱乐和文化产品，因其形象生动直观，交互性强，观众、听众面广，在发达国家和地区是文化产业中最受关注的行业之一，居于文化产业的核心，美国的视听产业多年来甚至高于航天航空产品的出口。

一、我国音像电子出版业发展的整体态势

在我国，音像业曾经历过三个辉煌阶段：一是唱机和唱片时代；二是录音带和录像带时代；三是CD和DVD时代。进入新世纪，随着数字压缩技术和网络技术的发展，音像载体和播放设备更新加快。不过，数字技术是一把"双刃剑"，2004年下半年"压缩碟"的出现致使光盘复制企业和音像零售终端迅速萎缩，很快波及到制作和出版上游环节，音像业随即跌入"谷底"，近10年来处于缓慢复苏阶段。

我国电子出版业的发展起步于1995年，与音像出版业不同的是，进入本世纪以来随着计算机的普及得以稳步发展，主要指标均处于增长态势。出版品种在2009年首次突破1万种，2012年达到11 822种；出版数量在2004年突破

1亿张，2009年突破2亿张，2012年达到2.63亿张，2013年近3亿张。这些统计数据，还不包括移动存储类电子出版物，如集成电路卡、移动硬盘、U盘等存储介质。

对音像电子出版业的发展态势，有以下三个基本判断：

一是音像电子出版业仍然保持旺盛需求，市场潜力巨大。音像产业包含创意、录制、出版、制作、复制、批发、零售、出租、进出口等多个环节，涉及广播、电影、电视、网络、手机、演艺、卡拉OK、动漫、家庭娱乐、硬件播放、版权经纪、教育培训等多个行业，电子出版物也涉及计算机、软件、游戏、信息通讯等多个领域，与其他出版行业明显不同，音像电子出版业的发展对国民经济的拉动作用巨大。近年来音像和电子出版产品一直保持着旺盛的市场需求，无论是音乐、戏剧、动漫、影视剧、教育、科普、农业、百科等方面的音像产品，还是电子书、多媒体出版物、电子地图、数据库产品等电子出版物，广受人民群众的欢迎。据统计，互联网上的流量83%来自于音像节目，每天音乐、影视剧等作品的下载量超过2亿次。

二是音像电子出版单位结构和布局得到优化，转型发展取得初步成效。全国原有独立音像电子出版社300余家，近年来根据"三个一批"即做大做强一批、整合重组一批、停办退出一批的总体要求，通过年度核验、查处违规行为、兼并重组等形式，注销或吊销了一批"空壳化"或不具备办社能力的音像电子出版单位，截至2013年年底全国现有独立音像电子出版单位265家。与此同时，赋予一批有实力的音像电子出版单位网络出版权，鼓励和支持音像电子出版单位利用新技术促进产业升级，鼓励与通信运营商、网络运营商以及各种硬件设备制造商进行全方位的合作，拓展互联网、无线通讯网、有线电视网、卫星直通网等数字传播渠道，开发以手机、移动多媒体终端以及移动硬盘、数据库、集成电路卡等为载体的多种出版发行形式。此外，还重点支持一部分规模较大、特色鲜明、主业突出、管理规范的音像电子出版单位，赋予其"盘配书"出版资质。

三是数字版权保护受到重视，侵权盗版和非法下载得到一定遏制。自2013年以来，国家进一步加大对数字版权的保护力度，数字音乐、数字视频开启了付费商业模式，非法传播和非法下载得到有效遏制。一些大的视频网站、音乐网站、电子书网站在内容和版权方面进一步规范，"剑网"行动、"净网"行动的力度进一步加大，为音像电子出版业的健康持续发展提供了有力保障。

二、音像电子出版业面临极好的发展机遇

当前，音像业的发展面临着极好的发展机遇，主要体现在以下四个方面：

一是通过北京、上海、广东、成都四个国家音乐产业基地的建设，音像行业的集聚效应初步显现。目前在建的音乐产业园区即达12个，分别为：北京国家音乐产业基地中唱园区、中国乐谷园区、天桥园区、1919园区、数字音乐园区，上海国家音乐产业基地，广东国家音乐产业基地广州南方广播影视传媒园区、广州飞晟园区、深圳梅沙园区、深圳A8数字音乐园区，成都国家音乐产业基地以及中国移动无线音乐基地。

二是国家鼓励和支持重点原创音像电子出版物，通过国家重点音像电子出版规划以及国家重点出版基金、动漫专项资金、民族语言文字专项资金扶持，引导和支持出版了一大批优秀音像制品。在音像电子出版物方面，仅2013年获得国家资助的重点项目即超过60项。

三是数字音乐和数字视频行业持续发展，一些骨干音像出版单位积极向数字化转型，我国数字音像的产值已经突破600亿元。以数字音乐为例，2013年互联网音乐产值比2012年增长63.2%，互联网音乐和手机音乐2013年总产值达到450亿元。这其中，像中国唱片总公司、上海新汇文化娱乐集团这些老字号的音像出版单位，在数字音乐方面也初步建立起了自己的商业模式和赢利模式。

四是2013年国家出台了促进信息市场消费和"宽带中国"战略实施意见。互联网和智能手机的普及、4G牌照的发放、4K高清电视的推出以及"三网合一"的加快，特别是新闻出版和广播电影电视管理机构的合并，为音像电子出版业的发展带来空前的机遇。

三、推动音像电子出版业发展的思路和举措

总体思路：继续深化改革开放，以"三个一批"为基本要求，进一步优化

产业结构，提高音像电子出版业竞争力；实施精品战略，建立健全多出精品音像电子出版物的长效机制；推动音像电子出版业转型升级，实施一批重大数字化项目；进一步加强内容管理和版权保护，努力为行业发展创造一个良好的出版秩序和出版环境。主要有以下五方面举措：

一是建立健全精品出版的推荐和引导机制。2014年的重点任务包括组织好学习宣传贯彻十八届三中全会及习近平总书记系列重要讲话精神、培育和践行社会主义核心价值观、庆祝新中国成立65周年等方面的主题音像电子出版物出版工作，组织好"十二五"国家重点音像电子出版规划中415种重点选题（特别是30种骨干工程）出版工作，抓好"中国共产党思想理论资源数据库"二期工程、"中华老唱片数字资源库"建设工作，做好2014年向全国青少年推荐50种优秀音像电子出版物活动。

二是大力推进国家音乐产业基地建设。进一步推进北京、上海、广东和成都四个国家级音乐产业基地建设，推动建立国家音乐产业基地协调机制，制订音乐基地建设总体规划，完善投融资等方面的政策，发布中国音乐产业发展报告，出台关于推进国家音乐产业发展的指导意见。同时，成立国家音乐产业促进工作委员会，并设立"国产原创音乐专项基金"和"音乐产业发展专项基金"，用于奖励和扶持国产音乐创作人员、优秀国产音乐作品、优秀音乐创作单位和实施一批重大音乐产业项目。

三是推动公共文化服务方面产品的供给。配合做好国家民文出版基地建设，实施"重点民文出版译制工程"，出版、资助重点民文（含民汉双语）音像制品500种、译制民文音像制品500种。面向盲人群体，实施"盲人听书工程"和重点"有声读物"出版工程，实施"中国无障碍电影"音像出版二期工程。针对数字农家书屋项目的实施，组织提供面向农村的优质音像电子出版资源。

四是规范和引导移动存储类音像电子出版物的发展。音像和电子出版物由原来的光盘介质发展到现在的移动硬盘、移动优盘、存储卡等形式，MP3、MP4、电子书、电子辞典、电子地图、数据库及学习机等教育类电子产品也发展迅速。根据国家新闻出版广电总局2014年的立法计划，2014年内将修订《电子出版物出版管理办法》，将对电子出版物的内涵和外延做进一步界定，规范和引导电子书、电子辞典、电子地图、电子期刊、数字库产品等新兴出版物健康快速发展。

五是实施"中国音像电子出版业转型支撑工程"。主要建设音乐、影视、动漫、戏剧曲艺、教育、科技农业、医药卫生等方面的数字音像内容资源库，建设电子书数据库、期刊电子出版数据库以及专业出版领域多媒体数据库，建设数字音像电子出版内容投送平台、交易保障平台和技术监管平台。通过该工程实施，旨在整合音像电子出版业横向间、纵向间的产业链，促进传统音像电子出版资源的数字化，打造全国最大、最权威、最优质的音像电子出版资源库和传播平台，实现对数字音像电子出版内容、版权的有效监管和保护，带动国产原创音像电子出版物的创作和出版，扩大中华文化影响力，提升音像行业竞争力。

从2004年到2014年整整10年，这10年间音像业在痛苦中挣扎，虽步履艰难，但从未失去信心和希望。而电子出版业虽经过十几年的发展，但总体规模尚小，也处在转型升级的关键时期。愿我国音像电子出版业在党的十八届三中全会精神的指引下，围绕中心，改革创新，服务人民，在2014年开启属于音像电子出版业的网络时代。

（作者为国家新闻出版广电总局出版管理司副司长）

2013～2014年数字出版产业发展报告

王飚　毛文思　王洁

2013年，我国数字出版发展更加趋于理性和成熟，数字出版产业整体实力进一步提升。各企业布局数字出版的规划性有所加强；传统单位转型日渐深入，数字内容传播渠道更加丰富，呈现方式更加立体多元；用户需求得到更高重视，成为内容和服务提供的主要出发点，精准营销的理念得以迅速推行；技术与出版产品及其生产流程联系得更加紧密。总之，各方环境趋好推动我国数字出版产业快速稳步前进。

一、数字出版发展现状

2013年正值"十二五"中期，因此是数字出版产业发展稳中求进、积蓄能量的一年，更是对于数字出版产业发展具有承前启后意义的关键性一年。政府部门推出的相关政策，让数字出版产业环境进一步趋好；传统出版单位的转型日渐深入，商业模式逐渐清晰；高新数字技术的快速发展，推动数字出版产业的持续升级；移动互联网依然保持快速发展，成为数字出版产品开发的主要方向；互联网企业纷纷展开内容建设，把握数字出版产业链起点；新旧媒体的融合加剧，全媒体时代真正来临。

（一）政策推动产业发展，产业环境进一步趋好

政策为数字出版产业发展保驾护航。近年来，数字出版在文化产业中占据着越来越大的比重，对于推动国民经济水平起到越来越重要的作用。为贯彻落

实党的十八大精神，执行六部委联合编制的《国家文化科技创新工程纲要》，进一步加快《新闻出版业"十二五"时期发展规划》实施步伐，2013年政府相关管理部门加强了对文化产业的部署，出台了各项政策措施，为营造良好的数字出版产业环境提供了有力保障。

首先，十八届三中全会的召开，对我国文化体制改革提出了新的要求，以数字出版为代表的新兴文化产业被提升到了新的高度。在全会一致通过的《中共中央关于全面深化改革重大问题的决定》中提出，要推进"文化体制机制创新"，推动"传统媒体和新兴媒体融合发展，重视新型媒介运用和管理，降低社会资本进入门槛，允许参与对外出版、网络出版，提高文化产业规模化、集约化、专业化水平，鼓励非公有制文化企业发展"。该《决定》的颁布，让数字出版的发展环境更加开放。

2013年8月15日，国务院印发了《关于促进信息消费扩大内需的若干意见》，而发展数字出版是带动信息消费的重要手段。《意见》提出"到2015年，信息消费规模超过3.2万亿元，年均增长20%以上，带动相关产业新增产出超过1.2万亿元，其中基于互联网的新型信息消费规模达到2.4万亿元，年均增长30%以上"的发展目标，为了完成这一目标任务，《意见》明确指出，要"丰富信息消费内容，大力发展数字出版、互动新媒体、移动多媒体等新兴文化产业……加强数字文化内容产品和服务开发，建立数字内容生产、转换、加工、投送平台，丰富信息消费内容产品供给"。《意见》的出台，为各类企业开展数字出版业务指明了方向，激发了数字出版进一步快速发展的动力，以实现促进我国信息消费的要求。

此外，2013年中央财政下拨了48亿文化产业发展专项资金，国家发改委发布了《关于组织实施2013年移动互联网及第四代移动通信（TD-LTE）产业化专项的通知》，这些举措对于我国数字出版的发展均将起到有力的引导与扶持作用。

（二）传统出版转型进一步深入，数字化整体水平显著提高

传统出版单位是推动我国新闻出版，繁荣文化产业的主力军。近年来，在政府的积极引导和鼓励下，在数字出版整体日趋繁荣的产业环境下，传统出版数字化转型日渐深入。2013年，传统出版单位在转型升级上依然迈出了坚实的

步伐。6月28日，国家新闻出版广电总局公布了首批传统出版数字化转型示范单位名单，共有70家包括出版集团、报业集团、出版社、报社、期刊社在内的传统出版单位名列其中，占全国新闻出版单位总数的0.56%[①]。"数字出版转型示范工作"的开展，旨在遴选一批在数字出版领域起步较早、思路较为清晰、成效较为突出的传统出版单位，通过树立典型，交流、借鉴和推广实践经验，探索开辟传统出版业升级转型之路。这些入选单位，是数字化转型实践中的领先者，经过多年的努力与探索，已形成了清晰的数字出版战略规划，明确的数字化发展路径，为全国传统单位的数字化转型起到了良好的表率和引领作用，提供了可借鉴价值的经验。转型示范单位的确立，将大大提升传统出版数字化转型的整体水平。

通过示范单位在转型中所获取的经验来看，传统出版单位经过多年的探索，在数字出版转型方面成果日益显现。他们对于数字出版转型的认识在深度和广度上，普遍提升到了新的层次，对数字出版发展态势有了较为清晰的把握；数字出版在传统出版单位整体业务布局中的地位和作用得以提升，已不仅是传统出版的补充和延伸，而且已是出版单位的重要业务，乃至未来发展的主要方向；数字化的理念正逐渐渗透到传统出版单位的各个业务部门，推动着转型的全员参与；在组织架构调整、软硬件环境的更新升级、业务流程再造、资源加工管理、人才培育及引进等方面，与数字出版的发展需求更加匹配；对数字出版技术的重视程度有了显著提升，加大了对现代前沿技术的关注以及对先进技术引进和研发的投入力度，有些单位积极开展技术攻关，有效地打破技术壁垒，并将成果及时应用于业务系统平台搭建、标准研发和产品开发中，获得初步成效；数字产品形态不断多元，逐步呈现系列化、品牌化的特点，初步实现了多元化的生产经营和发展格局，部分出版单位通过并购游戏企业，实现用户的积累和产业链的延伸，或以云平台和电子商务为切入点，推动商业模式由"产品"经营向"产品+服务"经营升级；新闻出版单位的产业协作意识不断增强，协作力度不断加大。出版单位之间通过建立联盟机制，实现资源的聚拢整合，跨行业、跨领域的合作也不断加深，并形成了一些较为成功的范例。

---

① http://www.gapp.gov.cn/news/1656/151701.shtml 国家新闻出版广电总局网站。

（三）依托技术发展，产业升级加速

随着技术的不断更迭与发展，推动着信息传播方式日趋多元化、立体化，传播渠道与人们的生活更加贴近，用户体验更加丰富，也将会让出版业的服务领域和应用范围进一步拓宽，延伸到人们学习、工作、生活的方方面面。

2012年，谷歌发布一款名为"Project Glass"的智能眼镜，将可穿戴设备带入人们视野。2013年可穿戴设备市场持续升温，国外大型电子设备生产商纷纷推出自己的可穿戴产品，如苹果的"iWatch"和三星的"Galaxy Gear"等智能手表、索尼的智能手环等，产品形式日益多元，功能不断拓展，并逐步向可视化发展。国内企业也纷纷进入这一领域，如2013年4月，百度宣布内测成功首个穿戴式产品——"BaiduEye"[①]，其功能类似谷歌眼镜，将配备超小液晶显示、语音操控、图像识别、骨传导技术，并且会和百度语音、百度云、百度地图等进行深度整合。同时，2013年可穿戴设备已经从概念化步入市场化，能够预见的是，可穿戴设备将为人们的生活、感知带来巨大转变，也令信息传播极大地突破了空间限制，实现了传播的随时随地、无处不在。智能眼镜、智能手表等可穿戴产品将成为继电视、电脑、手机、平板电脑以外的另一块信息传播"屏"，引领人们真正进入"多屏时代"。因此其与内容产业的结合，也将对包括数字出版在内的内容产业带来重大革新。

增强现实技术（简称AR技术）是与可穿戴设备密切相关的一种新型技术。该技术是在虚拟现实基础上发展起来的，是通过计算机系统提供的信息增加用户对现实世界感知，并将计算机生成的虚拟物体、场景或系统提示信息叠加到真实场景中，从而实现对现实世界感知的"增强"。增强现实技术让交互方式更加自然，呈现方式更加立体、真实，大大强化、丰富了人们的感官体验。该技术将广泛应用于娱乐、展览、展示等方面，而目前，在出版领域已展开对增强现实技术的探索与应用，如已有基于增强现实技术的手机游戏得到开发。此外，值得一提的是《成都商报》基于该技术研发数字产品，为读者带来新的阅报体验。

此外，MPR技术、语音识别与合成技术、二维码、云计算等关键技术在新

---

① http：//tech.sina.com.cn/i/2013-04-01/20238201671.shtml 百度内测首个穿戴式设备 Baidu Eye。

闻出版产业中得到实际应用,并已产生一定经济效益。其中二维码技术,伴随着移动互联网的发展,智能手机等移动终端的普及,在新闻出版领域的应用已越来越广,已成为出版物的快速网络浏览、应用下载、网上购物、网上支付等服务的入口,并成为出版物营销联结线上与线下的重要桥梁。

(四)移动互联网发展迅猛,成为数字出版发展主战场

随着移动互联网技术的迅速发展,移动终端日益普及,大大推动了数字出版产业发展,也让其核心竞争点及发展重心从互联网逐渐转向移动互联网。

在2012年手机就已超越台式电脑,成为我国网民上网的第一终端,同时有数据显示,从2011年起,中国就已成为世界上最大的智能手机市场。而2013年,手机网民数量继续保持稳定增长,据中国互联网络信息中心(CNNIC)发布的报告显示[①],截至2013年12月,我国手机网民规模达到5亿,占网民整体规模的81%,而手机网民规模的持续增长,也推动了手机应用市场的繁荣。目前,移动应用市场的迅猛发展,让手机对日常生活的渗透进一步加大,已成为人们工作、学习和生活不可或缺的工具,人们通过手机可以进行阅读、娱乐、购物、导航、社交等行为,而随着手机向"大屏化"发展,3G的全面覆盖,4G的推广普及,网络不断提速,移动终端的功能将进一步拓展,为我国数字出版在移动互联网领域的发展提供了有利条件。此外,平板电脑凭借优质的呈现方式和丰富的阅读体验,保有量持续上升,同时与智能手机的市场需求日渐实现差异化发展,成为另一类普及移动终端。

如果说在2012年,数字出版依然是互联网和移动互联网两大市场并举,在2013年则向移动互联网全面倾斜。百度、腾讯、搜狗、淘宝等互联网企业的纷纷涌入,以更加强劲的势头进军数字出版产业,抢占移动互联网入口;各类基于移动互联网的应用软件产品层出不穷,已涵盖了阅读、娱乐、工作、学习、生活工具的各个层面,满足用户的多元化需求;出版商也将手机出版、开发移动阅读产品,作为其主要的数字出版业务形式;而平台商也开辟了手机等移动推送渠道。由此可见,竞争日益激烈的移动互联网成为数字出版产业的主要阵地。

---

① 中国互联网信息中心:《第33次中国互联网络发展状况统计报告》,2014年1月。

（五）互联网企业加强内容建设，铺路全产业链布局

近年来，互联网企业纷纷进军数字出版领域，成为产业中不容忽视的力量，2013年，百度、腾讯等互联网企业纷纷在数字内容方面，尤其是网络文学领域，展开紧密布局。首先以百度为例，先是原创文学网站百度多酷文学网于6月8日上线，并随后展开了一系列收、并购行动，10月1日百度正式完成对91无线的并购，收购知名移动阅读应用"91熊猫看书"，12月底收购了完美世界旗下"纵横中文网"，加之百度原有的品牌"百度文库"和"百度阅读"，百度在数字内容方面的布局已初具形态。而百度进军数字内容领域的优势在于凭借其搜索引擎的强大实力可聚拢到庞大用户群体，以及依托大数据实现对用户阅读需求的精准定位。再观腾讯这一方，其与出走盛大文学的"起点中文网"创始团队联手成立"创世中文网"，打造以"创世"、云起书院、畅销图书三平台为核心的"腾讯文学"系统。腾讯发展数字阅读的优势在于同时占据PC端和移动端两大入口，且在门户和QQ都积累了大量的用户流量，可通过多种形式将数字内容推送至用户。

此外，人民网于2013年并购了原创文学网站"看书网"，进军网络文学领域；网易、淘宝、新浪等互联网企业也在数字内容方面蓄势待发、紧密布局。

互联网企业纷纷加强内容建设，布局数字内容，不仅在于互联网和移动互联网的快速发展，为人们提供了更加便捷、多元的阅读方式，深入影响了人们的阅读习惯，极大促进了数字阅读的发展，也在于内容是数字出版发展的起点，不仅数字内容本身可以创造价值，而且可以转换成传统图书出版、影视作品、视频、动漫游戏等多种版权衍生产品形式，而游戏、视频等也正是当前多家互联网企业的重要业务。由此可见，互联网企业大力发展数字内容建设，或正是出于打通数字出版全产业链的考虑。

（六）新旧媒介融合加剧，正式步入全媒体时代

新媒介技术的发展为全媒体时代的到来起到了重要的推动作用，加速了三网融合、媒介融合的步伐。传播渠道的多元，让人们获取信息的方式有了更多且更为自由的选择。虽然以互联网和移动互联网为代表的新媒体发展势头强劲，但广播、电视、报纸、杂志等传统媒体，也依然存在其固有优势，在短时

期内不会消亡。因此，媒介融合成为媒介发展的必然趋势。新媒体由于打破时间、空间的限制，有着超越旧媒介的传播速度与传播范围，有着因"全民皆参与"所带来的自我认同感和满足感；旧媒体有着深度报道所产生的权威性以及专业化运作形成的强大公信力。而新旧媒体并非是非此即彼的关系，而是通过相互之间的优势互补，相互促进，有效推进媒介传播水平的整体提升。

2013年3月，新闻出版总署与国家广播电影电视总局撤并成立国家新闻出版广电总局，合并后的总局打破了过去媒体业务分割管理的局面，初步实现"大传媒""大出版"的统一管理体制。管理机制的改革，有利于统筹推动出版社、报刊社、电台、电视台以及互联网等各种新旧媒体的全面发展，加快构建现代传播体系，提高文化传播能力[①]；有利于全面整合新闻出版和广播影视领域资源，并为新闻、出版、广电各企业实现全产业链发展，打破产业壁垒，实现产业深度耦合拓宽了道路。未来，传统出版与数字出版的融合、互联网与移动互联网的融合、产业链各环节之间的融合将全方位展开，形成全产业的深度融合。

二、数字出版问题与对策

虽然2013年以来，我国数字出版产业在各方面取得了长足的进步，但可以看到在发展过程中仍然存在一些问题，包括过去遗留的一些未能完全解决的旧问题，以及在产业发展过程中所涌现出的新问题。主要表现在：需要进一步确立多元的创新型可持续的数字出版商业模式；加大对于先进技术的研发与投入力度，并使之真正服务于产品生产；加强产业之间的协同合作，树立共赢意识；并在推动产品创新、规范市场环境等方面进行积极探索，推动产业健康长远地发展。

（一）探求多元化可持续商业模式，实现产业平衡发展

随着转型的日渐深入，传统出版单位在数字出版产业中的作用和地位得到

---

① http://www.chinanews.com/cul/2013/03-11/4630277.shtml 中国新闻网。

增强。数字出版商业模式日渐清晰,然而赢利能力强、可持续创新性模式仍然缺失。一方面,很多传统出版单位的数字出版业务依然只能实现短期赢利,难以形成长期效益,投入大收效慢,收入与投入难以达成正比;另一方面,数字出版产品形式过于单一,且具有较强的重复性。出于风险规避的考虑,大多数传统出版单位通常会选择产业内较为成熟的数字出版商业模式,导致企业发展路径差异化不明显,造成自身竞争力和赢利能力不强。

数字出版产业发展不平衡,主要包含两个方面:一方面是出版单位自身由于经济实力、地域条件、资源、出版范围的不同,造成的不均衡发展。以地域方面的差异为例,北京、江浙沪"长三角"地区和广东"珠三角"等文化、经济发达地区,为数字出版的发展奠定了良好的环境基础,而相对而言,中西部地区、东北地区的数字出版业发展相对较弱。另一方面,是传统出版单位与数字出版产业链中的其他环节发展不平衡。虽然近年来,不少传统出版单位纷纷搭建自己的数字出版平台,开发数字产品,但普遍未能形成较强的品牌影响力,未能实现理想的经济效益。在很大程度上,相当一部分传统出版单位依然只担任"内容提供商"角色,利益分配不均,话语权缺失的现象依然普遍存在。

因此,传统出版单位应积极拓展思维模式,确定明确的数字化发展方向,加强与技术商、平台商的深度合作,加深数字出版的参与程度,提高自身数字出版的赢利能力。同时,整个产业应建立互惠共赢的数字出版协同机制,完善产业链整体建设,优化各环节之间的资源配置,实现产业的均衡性发展。

(二)加大技术的研发和投入力度,推进科技与出版的深入融合

随着转型的不断深入,传统出版单位对于先进技术的关注程度已有了很大提升。然而,除少数单位较为注重数字出版技术的研发,产品与前沿技术的结合程度较深外,大多数传统出版单位仍然将精力用于数字资源的聚集和产品的推送方面,而普遍将技术环节委托给相关技术企业,自身对技术的直接性投入和研发较为有限。这主要由于传统出版单位对数字时代下"内容为王"的理解尚不充分,对于新技术应用的把握尚不够到位。新技术的研发与应用,企业将为之投入大量的资金和人力成本,能否将所研发技术充分应用于产品开发,或是运用新技术所研发出的产品能否取得较好的市场效益,均存在较高的风险系

数。同时，传统出版单位对互联网发展趋势的认知缺乏前瞻性和敏感度，导致其数字产品的技术含量偏低，产品形式难以取得较大突破，严重阻碍了数字出版商业模式的创新和产业升级的步伐。

当前，国家大力提倡各个领域"产学研一体化"，因此，以传统出版单位为主的内容商，应加强与技术商、平台商的合作力度与深度，加强对数字出版业务的技术研发和应用力度，弥补自身技术短板；同时积极参与国家重点项目和技术攻关工作，以项目带动技术研发，将技术研发应用于产品实质生产，为企业的数字出版提供技术支撑，实现科技与出版的深度融合，以提升自身数字出版整体实力。

（三）加深产业协作，提升产业链耦合程度

内容供应商、技术提供商、渠道商、平台商共同构成数字出版产业链。打通产业链的各个环节，实现内容、技术、渠道的全面把控，希望不在产业链中受制于人，拥有主动权，相信这是数字出版各环节所持的共同想法。然而，产业链的每个环节，存在着其他环节所不具备的优势，却也存在着自身的局限性。数字出版经过多年的发展，已需要告别"各自为战"经营心态。产业链某一环节的强势，不代表整个产业的壮大，产业链之间的断层势必会影响整个产业的可持续发展。当前各环节仍然未能建立起完整顺畅、协同合作的产业链运作机制，重复开发现象严重且质量不高。此外，所谓产业协作，应该不仅仅是不同产业链环节之间的协同合作，构成同一环节中的每一个个体之间也需要建立开放共赢意识，加强合作。例如内容商之间通过合作，可以将原本分散的资源，经过聚集整合形成规模，可实现经营实力的共同增强。因此，数字出版要做大产业规模，增强产业实力，就需要建立起常态化的交流和沟通机制，加强产业链各环节之间，以及各个环节中各个组成部分之间的交流和合作，打破各环节之间的壁垒，共享资源，积极开展跨地域合作、跨行业合作，共同探索、构建新型产业发展模式，推动数字出版产业健康有序发展。

（四）加强版权管理，规范产业环境

数字版权是长期以来掣肘数字出版产业顺畅发展的关键问题，数字出版从

萌芽走向成熟，版权问题至今却仍然普遍存在。尤其是随着移动互联网的迅猛发展，为人们获取个性化的内容、产品和服务提供了更大便利，然而数字版权保护的难度也进一步加大。因此，需要加大数字版权监管力度，尤其是需要增强对移动互联网的监管力度；加强数字版权保护技术的研发，搭建互联网监督管理平台；加快数字版权保护相关法律制度建设步伐，建立起制度、服务、技术相结合完善的数字出版保护体系。应成立数字版权保护组织，数字出版产业链各环节共同为维护数字版权贡献力量，组织的成立，还将增强数字出版产业的凝聚力，促进良性数字版权环境的形成。

同时，标准是推动产业迈向规范，实现长远发展的保障。近年来，我国数字出版的标准体系建设，取得了重大突破，我国新闻出版产业标准化机构体系正在形成与确立，多项标准的制定取得了重大进展，然而相关标准制定在产业的迅猛发展面前仍属滞后，多项标准仍然存在缺位现象，相关标准市场推广受阻，严重影响了我国数字出版产业的规范性、专业性、有序性。需要进一步加快相关标准的出台与完善，并应将标准的推行与普及视为与标准制定同等重要的工作。需将标准体系建设上升到产业发展的战略层面，统一规划部署，通过政府部门引导，由内容商、技术商、平台商等产业链共同加快推进数字出版产业标准完善的进程。

（五）把握数字内容消费趋势，推动产品形态创新

创新是数字出版的要义。只有产品创新，才能实现差异化发展，建立良性的数字出版产业竞争机制。当前我国数字出版产业，虽然产品数量不断增加，呈现方式不断多样，但由于商业模式的单一，造成数字产品形式趋同化明显，跟风现象严重。以手机应用软件为例，在移动应用商店中搜索某一类型的APP，检索出的结果往往有几十种，甚至百种之多。然而这些 APP 所提供的功能和体验往往大同小异。而传统出版单位由于商业模式较为单一，在数字产品上较为注重数量，在产品创新性方面存在较大不足。一方面，传统出版单位普遍对受众的关注度和变化中信息消费需求把握力也有待提升，对信息时代的新的媒介环境认识与适应能力不足；另一方面，传统出版单位缺少结构性资源整合能力，对于如何利用自身资源开拓数字出版业务缺乏较为清晰的定位，从而对自身优势资源和条件利用率较低，开发力度不足。因此，不仅无法充分合理

地利用、盘活现有存量资源，且对新内容资源的加工聚集也存在不足，盲目跟风市场，导致产品自主研发创新能力较低，市场适用度普遍不高，难以满足日益丰富的数字内容消费需求。

数字出版时代，人们的需求多元且充满变化，只有具备创新性、贴合用户需求的数字产品才能在市场中占得先机。因此，数字出版企业需要准确把握数字出版产业发展趋势，产品的策划和制作要与用户阅读消费需求相贴合，并具有一定的前瞻性。

三、数字出版发展趋势

数字出版经过近年来的发展，已成为文化产业中不可忽视的一股力量，但于一个产业的发展路程而言，还是年轻的、充满变数的。传统出版转型的深入程度，直接影响着我国数字出版的发展进程，而先进技术的不断创新，将深刻影响着信息和服务的生产方式和传递方式，丰富人们的应用体验，也将为数字出版带来更多的机遇与挑战。

（一）示范作用日趋显现，传统出版将从转型迈向升级

首批传统出版数字化转型示范单位的确立，为传统出版转型工作的持续深入提供了十分有益的借鉴经验，发挥了很好的带动引领作用，尤为重要的是，树立了一批看得见、可学习的"导向"和"标杆"，给仍然在摸索商业模式的大多数传统出版单位以一定的启发，而它们在数字化转型中所获得的成果和收益，将带给传统出版单位在数字出版业务布局方面更大的信心与决心，激励他们以更加积极的态度投入到数字化转型中去，这将有效推动我国传统出版业加快数字化转型升级的步伐。

从管理部门层面上来讲，国家新闻出版广电总局有望会将转型示范工作作为现在乃至未来数年的工作重点，持续开展，力争2020年基本实现数字化转型升级目标。首先，在政策上将给予更多的引导、扶持和倾斜；其次，将逐步建立系统的评估体系，不仅要建立转型示范考核制度，还要建立准入和淘汰机

制,以激发传统出版数字化转型的动力。此外,将进一步建立重大项目考核机制及中期评估机制,来检验企业在应用技术方面、数字出版赢利方面和基础建设等方面的成效,从而能更好地把握数字出版转型动态,推动转型向纵深发展。

而作为传统出版单位自身,可以看到,新闻出版业数字化转型升级是一项战略性工作,转型之路依旧任重道远,今后的转型工作将从以下几个方面着重进行:示范单位继续发挥转型领头军的模范作用,在转型道路上持续探索;其他传统出版单位,明确自身定位,透彻把握自身优势和不足,制定切实可行的数字化转型总体战略规划;树立创新理念,营造有利的企业内部数字出版发展氛围;重塑数字出版时代下,传统出版的角色定位,实现从内容生产向信息服务转变;积极开展项目建设,借力项目的实施重新组织本单位的人才资源、内容资源、技术资源要素,以项目建设带动企业数字化转型。

总之,传统出版数字化转型示范工作的不断推进,将带动新闻出版业的数字出版整体实力的进一步提高,使之在产业中的话语权进一步提升,进入从转型迈向升级的新阶段。

(二) 4G 时代正式到来,将助推数字出版跃上新高度

2013 年 12 月 4 日,国家工业和信息化部正式向中国移动、中国联通与中国电信三大电信运营商发布 4G 牌照,预示着 4G 时代的正式来临。4G 作为第四代移动通信技术,集 3G 与 WLAN 于一体,可传输高质量的视频和图像,让上传和下载速度有了大幅提升,将更大程度满足用户对于无线服务的多元化需求;移动互联网承载业务更为丰富,移动用户体验更加顺畅,而 4G 的推广将加大移动互联网的用户数量和应用范围,加强图像、文字、视频等多种内容形式的融合,从而也为数字出版发展提供了有效助力,并推动产业发展进一步向移动互联网倾斜。

4G 将促进移动富媒体阅读的发展。4G 时代网速的提升,将大大提高了人们对阅读品质的要求,高品质、多样化、个性化的,集文字、图片、音视频于一体的富媒体阅读内容将逐渐成为主流,单一的纯文本电子书将逐步走向边缘化。

4G 将促使手游市场进一步"升温"。2013 年,手机游戏发展迅猛,4G 将

进一步加速该领域的发展，推动用户规模和产品规模的扩大，且将进一步改善和丰富移动互联网下的应用体验，手机游戏在呈现上的丰富程度将成为其核心竞争力。

4G将推动移动互联网视频类内容和产品的发展。4G带宽的增加，将让视频浏览更加流畅，下载更加快捷。随着4G的全面覆盖，视频在移动终端的下载量和在线观看时长将呈爆发式增长，基于视频的移动应用产品也将成为数字出版产业的市场竞争热点。

此外，4G技术也将助力移动智能终端的更新换代以及广泛普及，并将有效推动数字内容付费阅读机制的形成。

（三）数字教育迎来发展机遇，有望成为产业新生增长点

在数字化、信息化的浪潮下，我国的教育模式也在发生转变，教育信息化成为发展趋势。2013年，教育信息化领域的政策集中出台：教育部相继与中国电信、中国移动、中国联通三大电信运营商签署战略合作协议[①]，共同推进教育信息化进程；2013年7月教育部、财政部、人力资源和社会保障部就"进一步加强教育管理信息化的工作"下发通知，明确了教育信息化的建设目标。相关政策和举措的实施，为我国数字教育发展创造了有益的发展空间。

近年来在政府的大力推动下，我国教育信息化工作已取得了突破性进展。数字教育资源的全面覆盖，"校校通""班班通"等宽带校园网络教学模式的不断推广，为我国数字教育带来了发展机遇。首先，这将有效推进传统出版单位基于数字教育商业模式的转型，促进传统单位教学资源的充分数字化整合；其次，这将有力推动电子书包项目的进展。2013年很多互联网企业也开始布局在线教育，如淘宝在7月推出在线学习平台"淘宝同学"；腾讯于9月上线"腾讯精品课"，还推出QQ群升级教育模式，上线腾讯大学，提供点播形态的在线课程和线下培训，创建O2O（Online To Offline，线上到线下）的数字教育新模式。

总的来讲，2013年我国数字教育仍属于布局预热阶段，未来将迎来高速发

---

① http://www.moe.edu.cn/publicfiles/business/htmlfiles/moe/s5889/201312/161459.html 教育部网站。

展。其中，由于移动互联网的迅猛发展，数字教育也将向移动化、碎片化发展，基于移动互联网的知识学习、教育类APP、微课堂等形式，有望成为产业新生增长点。同时随着环境的日趋成熟，数字教育的融资也将迎来高潮，成为数字出版领域的投资蓝海。

（四）大数据将进入实质性应用，将改变内容生产方式

随着数字阅读的日渐普及，人们的阅读需求不断多元。从读者的角度出发，推送满足读者阅读需求的内容，已成为当前出版企业塑造品牌影响力的必然要求。由此，"大数据"的概念逐渐步入出版业视野。年龄、性别、地域、学历等用户属性以及对内容的浏览、下载、购买等用户行为，对于出版企业而言，这都是有着重要挖掘和分析价值的数据，同时也将是出版企业在进行数字产品策划、生产和推送时所需要考量的重要依据。

大数据基于对用户属性和行为的分析，将彻底颠覆传统的内容生产与推送方式。在互联网环境下，尤其是随着移动互联网的兴起，阅读内容趋于碎片化，阅读方式更加多元，同时用户的个性化需求得到显现。因此需打破整体化的内容生产模式，对于同一资源，也需要根据不同用户、不同渠道的特性，进行不同的拆分整合、编辑加工，以最匹配的内容和形式推送至各种不同阅读需求的用户，内容资源也因此得以充分整合，实现价值最大化。此外，大数据也能让出版企业对自身特点和优势有了更加深入的了解，从而让市场定位更加精准，目标用户更加明确，能更加充分地把握自身优势，在产品生产和营销环节中得以有的放矢，实现差异化发展。

当前业内对于"大数据"的关注与研究，停留在概念和理论居多，除一些大型互联网企业外，普遍尚未进入实质性应用。然而随着出版与科技的融合不断加深，大数据也将真正在数字出版产业实现落地，将应用于数字出版的内容整合、产品开发、服务推送等各个环节。而处于大数据时代的数字出版，将探索出更加多元化的产品、服务及商业模式，将大大增强数字出版产业的竞争机制，提升赢利能力，推动整个新闻出版产业实现升级与深度变革。

（五）微传播形态不断多元，传播效力将日益显著

近年来，随着人们的生活节奏不断加快，接受信息日渐呈碎片化趋势，并

涌现出很多采用简短话语表达、传递微型内容的新形态。其中，微博、微信的发展逐渐成熟，功能不断精细化、多元化。

微博已不算微传播形态中的新生事物。自微信兴起之后，对微博"唱衰"的声音已不绝于耳，也有数据显示，其在 2013 年用户活跃度明显下降。然而微博的传播效应却仍然不容小觑。热门话题榜的更新速度加快，且话题参与讨论人次常常数以万计，甚至达到几十万、上百万，这表明人们通过微博发表观点的需求没有减弱反而有所提升，强大的传播效应对传统媒介的信息传播也产生了巨大影响。此外，微博与淘宝的合作，加速了其商业化进程。据新浪公布的第四季度财报显示，微博营业收入首次实现 300 万美元季度赢利[1]。未来，微博将持续走商业化和社交化并重的道路，并在维系用户黏性上有所举措。

随着微信 5.0 的上线，其功能也从单一的社交软件有了进一步拓展，其将腾讯多项产品进行整合，成为了腾讯移动互联网的总入口。微信服务号的推出，让微信营销进一步升级，从传播分享向沟通服务方向发展。据统计，截至 2013 年上半年，微信用户规模已突破 4 亿[2]。微信支付服务，有效培育了用户的手机付费习惯。如今，微信已不仅仅是新闻出版单位宣传推广、树立品牌的重要手段，也逐步向出版物销售平台拓展。"微店"[3] 的兴起，使出版单位可在微信上直接面向读者进行销售，节省了渠道成本、营销成本，且营销投放更加精准，产品变现更加快捷，目前已有多家出版单位在微信上开设"微店"，尝试出版物销售的新模式。此外，微信订阅号中涌现出一系列如《逻辑思维》等具有浓厚自媒体特点的内容推送方式，通过聚拢有共同知识信息需求的群体，打造互联网知识型社群，并已实现了商业化运作。

在社交手机应用日益激烈的市场竞争下，得益于 4G 的推广，出现了微型视频社交应用。2013 年 9 月，腾讯推出的视频社交工具——"微视"上线。以仅为 8 秒的微视频形式，展现和表达自我思想，要求表现力、创造力的高度凝聚。除"微视"外，其他"秒拍"类视频应用也不断涌现，成为微传播形态

---

[1] http://news.xinhuanet.com/newmedia/2014-02/26/c_126194734.htm 新浪微博首次实现赢利。

[2] http://news.xinhuanet.com/tech/2013-07/24/c_116668375.htm 工信部：上半年我国微信用户超过 4 亿户。

[3] http://cips.chinapublish.com.cn/chinapublish/cbsd/201403/t20140317_153979.html 微信开始卖书 出版商如何行动。

的新热点。

近两年，从微博、微信到微视，碎片化的表现形态层出不穷，模式不断创新，表明人们对信息的传受习惯正逐渐改变。未来，微传播形态还将更加丰富，而微传播所爆发出的媒介影响力，将在人们的生活中发挥日益重要的作用。

（王飚为中国新闻出版研究院数字出版研究所所长；毛文思为中国新闻出版研究院数字出版研究所助理研究员；王洁为中国新闻出版研究院数字出版研究所助理研究员）

2013~2014年印刷业发展报告

李永林

"十二五"期间,我国印刷业发展面临的宏观经济形势较为复杂,挑战与机遇并存。近年来,我国经济运行中出现了一些新的变化,呈现出五个比较明显的特点,即经济增速由高速向中速转变,经济发展由数量扩张向质量提升转变,经济引擎由投资拉动为主向消费拉动为主转变,经济推力由政府主导向市场主导转变,经济格局由"东快西慢"向"西快东慢"转变。影响我国经济运行的主要不利因素包含经济发展方式粗放所积累的结构性矛盾突出、政策效应及人口红利递减、环境污染严重且治理成本加大、贸易能力发展空间受限、中等收入增长陷阱和潜在金融风险等。同时,全球经济逐渐复苏、制造业投资调整充分、投资消费结构转换和微观企业效益改善等促进经济复苏的主要积极因素也在逐步显现。作为经济发展的"晴雨表",我国印刷业的发展与国民经济发展基本保持同步。2013~2014年,产业发展稳中有进、此消彼长,大型先进印刷企业凭借规模和资源优势,试图在行业洗牌中占据更多的份额,中小型印刷企业则努力保卫自己的领地,利用船小好掉头的优势,寻求弯道超车的机会。

一、2013年印刷产业运行概况

(一)基本情况

就2013年国内印刷市场的整体表现来看,上半年形势略好于下半年。以初步掌握的统计数据推算,我国印刷业总产值有望突破1万亿元大关,增速可能放缓到9%左右，成为全球第二印刷大国。从初步掌握的数据看，2013年与2012年相比，变化并不是太大，而且2012年数据完整性强于2013年，所以本文多数以2012年印刷业发展数据作参考，来把握2013年我国印刷业的发展脉络和特点。

1. 印刷业发展的基本统计数据

根据2013年印刷企业年度核验统计，2012年我国印刷业实现总产值9 510.1亿元，比上一年增长9.6%；全国共有各类印刷企业10.4万家，比上一年增长1.8%，其中，出版物印刷企业7 041家，包装装潢印刷企业49 707家，其他印刷品印刷企业45 431家；从业人员344.1万人，比上一年减少3.5%；全行业资产总额10 461.3亿元，比上一年增长13%；全行业利润总额725.0亿元，比上一年增长2.1%；全国对外加工贸易额为772.0亿元，比上一年增长13.5%。我国印刷业总产值从"十一五"以来的连续两位数增长后，首次回落到1位数，但仍高于国民经济7.8%的增长速度。在产业规模总量比过去明显增大、外部经济环境并不乐观的情况下，产业进入转型发展的关键时期，潜在增长率有所下降，产业发展由高速转为中高速符合产业发展规律。当前部分印刷企业感受到的困难与挑战更多属于发展中的调整与修正，而非产业周期的根本性逆转。

截至2012年年底，全国共有出版物印刷企业7 041家，印刷总产值1 470.2亿元，同比增长10.6%，约占行业总产值的15.5%；包装装潢印刷企业49 707家，印刷总产值7 119.1亿元，同比增长11.2%，约占行业总产值的74.9%；其他印刷品印刷企业45 431家，印刷总产值766.2亿元，同比增长7.5%，约占行业总产值的8.1%；专项排版、制版、装订企业2 343家，印刷总产值87.91亿元；专营和兼营数字印刷业务的企业738家，印刷总产值62.9亿元，同比增长81.8%，约占行业总产值的0.7%。从各业态的分布和产值占印刷业总量的比重中看，包装装潢印刷企业数量占全行业的47.6%，该领域产值占行业总产值的比重接近3/4，在印刷业中独占鳌头；出版物印刷企业数量占全行业的7%，该领域产值占行业总产值的比重与以往相比变化不大；数字印刷的成长速度并未如人们所期待的那样，专营和兼营数字印刷业务的企业数量还不到全行业的1%。

从各业态的地区分布看，环渤海地区出版物印刷企业数量分布最多，其次

我国印刷业的业态及分布

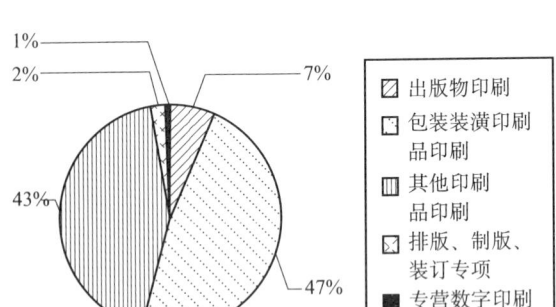

图2 我国印刷业的业态及分布

是长三角地区，珠三角地区相对较少，其他地区基本上占据半壁江山；与出版物印刷企业数量的地区分布相比，我国包装装潢印刷业区域发展不平衡更加突出：长三角、珠三角等沿海地区产业集聚度高，而中西部地区、东北地区发展基础相对薄弱。从整体上看，三个地区的数字印刷企业总量与其他地区的数字印刷企业总量平分秋色，然而数字印刷在印刷工业中的占比仍然偏低。

2. 印刷设备与器材领域基本情况

据中国印刷及设备器材工业协会对全国印机行业64家骨干企业的调查统计，2012年，受调查企业共实现工业总产值66.2亿元，同比下降14.4%；工业销售产值65.4亿元，同比下降12.8%；工业增加值19.1亿元，同比下降17.0%；产品销售收入64.8亿元，同比下降12.1%；利润总额3.0亿元，同比下降51.1%。其中，胶印机市场下滑最为明显，中国10家主要胶印机制造企业销售收入普遍下降，平均降幅达22.4%。

据中国造纸协会统计调查测算，2003年至2013年，中国印刷用纸生产总量由约2 700万吨增加到约5 000万吨，占全国纸及纸板生产总量50%；中国印刷用纸消费总量由约2 900万吨增加到约4 800万吨，占全国纸及纸板消费总量49%。相比较生活用纸和其他文化用纸而言，印刷用纸占据了半壁江山，市场供需基本平衡。2003年至2013年，中国印刷用纸生产量和消费量年均增长速度分别约为8.2%和6.6%，满足了书报刊和包装等印刷产品的用纸需求。其中，未涂布印刷书写纸产量由960万吨增至1 720万吨，年均增长6%；涂布印刷纸产量由240万吨增至770万吨，年均增长12.4%；新闻纸产量由207万吨增至 360 万吨，年均增长 5.7%；白纸板生产量由 550 万吨增至 1 360 万吨，年均增长 9.5%；箱纸板生产量由 680 万吨增至 2 040 万吨，年均增长 11.6%。这表明书刊印刷用纸总量增长基本保持稳定，新闻纸年均增速低于印刷用纸整体水平，包装类印刷用纸则持续大幅增长。

据中国印刷及设备器材工业协会统计，2012 年，国内胶印版材总生产量为 3.71 亿平方米，与 2011 年持平。其中，CTP 版的生产量为 2.20 亿平方米，同比增长 23.6%；传统 PS 版的生产量为 1.5 亿平方米，同比下降 21.8%。CTP 版消费量占胶印板材消费量的比重从 2011 年的 46% 提高到 2012 年的 56%，显示 CTP 版在我国胶印版材中已占据主导地位。CTP 版中热敏版占 70% 左右，UV-CTP 版占 25% 左右，光敏版、喷墨版等其他类型的 CTP 版占 5% 左右。2012 年国内印刷油墨生产总量约 60 万吨，同比增长 4.5%。2012 年印刷油墨行业的一个显著特征是胶印油墨产量逐步下降，水性油墨和无苯类的各种绿色环保型油墨年产量增长较快。绿色环保理念正以强大的推动力引导着我国油墨业向无毒、无污染方向发展，从而加速了我国油墨行业的环保化进程。2012 年印刷橡皮布销售总量为 142 万平方米，同比下降 11.8%；销售收入 3.8 亿元，同比下降 6.9%。其中，气垫橡皮布销售量约占 85%，普通实垫橡皮布销售量约占 15%。由于国内高中档印刷机数量增长较快，对橡皮布质量要求越来越高，今后普通实垫橡皮布的市场需求会继续下降，气垫橡皮布需求则会逐步上升。进口品牌橡皮布销售量仍然很大，约占国内市场的 30%。受印刷机械销售量下滑影响，2012 年，国内印刷胶辊总产量约为 10 亿立方厘米，同比下降 16.7%。

据海关总署统计，2012 年，中国印刷设备（含辅助设备及零件）、器材进口总额为 30.4 亿美元，出口总额 21.5 亿美元。2013 年印刷设备、器材进出口总值为 52.3 亿美元，较 2012 年增长 0.8%。其中进口 29.1 亿美元，较 2012 年下滑 4.1%；出口 23.2 亿美元，增长 7.8%。值得注意的是，胶印机进口已经连续四年维持在 10 亿美元左右，胶印机出口则一直徘徊在 6 000 万～7 000 万美元左右，进口以单张纸四色机和其他平张纸胶印机为主，出口则以轮转机和其他平张纸胶印机为主；油墨出口数量连续两年超过进口，但出口总价仍远低于进口总价；2013 年 CTP 版出口数量首次超过 PS 版出口数量，这是技术发展趋势所致，预计未来几年 PS 版出口数量下滑的趋势会加快；我国切纸机出口形势乐观，2013年出口265万台，总金额1.9亿美元，同2012年比较，数量下滑20%，总金额却增长42%。

（二）2013年印刷业发展重点领域的进展情况

2013年，移动电子阅读日渐普及，挤占纸质读物市场；政府倡导清廉之风，以简约包装遏制过度包装影响包装印刷市场扩张；绿色印刷战略的推进，给之前采用非环保生产方式的印刷企业带来较大的生产成本压力；中纪委下发《关于严禁公款购买印制寄送贺年卡等物品的通知》，使得月饼、烟酒、贺卡、台挂历等公款消费大幅下跌，让主打公款消费市场的印刷企业面临退订单、退货的窘境。在市场需求存量低迷、增量乏力，行业增速放缓、赢利空间收窄的大环境下，更是出现了东莞快联达礼品包装有限公司和福州千帆印刷有限公司相继倒闭、印刷电商先行者涂书网宣布关闭、创办14年的《新闻晚报》宣布休刊等事件。但同样在2013年，全行业齐心协力、共克时艰，在企业主动转型升级、绿色印刷体系建设、实质性参与国际印刷标准化工作等领域依然取得重要进展。

1. 企业主动转型升级成效显著

2013年，一批印刷企业审时度势，主动强化精细化管理、不断引进技术、增强研发能力，有效实现了企业的整合与拓展，积极谋求转型升级。天津长荣印刷设备股份有限公司携手台湾健豪印刷事业股份有限公司设立"天津长荣健豪云印刷科技有限公司"，复制台湾健豪互联网云服务模式，实现业务电子化、数字化、网络化；北京盛通印刷股份有限公司、江苏凤凰新华印务有限公司加大了对云印刷项目的投入与推广；北京华联印刷有限公司打造"云映像"文创中心，北京尚唐印刷包装有限公司推出童书品牌"尚童童书"，上海印刷（集团）有限公司通过3D打印技术制作的艺术复制品等；深圳劲嘉股份有限公司分别针对电子烟项目、酒标、药标等业务领域组建了专门研究团队进行深入研究，力争培育公司新的利润增长点；东港股份有限公司以票证印刷品为基础，发展智能卡、智能标签、数据处理、个性化彩印等产品，由单一产品形成系列产品，实现了产品升级，还通过研制电子发票，扩展信息服务和互联网服务业，公司业务由单一制造业升级为跨制造和信息服务为一体的综合产业。为充分发挥这些企业在转变发展方式、调整产业结构和提升产业发展素质上的引领和辐射作用，原国家新闻出版总署自2012年始，开展了国家印刷复制示范企业的评审工作，共评出52家国家印刷复制示范企业，其中2013年评出27家。

2. 绿色印刷体系建设成果丰硕

空白省区和票据印刷的绿色认证取得重大进展。《电子信息、造纸和印刷行业典型产品碳足迹评价关键技术研究与示范》课题完成，并创建印刷行业碳足迹评价示范基地3个；首个《中国绿色印刷企业生态发展年度调查报告》发布；国家环保标准《环境标志产品技术要求 凹版印刷》编制工作接近尾声。至2013年年底，全国有近400家印刷企业获得绿色印刷认证，除宁夏外，基本实现了我国各省市区绿色印刷全覆盖。按照4部委局《关于票据票证实施绿色印刷的通知》部署，全行业全面推进票据票证绿色印刷的实施，积极开展票据票证企业绿色印刷产品自我声明模式研究。

随着原新闻出版总署和环保部两部门绿色印刷战略的实施，出版产品绿色质检机构的建设也是风生水起。继2011年5月总署质检中心上海分中心成立后，江苏、江西、陕西、辽宁和北京分中心相继成立。这6个分中心，加上湖北、广东、河北、山东、西藏、福建、湖南等7个已获批筹建的分中心，一个覆盖全国的出版产品绿色质检体系开始形成。在当地政府的资金扶持下，分中心的建设都坚持高起点、高标准，一般投资为300万元到500万元。分中心都设有绿色印刷检测实验室。在对2013年秋绿色印刷教科书的环保检测中，这6个分中心发挥了重要作用，分别承担了自己及相邻地区的环保检测任务。

此外，我国政策进一步加大了对绿色印刷技术改造升级的支持力度。2013年，中央财政通过文化产业发展专项资金安排2.77亿元，支持43个项目进行环保印刷设备更新，推动印刷产业结构调整和转型升级，鼓励印刷业环保、节能、可持续发展。统计显示，绿色印刷从印刷过程扩展到出版、发行等新闻出版全产业链，采用绿色印刷涉及全国20%的出版社。

3. 我国实质性参与国际印刷标准化工作取得重要突破

自2013年起，我国成为国际印刷标准化组织ISO/TC 130的承担国，中国印刷技术协会成为国际印刷标准化组织ISO/TC 130秘书处的承担单位，由全国印刷标准化技术委员会（SAC/ TC 170）承担具体工作，2013年5月在深圳承办了ISO/TC 130第27届春季工作组会议，组团参加了10月底在柏林召开的ISO/TC130 2013年秋季会议。推举并经国标委协调确认中国印协学术委员会主任、全国印标委副主任蒲嘉陵为国际印刷标准化组织 ISO/TC 130 主席人选,并参加了中国科协举办的国际组织任职及后备人员培训班的培训学习。这是我国实质性参与国际印刷标准化工作的重要标志,表明中国印刷业在国际印刷标准化组织中将拥有重要的话语权和主导权。

二、2013 年印刷产业发展的主要特点

(一)产业发展从高速向中高速增长阶段过渡,规模以上重点印刷企业的实力明显增强

2013 年,在产业规模总量比过去明显增大、外部经济环境并不乐观的情况下,产业进入转型发展的关键时期,潜在增长率有所下降,产业发展由高速转为中高速。

2013 年,全国共有规模以上重点印刷企业近 3 000 家,这些企业印刷总产值约占全行业的 60%。规模以上重点印刷企业已毫无疑问地成为中国印刷业发展的主力军。

(二)实施绿色印刷降低了能耗和"三废"排放,企业转型催生新业态、新市场

通过绿色印刷的推动,我国 CTP 版材使用量已经超过胶印版材使用总量的 50% 以上;环保油墨使用量已经占到油墨使用总量的 27%,比 2011 年增长约 12%;预涂膜使用量已经占到覆膜总量的 25%,比 2011 年增长约 5%。据抽样统计,50% 的中小微印刷企业已经制定了环保制度,采取了节能减排措施。我国实施绿色印刷仅 3 年,因采用中央供墨系统、环保烘箱、中央供气系统等节能措施使全行业设备能耗降低约 10%。经质检机构抽样检测,绿色印刷教科书中挥发性有机化合物和可迁移元素含量均符合绿色印刷标准要求。印刷企业通过改进工艺装备、降低环境噪声、减少粉尘排放,还使约 30%、近 120 万印刷从业人员的工作环境得到改善。

一批印刷企业不仅在印制加工方面积累了经验,而且在创意设计、数字资

产管理等增值服务方面成为行家里手，发展新业态、开辟新市场成为这些企业新的经济增长点。例如，雅昌文化集团成功实现了由传统印刷企业向"为人民艺术服务"的文化企业的转变，具备了为客户需要精心设计与打造产品的能力；鹤山雅图仕长期承接欧美市场的儿童出版物订单，积累了大量在儿童图画书设计、加工方面的经验；上海金汇通也成功地把客户吸引到他们最擅长的包装设计增值服务上；北京圣彩虹直接面对市场，研发书画衍生品，踏上深入探索文化产业之路，其公司业务遍及平面设计、出版策划、制版印刷、高仿真书画艺术品制作、艺术资源开发及管理、文化艺术活动策划等多个领域。

（三）印刷企业赢利能力下滑，部分区域产业发展出现"负增长"

从目前初步掌握的数据看，2013年我国印刷业总产值同比虽保持增长，但全行业利润总额的增长率还在降低，这反映出印刷企业赢利能力下滑的问题。对总量达10万家以上的规模以下企业来说，平均利润总额不到30万元，这些数量庞大但规模有限的中小企业今后将继续接受市场的洗礼。

对比各地区印刷企业年度发展数据还发现，部分地区印刷业总产值出现"负增长"的情况。值得注意的是，虽然出现这类情况的地区不多，但业界这种分化现象的存在，值得密切关注和跟踪。

（四）数字印刷增长较快，但总量仍然偏低

在政府和企业的积极推动下，近年来数字印刷在我国取得了较快发展。但与发达国家相比，我国数字印刷在印刷工业中的占比仍然偏低。目前，全国已建成多条出版物按需印刷的生产"连线"，每天的产能可以达到数万册。江苏凤凰集团早在2011年就率先成功完成按需出版数字印刷连线，国家级的数字出版印刷基地也在全国开花，互联网时代的个性印刷被社会民众广泛接受，数字印刷为搭建企业内部加工网络、管理网络以及促进产品和服务管理都提供了重要支持，当下有关部门要注意研究标准化的制定和培训，以适应数字印刷的发展。

三、2013年印刷产业发展存在的主要问题及启示

(一) 问 题

当前，世界经济复苏动力不足、不确定性加大。国内经济正处于增长速度换挡期、结构调整阵痛期、前期刺激政策消化期叠加的阶段，既有增长动力，也有下行压力。在这样的背景下，印刷业在经历快速发展过程中积累的矛盾与问题就容易集中凸显出来，主要是：结构性产能过剩明显，对低成本劳动力的过度依赖、追求速度和规模的粗放式增长等传统发展模式遭遇挑战；业内企业小而散的问题仍然突出，企业同质化恶性竞争严重，行业的国际竞争力较弱；技术基础薄弱、自主创新能力与动力不足，部分国产印刷设备、器材在科技含量，质量稳定性等方面与国际先进水平还有较大差距，需要依靠进口满足国内市场对高端产品的需求；产业集约化程度低，印刷业规模以上企业的数量比例不到3%；真正达到绿色印刷标准的企业为数不多，行业绿色发展体系还不完善；数字印刷与印刷数字化在业内普及、应用远远不够，数字印刷企业与上、下游良好对接的市场赢利模式尚需进一步摸索；产业园区整合资源、形成特色的功能没有充分发挥，园区建设有待加强等问题，在一定程度上也制约了产业的可持续发展。

(二) 启 示

中国经济发展从高速走向中高速，印刷产业的转型调整，其实都是"良币驱逐劣币"的过程。2013年倒闭的印刷企业，更多的是受困于外在的经济环境和自身的经营策略，而这是大多数竞争性行业和企业都无法回避的考验；而2013年迎难而上、主动转型的企业，或通过线上线下整合营销，或借优势技术延伸触角，或在增值服务中融入文化创意元素，都在各自擅长的领域中抢得了发展先机。事实上，在目前全球经济缓慢复苏的进程中，相比其他国家，中国印刷业的发展虽然告别了高速增长，但还处于向中高速增长过渡的时期，还有时间和空间应对各种变化。当前，许多印刷企业觉得经营成本越来越高，压力

越来越大，竞争越来越激烈，利润越来越微薄，这是因为我们所处的行业正在经历剧变，我们必须像互联网企业那样，审时度势、主动求变、脚踏实地、挑战自我主动适应新的、变化了的环境。印刷企业要在不断变化的技术、市场环境中谋求发展新空间，必须理清发展思路，把握印刷业绿色、创意、融合的发展方向和网络数字化、智能自动化、专业规模化、标准模块化的发展趋势，树立化危为机的坚定信念，提高有效产出，降低营运成本，走高科技与创新之路。

四、2014年印刷产业发展的基本预期

我国经济增速从2012年开始已显著减缓。主要原因一是因为经济总量上升，基数放大；二是人口红利显著减少；三是劳动力成本快速增长；四是经济结构的调整和影响；五是外需增速下降。2013年中国经济增长7.7%，居民消费价格指数（CPI）上涨2.6%，生产者价格指数（PPI）下降1.9%。虽然经济增速与2012年持平，但是，制造业投资以及工业增加值增长持续减速，公共财政收支增速大幅下滑，对外贸易增长乏力，城乡居民实际收入增速明显放缓，加之政府限制"三公"经费支出等措施的影响，最终消费对经济增长的贡献率进一步降低。

从2014年全年看，预计外围市场将持续温和复苏，这可能对中国的出口贸易产生积极的影响。然而，国内产能过剩问题恐将继续抑制实体经济的投资增长，地方政府偿债压力的加大也将制约政府投资的扩张；同时，全面深化改革计划的启动所带来的新旧机制转换可能在一定程度上影响经济增长的稳定性。基于中国季度宏观经济模型（CQMM）的预测结果表明：2014年，中国GDP增速将继续下行，略降至7.5%左右，居民消费价格涨幅达到3.5%左右。预计2014年全年的经济走势为：一季度经济增长率将下降至7.4%；之后，出口增速的反弹回升以及稳定增长的政策效应释放，二季度经济增速有可能回升至全年最高的7.76%左右；随后经济增速将缓慢下降至第四季度的7.7%。

可以说2014年是一个调结构、促改革、稳增长、控风险的调整年，也是改革与风险相互交织新阶段的开始。在此宏观经济背景下，综合产业发展现状

基础，对 2014 年印刷业发展有如下预期。

（一）出版物印刷市场增速将放缓甚至停滞，商业印刷及包装印刷市场将小幅增长

新型电子传媒的崛起和电子书包的出现，将中小学教材、教辅印制市场和报刊广告逐渐蚕食，纸质出版物印刷市场将逐步萎缩，但并不会消亡。商业印刷以及包装印刷的消耗量与人均 GDP 有直接的关联。根据世界银行（The World Bank）的资料，在过去十年中，中国的人均 GDP 增加了近三倍，中国一度成为世界奢侈品消费大国。在人均 GDP 保持小幅增长的前提下，我们没有理由看衰中国的商业印刷及包装印刷市场。

（二）受宏观经济环境影响，传统印刷企业增收不增利的现象可能会持续较长一段时间

当前我国经济处于增速换挡期、结构调整期和政策消化期。尽管新一届政府改革的力度进一步加大，不过，再有效的改革也不能立竿见影直接惠及短期增长，因此中国经济将不可避免地经历转型阵痛期。诸如新型城镇化、利率市场化、"营改增"、上海自贸区等发展改革要点，都需要各级政府出台一系列配套政策。对于这样一个庞杂的系统工程，短期内不会一蹴而就，需要足够的时间才能显现出效果。2014 年，与宏观经济环境密切相关的传统印刷业在产能过剩、人工成本高、内需增长乏力、外需市场持续疲弱、融资利率高、恶性竞争利润微薄、技术面临转型升级、税负激增、政策风险加大的现状下，要改善增收不增利的经营状况，其难度是可想而知的。面对危机，印刷企业应一方面积极开拓商业新"蓝海"，另一方面苦练内功，调整产品结构、加快技术创新、改进管理方式、商业模式。

（三）新兴业态尚在培育期，印刷服务与信息服务融合、向文化创意服务转型的态势将益发明显

据美国赢船公司（InfoTrends）2013 的统计数据显示，美国从网络到印刷在商务印刷总收入中所占的比例将从 2009 年的 15% 增加到 2014 年的 30%。与

十年前（2000年）的数据相比，这一比例已经增长了5倍，当时网络印刷在商务印刷总收入中所占的比例仅为3%。到2014年，在美国1 070亿美元的商务印刷总收入中，将有310亿美元来自网络印刷系统。这意味着国内商务印刷，尤其是网络印刷拥有巨大的潜力。移动互联网的发展，对于传统印刷媒体来说，是个极大的考验。在当下智能手机普及、移动应用发展的潮流下，印刷企业需融入创意及文化元素，需推动产业结构调整，加强自主创新。印刷行业向现代服务业转型，不仅能拓展行业的发展空间，也是一条切实可行的可持续发展路线；作为"增材制造"的代表技术之一，印刷电子近年来异军突起，成为继3D打印之后又一项可能彻底改变电子产业未来发展的全新概念，印刷业如何向薄膜印刷纸电池技术、RFID（射频识别）电子标签等等功能材料印刷领域扩展，也是当下业界热议的话题。面对新机遇，有人尚在观望，有人已抢先试水。毋庸讳言，在一种新商业模式尚未形成规模化普及以前，我们都只能认为可能诞生的新业态还在培育期，尽管我们已经看到印刷服务与信息服务融合、向文化创意服务转型的态势越来越明显。

五、印刷产业发展对策的思考及建议

（一）产业发展需要加快生产要素的流动和整合，实现优胜劣汰和结构升级

要加深对转型升级必要性的认识，着重对现有印刷产能的存量进行引导调整，通过加快生产要素的流动和整合，实现优胜劣汰和结构升级。未来印刷业的发展将从主要追求速度和规模的粗放式增长逐步转变到更加注重质量和内涵的集约型发展模式上来。转型升级必须要有对产品升级换代、自主创新的能力，要向产业高端发展，占领产业高地和战略制高点，以创新精神促进产业发展。

（二）加强对产业技术进步的专题研究，发挥好对产业决策及产业发展战略研究的宏观指导作用

数字技术、网络技术、印刷电子技术的发展以及新的服务领域、新的商业

模式的出现对印刷业的发展既是挑战也是机遇，加强战略研究，利用新技术、新业态培育产业发展的新活力、新动力、新体系、新优势，对指导产业发展有着极其重要的意义。要抓好财政资金对重大技术装备研发及产业化项目、绿色印刷产业项目的落实工作，继续抓好绿色数字印刷重大工程的推进工作。各地也要根据区域发展实际，组织实施若干个印刷发展重点项目。

（三）积极稳妥推进绿色印刷实施，引导产业实现绿色和集约发展

实施绿色印刷是我们主动贯彻国家环保战略的重要举措。实施绿色印刷，是主动提升不是被动应付，是习惯再造不是单纯认证，是结构调整不是全部淘汰。要针对绿色印刷实施过程中业内反应强烈的一些问题，加快调整完善绿色印刷的实现途径。

（四）有效发挥规划引导、政策激励和调控作用，激发产业活力

政府主管部门要按照党的十八届三中全会提出的"推进文化体制机制创新"的新要求，在国务院《关于推进文化创意和设计服务与相关产业融合发展的若干意见》指导下，有效发挥规划引导、政策激励和调控作用，完善有关法规条令，创新管理、服务手段，切实提高管理科学化水平，进一步激发市场、社会的创造活力，行业组织要加强诚信体系建设和行业自律管理，促进产业和谐、健康发展。

（作者为中国印刷技术协会副秘书长）

2013年出版物发行业报告

常震波

2013年的发行业仍在低谷中寻求转型突破。一方面，传统书报刊发行整体下滑，地面渠道图书零售市场延续2012年以来出现的负增长趋势，中小型民营发行企业受到空前压力，形势严峻。另一方面，在线图书零售持续迅猛增长，整体图书零售仍实现了增长。新华书店持续扩张渠道，多元跨界经营，业态转型生动多样，馆配市场规模继续稳步扩张，部分特色化、专业化民营实体书店逆势而出，信息化建设取得阶段性成果，出版物海外发行延续强劲势头。

本报告将在教辅市场、出版物展销、新华书店、民营实体书店、政策扶持、纸质报刊零售、传统音像行业、在线图书零售、在线发行平台建设、出版物海外发行等十个方面进行概述。整体数字出版发行不在此展开。报告中未加注释的数据均来自行业新闻媒体或相关单位官方网站发布的公开数据资料，限于篇幅不一一具列标注，出处备索可查。

一、教辅新政对教辅市场的影响

教辅新政实行一年来，随着教材改版、教辅评议逐渐推广和规范，"减负10条""一科一辅""限价低折"等硬性规定的严格落实，提高了教辅图书的行业门槛和同步练习类图书市场的集中度，一批低质、低劣教辅产品被淘汰出局，教辅市场得到整肃净化，同时"倒逼"教辅出版和策划机构更加注重内容质量和产品创新，推动了教辅电子化、数字化的进程。据开卷《2013全国图书零售市场报告》（以下简称"开卷报告"），教辅教材类图书码洋比重为25.2%，依然是码洋规模最大的细分类别。这表明，教辅新政并未改变教材教辅发行在整个行业中的市场地位。但受教辅新政影响，教辅征订发行工作的难度加大，各省目录类教辅销售码洋总量大幅下降。在统一征订的地区，目录外图书集中采购的方式减少，一些地区出现了集中采购之后退订的现象。众多中小型的民营教辅发行公司都缩小了规模，部分甚至退出市场。教辅被分为目录类与零售类两大类后，国有新华书店的教辅市场地位加强，民营教辅商已基本失去目录类教辅市场，而一些原本主攻系统征订的目录类教辅也加入零售类市场，从而使零售教辅市场竞争变得空前激烈，非同步产品和围绕学生素质提升的产品成为行业争夺的新的焦点。

（一）上市公司教材教辅营业收入和营业成本整体上同幅增长，毛利率与上年基本持平

据全国9家主营教材教辅发行业务的上市公司2013年年度报告不完全统计（去除当当网、相关单项数据不详的新华传媒和天舟文化两家以及其他无教材教辅业务的上市公司），2013年9家上市公司教材教辅发行总营业收入约为239.8亿元，较2012年同比增长约11.7%。而2013年9家上市公司的教材教辅发行总营业成本约为162.5亿元，较2012年同比上升约11.5%。2013年教材教辅发行毛利率约为32.2%，与2012年基本持平。（见表1）其中，北方联合出版传媒（集团）股份有限公司2013年教辅销售利润同比大幅增长49.3%。此外，上海新华传媒股份有限公司2013年教材发行实现7%增幅。

表1 2013年全国9家出版发行类上市公司教材教辅发行情况一览表①

公司名称			营业收入（亿元）	营业成本（亿元）	毛利率（%）	营业收入同比增减（%）	营业成本同比增减（%）	毛利率同比增减（%）
凤凰传媒	出版	教材	10.38	7.78	25	20.35	25.02	-4.68
		教辅	8.28	5.73	30.84	7.52	-1.93	9.45
	发行	教材	15.82	12.25	22.53	-14.36	-9.80	-4.55
		教辅	18.76	11.71	37.57	22.68	26.04	-3.36

---

① 表1数据主要摘自各上市公司2013年年度报告公布数据，其中带*号数据为汇总计算得出。

（续前表）

公司名称		营业收入（亿元）	营业成本（亿元）	毛利率（％）	营业收入同比增减（％）	营业成本同比增减（％）	毛利率同比增减（％）
中南传媒	出版	15.29	11.23	26.55	15.91	13.78	1.37
	发行	41.42	25.79	37.75	12.52	10.07	1.39
中文传媒		36.04	25.03	30.55	16.49	21.29	-2.75
新华文轩（仅限征订）		30.34	19.96*	34.20	7.30	7.85*	-1.00
长江传媒		22.72	15.95	29.82	9.00	5.13	2.58
皖新传媒（仅限教材）		16.14	11.15	30.93	19.33	22.48	-1.78
大地传媒		11.10	7.05	36.48	35.17	31.71	1.67
时代出版		8.54	5.30	37.94	1.10	-0.52	1.01
出版传媒		4.94	3.59	27.34	11.91	6.34	3.81
合计		239.77*	162.52*	32.22*	11.65*	11.49*	0.30*

（二）目录类教辅产品数量明显减少，市场化教辅新品类增多，民营既有强势教辅品牌图书继续保持市场优势地位，数字教辅产品推广加强

2013 年上市新品中的目录类产品数量较上年明显减少，出现了更多的试卷类、阅读类、工具类、竞赛图书等市场化新品类。如天舟文化推出了"学+考全通"系列、"UP 英语"系列和"大语文阅读"系列 3 个新品类教辅，成功拓宽现有市场份额。世纪金榜题库智能组卷系统等颇受市场欢迎，成为新的利润增长点。江苏春雨教育集团向高中类教辅产品上延伸，必修、选修类产品均在市场零售畅销。世纪金榜等其他民营图书策划商也推出了各自的字帖产品。

2013 年教辅市场的畅销品种仍以经过长时间市场验证的品牌教辅为主。如天舟文化的既有品牌"红魔英语"系列图书依然居于重要的市场地位。上海钟书"钟书金牌"教辅书系，始终在上海市教辅图书市场占据重要地位。沈阳庠序文化传播有限公司历来主打的《单元+期末》仍是其最主要的收益来源。江苏春雨教育集团传统的《实验班提优训练》《同步作文》《学科王》等产品依然在多个省市表现强劲。北京曲一线的中学教辅品牌《5 年中考 3 年模拟》系列持续在教辅市场畅销。四川万卷文化传媒有限公司继续推出书法字帖产品。

（三）数字教辅产品推广加强，教育数字化信息化进程加快

在教辅新政的"倒逼"作用下，2013年全国数字教辅产品呈加速推广之势。截至2013年9月，全国试点电子书包的学校数量已超过百所学校。[①] 中南传媒旗下天闻数媒2013年AiSchool数字教育解决方案单校产品已拓展209所学校。时代出版的幼儿园全媒体电子教材已覆盖10省市1 000所幼儿园。凤凰优阅推出"优阅智能教学平台"，在三个月时间里中标多个政府招标项目，在南京市十余所学校部署，进入常态化试点，还入选2013年度江苏省文化产业引导资金项目。长江传媒推广其"1.5代"互动学前教育产品，打造"玩中学"的幼教标杆。新华文轩的优课数字教室系统已推广进入四川省内外1 500多所学校。人教社的"人教数字校园"在全国全面推行。河南电子音像社向数字教育转型，创办中国教育出版网，签约100个教研室、1 000所名校、10 000位名师，网站已成为中西部地区最大的中考资源与教育信息网。重庆新华引入的多媒体数字教育产品《影视课堂》已发行1 084套，码洋540万；与《课堂内外》杂志社合力研发电子书包和数字教育云平台项目，"课堂内外电子书包"第一批次产品量产上市。2013年安徽新华的数字教育服务平台项目顺利搭建。广东新华不断完善既有的网络教育产品销售平台拓博网，筹划升级为专业教育考试图书网站。

在民营方面，天舟文化2013年打造的"未来教室——云教育平台"获得2013年中央文化产业发展专项资金500万元扶持。世纪金榜在合作开发的手机电视中配置了"世纪金榜空中课堂"。江苏春雨的数字出版产品"学科王"教育考试网注册用户突破40万，面向小学生的"梦幻城堡实验班"上线运营，在全国范围内线上线下推广。此外，曲一线的"曲一线4S店"，世纪金榜的教学资源网、数字复合出版平台、教育软件、电子书及动漫课件，志鸿教育的云智能教育教学平台、e学通、志鸿网园校、成才学院；江苏春雨的"学科王"教育考试网、"梦幻城堡实验班"，江苏可一的电子书包产品，中文在线推出的"书香中国""微书房"、电子书包等相关平台和产品都正在积极推进。

[①] 《电子书包试点学校统计 截至2013年全国推广已超百所》枣尚电子书包 http://blog.sina.com.cn/s/blog_c12365500101rd81.html。

二、展销活动活跃

（一）重要展会交易额继续上升，市场开放程度、实体平台功能和销售带动作用更加突出

2013年各类线下大型出版物展会频仍。总体交易额同比上升（见表2）。其中第九届海峡两岸图书交易会现场订购销售图书码洋较2012年增长1.4倍，幅度最大。

表2　2013年全国重要出版物会展销售情况变化一览表　单位：千万元

会展名称	2013年	2012年	较上年增减（%）[1]
北京图书订货会（订货码洋）	372	331.60	12.20
北京地区出版物订货会（订货码洋）	580	510	13.70
长沙图书交易会（成交码洋）	160余	—	—
全国图书交易博览会（交易额）	110	100	10.00
中国（武汉）期刊交易博览会（订货和销售）	34	—	—
郑州图书交易会（交易额）	20余	—	—
北京台湖全国图书馆采购订货会全国少儿图书订货会（交易额）[2]	5.96	5.84	1.98
海峡两岸图书交易会（订货和销售）	4.23	1.75	141.71
中国北京国际文化创意产业博览会台湖国际图书分会场（交易额）	近11.40	13	-12.30
上海书展（销售码洋）	6.70	6	11.70
华中图书交易会（交易额）	—	180	—
长春图书博览会（销售码洋）	3.5	3.10	12.90
江苏书展（销售码洋）	1.50余	1.39	8.23

2013年展销活动呈现以下几个亮点：

首先，"国""民"渠道交融日甚，反映出更强烈的市场化和开放性导向。2013年国有出版单位和民营公司相互借鉴融合、同堂切磋竞技之势更加凸显。

---

[1] 本列数据系作者根据公开数据计算得出。
[2] 2012年该会展不含全国少儿图书订货会。

作为传统的主渠道订货会，2013年北京图书订货会百余家民营书企参会；2013年全国图书交易博览会上民营书企首次统一组团参展；而作为全国规模最大的民营书业订货会，2013年北京地区出版物订货会国有出版单位的参展规模数量更是创历史新高，占到参展单位总量的1/3。电子工业出版社、上海科技文献出版社等均是与民营公司联合参展。此外，2013年的北京图书订货会是总局简政放权淡出办展之后首次由行业协会主管主办，打破了以往北京图书订货会只订购不零售的惯例，实现了零售码洋712.8万元。现场还专设了淘宝旧书专区，现场打折销售约5 000册，销售额6万元。

其次，民营发行市场依然蕴藏着巨大活力。2013年北京地区出版物订货会订货码洋同比增长13.7%，其逆势而上的成长性显示了民营发行市场的潜力；长沙图书交易会作为全国最早的民营书商订货会，经过二十年发展，2013年首次登堂"出"室，步入展览厅以大型展会的形式进行，成交码洋16亿元，超同年全国书博会码洋规模1/2，其跨越晋身令人刮目。两会合计订货码洋74亿元，规模远超北京图书订货会和全国图书交易博览会交易额之和，可见一斑。

第三，在网上书店的强力分流下，实体展会依然是带动出版物发行的重要平台。成功举办十年的上海书展，以其市民化、专业性、国际标准、经济和社会双效益，成为国内书展的标杆。作为2013年上海书展首次设立的主宾省——湖南省，其所属的中南出版传媒集团书展期间销售码洋达175.4万元，实洋147.7万元。相较2012年全年湘版图书在上海新华的销售码洋1 216.3万元，七天展馆销售已达2012年全年的12.4%，是同期店面销售的8.2倍。世纪出版集团世纪馆销售码洋达1 500万元，较2012年增长22%。上海新华传媒主会场销售码洋达900万元，分会场563万元，主会场纯零售同比增长近60%。

（二）馆配市场规模继续稳步扩张，馆配渠道洗牌加剧，馆配会愈趋繁多

随着国家公共文化和城镇化建设力度加强，公共和学校图书馆，尤其是城镇基层图书馆室、文化站对出版物持续增长的需求，持续带动馆配市场稳步扩张。

据"商报·卷藏"采样统计700所图书馆2013年采购入藏的2005至2013年版图书，2013年馆配码洋总量为11.6亿元，同比增长近4.0%。而据业内人士估计，全国馆配年市场规模在100亿元左右，还有很大发展空间。2013年，公共馆配码洋同比增长，高校馆配码洋同比下降。公共图书馆的码洋同比增长17.1%，只身撑市，增速放缓。高校图书馆除一般本科图书馆的码洋同比增长3.6%外，其余类别高校馆配码洋同比下降，其中独立院校图书馆降幅度最大，同比下降9.3%。从入藏资源来看，数字资源所占比重接近50%，显示出馆藏出版物逐渐向数字出版物方向倾斜。这与近年来图书馆数字和电子资源采购经费逐年上涨直接相关。从馆配图书的定价来看，单品种和单册的平均定价都同比上升。整体馆配单品种平均定价为67.3元/册，同比增长7.4%，单册平均定价为42.92元/册，同比增长6.4%。大码洋馆配图书增长明显，大型文献及特装书突出。从馆配入藏册数量来看，馆配入藏册数首次出现下降。由于单品种和单册的平均定价同比升幅高于码洋总量的同比升幅，2013年馆配入藏册数首次出现下降，同比下降2.5%。其中高校图书馆入藏册数同比下降6.3%，其中独立院校图书馆同比下降达15%。单馆平均复本为2.7册/种，较2012年同期的2.8册/种略有下降。唯有公共图书馆入藏册数同比上升，超过5%。

作为馆配市场的线下采购展销形式，馆配会日益受到倚重，馆配会越办越多。2013年全国各类馆配会近50个。① 2013年北京图书订货会馆配会、中国书业馆配年会、全国图书馆订货会、山东省图书馆馆配（团购）会、浙江省馆藏图书展示会、南京春秋季馆藏图书展销会、湖南省馆配图书订货会、中国·中部馆藏图书订货会的现场成交金额都较上届增长。首届中国出版馆配馆建交易会订货金额近3亿元，成为国内同类规模最大、覆盖面最广的交易会。（见表3）

---

① 《中国书刊发行业协会2013年工作总结和2014年工作计划》http://www.cnfaxie.org/xhdt/2157.htm。

表3　2013年全国重要馆配会现场销售情况一览表　　单位：千万元

馆配会名称	2013年	2012年	较上年增减（%）①
中国出版馆配馆建交易会（订货金额）②	近30.00	—	—
北京图书订货会馆配会（订货码洋）	16.00	12.30	30.08
中国书业馆配年会（订货码洋）	7.20	近6.00	20.00
全国图书馆订货会（人天书店承办）③	约10.00（秋季）	15.00	-33.33
山东省图书馆馆配（团购）会（订货码洋）	8.85	4.91	80.17
浙江省馆藏图书展示会（成交额）	7.47	6.31	18.4
南京秋季馆藏图书展销会（销售码洋）	5.80	5.27	10.00
南京春季馆藏图书展销会（销售码洋）④	约5.04	约5.00	0.80
湖南省馆配图书订货会（订货码洋）	3.20（春季）	2.50	28.00
中国·中部馆藏图书订货会（订货码洋）	1.50	2.36	-36.44
新知集团图书馆现采会（成交额）	1.97	—	—
地科联订货会暨馆藏订货会（订货码洋）	0.72	—	—
福建图书订货会暨馆配样采会（订货码洋）	—	1.50	—

由于教材教辅市场萎缩，实体书店经营压力加大，新华书店集团和专业出版社日益进入原由民营主导的馆配市场，一般图书的馆配市场竞争加剧。现已基本形成民营系和新华系平分秋色的格局。7月，由民营馆配商北京人天书店集团倡议的"全国馆配商联盟"成立。72家成员单位中包括省市级新华书店、民营书商、知名网店、零售书店等，70%以上的民营馆配商加盟。2013年全国馆配商联盟实现销售码洋3亿。⑤

日益激烈的竞争也带来了馆配市场的折扣大战、价格纷乱、幕后交易等非正常现象，无序竞争加剧。要求规范馆配市场的呼声更加强烈。为此首届中国出版馆配馆建交易会确定了统一馆配图书折扣底限，不得低于采购成本的原

---

① 本列数据根据公开数据计算得出。
② 2013年该馆配会系首届。
③ 2012年的名称为全国书博会馆配团购会。
④ 2013年数据根据凤凰传媒网《2014年春季馆藏图书展销会成功举办》http://www.ppm.cn/Html/Article/7064/数据推算；2012年数据根据凤凰传媒网《省证监局领导调研馆藏会》http://www.ppm.cn/Html/Article/2921/数据推算。
⑤ 《全国馆配商联盟渐入佳境》图书馆报2014年2月28日 http://m.xhsmb.com/20140228/news_8_1.htm。

则；中国出版协会在 2013 中国出版馆配馆建交易会上发布了《关于规范促进出版馆配馆建健康发展的倡议书》，呼吁馆配行业坚决杜绝压低折扣等不公平竞争手段，中国书刊发行业协会经筹备拟定 2014 年成立图书馆馆配工作委员会，用行业自律互律的手段来发展和规范市场。

三、新华书店扩张渠道

据报道，2013 年实体书店仍然保持图书零售市场的主导地位，约占全国零售市场份额的 85.5%。[①] 而据开卷报告，2013 年一线城市的实体书店继续下滑，北上广深实体书店的销售额继 2012 年下降了 6.0% 后，2013 年又下降了 6.5%。三线城市实体书店的销售额继续小幅增长，增长了 2.5%。中小书店的增速达到了 6.1%。

2013 年新华书店系统继续做"加法"外延。全国图书发行网点数量比上年增加 2.1%，达 173 990 个。[②] 在继续向外向下扩展分销渠道，开辟基层市场，拓展基层连锁网点和物流设施的同时，新华书店一面大力建设文化服务综合体（文化 MALL），一面升级改造原有书店卖场，构造以书为纽带，以书店为媒体，混搭非图书产品和服务的多元经营业态，打造复合型、休闲型、体验型文化空间。

江西省首座一站式文化综合体南昌红谷滩文化综合体，苏州凤凰广场及其凤凰苏州书城，全国规模最大乡镇新华书店吴江盛泽书城，重庆的黔江书城、永川书城，山东京广文化广场等文化 MALL 项目在 2013 年新建开业。此外还有嘉兴文化传媒广场、深圳书城宝安城等一批文化服务综合体项目新开工在建。而据开卷报告，2013 年超大书城的销售额下降了近 8 个百分点，明显甚于大书城和城市店。它提示"大"并不意味着"强大"，做"加法"不仅仅要加外延数量，更要加内涵质量。

在产品服务上，2013 年的新华书店再也不是单纯的"书"店。上海新华在书店内配置特色影院、高端餐饮业态，支撑文化地产模式发展，新开业的

[①]《2014 年实体书店扶持试点将扩展到 12 个省份》中国政府网 2014 年 4 月 11 日 http://www.gov.cn/xinwen/2014－04/11/content_ 2657414.htm。

[②] 同上。

"Light&Salt"（光与盐）主题店集餐厅、酒吧与创意空间为一体，为读者定制印刷藏书及设计服务。上海新华书店静安店引入专业小乐队，每逢周五演奏讲解古典音乐和现代经典乐曲，营造"静安书香音乐空间"。河南省新华、西安市新华继续开拓"整体书房"业务，提供书房家具的配套供应和个性化图书套餐定制服务。2013年湖北新华研发出"新华崇文"移动电源和多功能预付卡，与通讯连锁零售企业"迪信通"联营开设首家手机连锁卖场"通讯器材样板店"；江西新华与上海晨光文具股份有限公司合作，一年内首开并拓展20家"新华晨光生活馆"；山东新华书店集团与泰山体育联营爱动体育产品，年销售收入达1 037万元，非图书产品销售码洋6 670万元，同比增长51.1%；湖南新华书店开拓红酒进出口业务，进口酒类产品销售突破千万元，进出口业务规模和效益首次实现了同步增长。福建新华的新华红木精品店和福建新华玉瓷文化发展有限公司相继开业。黑龙江新华将特色农产品五常大米向全国新华书店系统推广，同时进入房地产领域。

在做"加法"的同时，2013年新华书店加快了触"电"步伐，电子商务发展迅速，涉足电影电视产业，线上线下、跨界融合的"乘法"运作方兴未艾。2013年河北新华集团开拓电子商务领域，食品购物平台"采采网"上线试运营。新华传媒电子商务公司积极推广具有网上公共事业费缴纳、票务预订等功能的"新华一城卡"，售卡业务快速发展，市场覆盖率不断提高。2013年上半年销售突破亿元，新开发企事业单位客户200余家。福建新华发行集团"新华文化卡"已顺利连接到全省130多家门市。石家庄市新华书店与北人集团签署"北人亲情冀通卡"业务合作协议。广东新华丹阳公司在全市推行"丹阳书城一卡通"购书返利卡，已成为该公司门市销售新的增长点。河南省新华书店发行集团2013年积极筹备专业文化电商网站"云书网"。江西新华拓展小型自助式数字高清院线、个性化数字生活体验中心。新华文轩涉足影视，投资动漫电影，承制电视剧，不一而足。

四、部分民营实体书店逆势而出

作为出版发行产业链上最敏感最薄弱的环节，一批民营实体书店在2013

年教辅新政和市场下行的双重"年检"下成为"被减数"。著名的"光合作用"书房重组失败,关闭其旗下所有门店;"学而优"广州北京路店和东风东路店停业;广告书店"龙之媒"关门。对此,《武汉书店宣言》和《南昌书店宣言》发出了2013年民营实体店的生存呐喊。而与此同时,一批精准定位的特色化、专业化书店逆势而出,在负增长的季候里宣示着小而美的存在。

在2013年新开业的书店中,上海的钟书阁书店的设计独辟蹊径,书房整体定制业务收入超过图书营收。大众书局的女性书店和电影主题书店是沪上首家此类主题书店。南京先锋书店2013年新开了美龄宫店、碧山书局、新生活书局三家民国风情的主题书店,都开在了景区,以纸质化民国时期专题图书和民国时期复古创意文化产品为特色。武汉"卓尔书店"融入了生活休闲、文化沙龙、艺术交流等功能。北京Page One的第三家书店三里屯店周末和节假日全天24小时开放,复合式经营,餐厅、礼品、文具区都各占约300平方米,还扩大了儿童区。同在三里屯开业的"桃花岛图书体验馆",定位29岁以上的一线城市知识女性,采用线上"桃花岛新媒体"和线下实体店融合的O2O模式,采取严格的选择性会员制度,推荐和邀请吸纳新会员入会,所有图书和举办的沙龙活动都只向会员开放,为会员提供阅读定制服务。厦门的"纸的时代"书店单层挑高空间,沿墙书架14个隔层,读者爬梯子取书,图书不包膜,允许拍照,提供扫描服务。猫的天空之城概念书店已成为国内最大的原创明信片的销售公司,开拓古镇旅游市场,将书店开到景区和度假区,以每年15家门店的速度快速发展。贵州的西西弗书店在深圳东门开了第18家书店。凤凰壹力旗下的北京字里行间书店开办3年来,已开13家分店。2013年举办文化和商业活动107场,书店得到了20多万元的场地费收入。

在这一年,上海的乐开书店引入丹麦的"真人图书"概念,招募有独特经历的人作为真人"书"来书店讲述自己的真实故事,供读者"阅读",以小组沙龙的形式,与读者分享个人经历。书店给真人"书"的回报是延续1个月的畅读会员费。昆明新知集团2013年先后新开了新知富源书城和新知广南书城。北京精典博维文化发展有限公司的"博书屋"动工兴建,规划为24小时开放,包括数字阅读体验空间、文化艺术品展示空间、北京文化礼物空间和小剧场。电商苏宁转型O2O,接地气,在京、青岛等地开设实体书店 10 余家。

五、优扶政策频现

面对实体书店的困境,2013年中央和国家新闻出版广电总局全力政策施援,优扶对象从新华书店系统扩展到民营书企,力度和范围为近年来所罕见。

(一)补 助

2013年最大的"福利"是中央财政首次给予实体书店9 000万元中央文化产业发展专项资金扶持。首批12个扶持试点城市的56家实体书店每家获得100万元至300万元不等。民营书店约占受资助书店总数的1/4。地方扶持政策也陆续出台。

(二)免 税

从2013年开始,财政部和总局联合开展实体书店扶持试点。2013年末,财政部、国家税务总局发布了《关于延续宣传文化增值税和营业税优惠政策的通知》(财税〔2013〕87号),宣布自2013年1月1日起5年内免征图书批发、零售环节增值税;专为少年儿童出版发行的报纸和期刊、中小学的学生课本、专为老年人出版发行的报纸和期刊、少数民族文字出版物等出版物在出版环节实行增值税100%先征后退政策,除此之外的各类图书、期刊、音像制品、电子出版物在出版环节实行增值税先征后退50%政策。

(三)放 审

2013年7月国家新闻出版广电总局取消了出版物全国连锁经营单位的行政审批,进一步扩大了出版物市场的对外开放,鼓励更多民营资本进入出版物流通渠道的建设经营。

以上三项优扶政策对于降低整个行业的发行成本,提高实体书店的市场竞争力,营造公平的书业竞争环境,无疑具有刺激和提振作用。然而政府"输液"不是观音的甘露和救命毫毛,未来实体书店的发展和命运,终将由市场主体和市场力量决定。

六、在线图书零售增长迅猛

与实体书店的困顿不同,网络书店销售额继续扩大。据开卷报告,2013年全国在线零售渠道图书销售规模达到 160 亿元至 170 亿元。据《中国网民阅读大数据》,增长率超过 30%。据易观国际《2013 年第 4 季度中国 B2C 市场季度监测报告》,2013 年全年 B2C 市场出版物总交易额达 151.4 亿元,较 2012 年的 112 亿元增长 35.2%。从市场格局来看,当当、亚马逊(中国)和京东继续稳占前三甲,三家图书市场份额占整个网购图书市场的八成以上。当当网在第四季度图书市场份额达 42.9%,环比上涨近 3 个百分点,稳居市场第一。亚马逊(中国)、京东、天猫以及腾讯分别以 24.1%、14.3%、6.4% 和 2.7% 分列第二至五位。另据报道,2013 年当当网图书销售额占到全国图书零售市场总额的 1/4 以上。2013 年当当网的童书销售超过16 亿码洋,占据国内网购图书市场超过 50% 的份额,成为国内最大的童书平台。据《中国网民阅读大数据》,2013 年京东图书总销售册数达 1.2 亿册,订单总量为 3 100 万单,货到付款订单量(1 600 万单)与在线支付订单量(1 500 万单)基本持平。

据开卷报告,线上线下两个渠道的图书零售规模比例约为 1∶2。但是线下的"主渠道"在线上只是"二渠道"。面对强势的图书大电商和两个渠道市场的巨大反差,国有书企和传统出版机构在 2013 年纷纷与大电商结盟,谋求互利共赢。2013 年中南传媒在当当网、亚马逊(中国)、京东商城三大电商渠道销售码洋超过 1.4 亿元,同比增长 45%。2013 年 6 月 20 日,文轩网携手天猫商城单日销售达 1 144 万元,"双 11 网购狂欢节"当天,文轩网天猫旗舰店图书销售码洋超过 3 000 万元。二十一世纪出版社天猫旗舰店"双 11"当天销量120 万。年中,京东商城与新华书店合作,向第三方书店开放图书 POP 平台。包括博库网、文轩网在内的新华系统垂直网上书店和实体店纷纷入驻京东。半年内各新华书店在京东实现网络销售近亿元,码洋近两亿元,并以 40% 以上复合增长率持续增长。2013年中国少年儿童新闻出版总社在当当网上销售额达1.5亿元。浙少社的网络销售也在增加，约占总销售额的20%。2013年新经典文化、中南博集天卷、磨铁图书和机械工业出版社在当当网销售都分别超过亿元。

七、信息化建设取得阶段性成果

相对于活跃的线下展会平台，线上发行平台的建设推广也在2013年有序进行。4月，国内首个基于云计算技术、面向出版发行全产业链资源整合的第三方服务平台"中国出版发行交易云平台"正式启动，一期工程"中国出版发行在线交易中心"正式上线。它主要定位于为出版社与分销商之间的图书批发交易提供电子商务服务（B2B业务）。至8月，已在13个省、自治区、直辖市展开项目推介，签约客户百余家。至年底，使用文轩供应链云平台进行信息协同的出版单位已经扩大至500余家，实现了基本业务信息的全环节沟通和共享。浙江新华与青岛市新华书店签订信息管理系统战略合作协议，为其有偿提供总部中盘和连锁店信息管理系统全套解决方案和服务。

在民营方面，2013年江苏春雨"云想出版发行全流程解决方案"投入使用。2013年新经典规划打造的"私有云"全国发行网络和信息、物流服务平台获得红杉资本1.5亿风投，是截至2013年3月民营书企获得的最大单笔投资。全国馆配商联盟的"全国馆配商联合编目中心"和库存图书交易共享平台两个数据交换与共享平台目前在建。全国馆配商联合编目中心将提供每一家加盟馆配商上传或下载MARC数据，打造成为"中国可供书目"，开展更加专业化的纲目订书（专业征订）业务，满足全国馆配商从采访、编目、数据交换、联合出版、统一采购到共同组织会展、关联产品开发与销售等的所有需求。

在发行业信息化建设方面，2013年，国家首个出版物信息交换行业标准《中国出版物在线信息交换》（CNONIX标准）发布并进入行业示范应用。

八、报刊零售市场整体下滑

(一) 报纸发行市场整体下滑,党报、社区报、时政类报纸零售市场份额增长[①]

2013年全国报纸总零售量同比下降10.8%。上半年全国报纸总零售量环比下降8.9%,达到历年下降最高值。下半年环比下降2.2%,同比下降10.8%。在全国五大区域中,实销率仅华中地区增长,华东地区的降幅达到9.3%。从报纸类别来看,不同类别的报纸表现不一。都市类报纸销量普遍下降,降幅大于其他类报纸,IT类和财经类报纸销量延续近几年的走低态势。党报、社区报、时政类报纸在整体下滑大势中呈现不同程度上涨态势。党报继续占据订阅市场更多份额,在零售市场份额上涨10%。全国党报报刊亭覆盖率达到54%。《人民日报》2013年发行量超过300万份,连续第十一年实现稳定增长。以《环球时报》为代表的时政类报纸发行量也继续上涨。中南传媒旗下的《快乐老人报》创新发行广告经营模式,创刊3年多后在2013年期发量超过130万份,稳居全国第一老年纸媒。

(二) 期刊零售市场整体平均销量下滑,呈现高度集中态势,代销比例再次增加[②]

2013年全国期刊发行市场整体平均销量呈下滑态势。但文摘类、汽车类、动漫类、科普类、文学类、主妇类等期刊细类呈上升态势。期刊市场依然活跃,竞争激烈,一线城市较二、三线城市竞争更为激烈。零售发行呈现高度集中态势。女性高码洋、男性高码洋、时政类、财经类等类别的期刊呈现出向优势媒体集中态势,在许多大中城市市场集中度越来越高。在期刊销售渠道方面,代销比例再次增加。2013年期刊代销比例为74%,较2012年增加7%,自2011年来持续呈大幅上升态势。代销比例的增加缓解了部分报刊亭主的压

[①] 本节主要数据来自田珂《2013年中国报业发行市场盘点》,《中国报业》2014年第1期。
[②] 本节数据来自田珂、崔江红《中国期刊发行市场盘点》华文报刊网2014年4月2日 http://www.chinesebk.com/Article/huawen/shuju/201404/17727.html。

力,但使期刊发行压力增大,部分期刊发行量的增长依赖于覆盖率的增加。2013年期刊经销比例为12%,经销兼代销比例为14%,两者自2011年来都持续下降。

(三)报刊亭拆风不减,退路进店引发广泛质疑

与实体书店纷纷倒闭相映照的是,2013年全国大中城市报刊亭拆改建或退路进店数量继续增加。2013年,南京迈皋桥的大批报刊亭,河南郑州市内全部421个报刊亭,乌鲁木齐市沙依巴克区65个各类亭房其中包括31个正在经营的邮政报刊亭纷纷遭到拆除。报刊亭被拆或退路进店(超市或便利店)后,报刊的零售量也随之直线下降。以郑州为例,以往报刊亭月销售额有3 000元左右,进店后只有500~600元,都不够缴纳租金。① 报刊亭的被拆同时也导致了含残疾和原下岗人员的社会弱势群体在内的大批报刊经营者的失业。

对此,人民日报、光明日报、中国青年报等多家媒体和社会各界在2013年纷纷呼吁各地政府支持报刊亭建设,为城市保留一道文化符号。表面上看,报刊亭的被拆是因为"影响市容、临时占道、影响交通",究其内在,则是纸质报刊消费需求锐减和报刊业态转型的局部写照。所幸在一片"破"象中还有"立"的举措。无锡等城市在几年前拆掉报刊亭后2013年开始重新规划功能更加多样化的报刊亭。中国邮政集团公司计划近两年在全国范围内投入近5亿元,新建更新报刊亭1万个,并对部分功能单一的报刊亭进行升级改造,使更多的报刊亭叠加信息化终端和便民业务功能,进一步完善报刊亭布局。

九、传统音像行业"涅槃"转型

2004至2013的十年,传统音像出版物数量持续下降、市场和发行渠道持续萎缩。2013年原创流行乐唱片各项数据均创历史新低。由于传统音像市场的凋敝,地方行业组织几近名存实亡。

---

① 左娅《全国四年拆了10 468个邮政报刊亭 不该消失的风景》人民网2013年5月30日http://media.people.com.cn/n/2013/0530/c40606-21670556.html。

对此，行政层面力推音像出版单位升级转型。2013年3月，成立20年的中国音像协会正式更名为中国音像与数字出版协会，职能覆盖唱片创作、光盘制作、教育音像、数字音像、音视频工程、音乐产业促进、游戏出版、反盗版，以及专业数字、大众数字内容制作，数字传媒及数字分销等10多个方面。它标志着中国音像行业在机构层面正式转型融入数字出版阵营，进入新的历史发展阶段。同月，国家新闻出版广电总局下发《关于做好2013年音像制品发行单位年度核验的通知》，进一步鼓励音像制品零售单位开展图书、报纸和期刊零售业务，音像制品发行企业转型升级；继续鼓励图书、报纸和期刊零售单位开展音像制品零售业务。统一音像制品发行与书报刊等出版物发行的管理，将音像制品纳入出版物市场统一管理。

而与传统音像的式微相反，2013年数字音像市场规模飞跃发展，北上广蓉四大国家音乐产业基地建设加速推进，集聚效应初步显现。互联网上的流量83%来自于音像节目，音乐、影视剧等作品的日下载量超过2亿次。[①] 据文化部《2013中国网络音乐市场年度报告》显示，截至2013年年底，全国获有业务经营资质的网络音乐企业为695家，新增120家，新增企业主要来自于京沪广川。受在线演艺市场快速发展的拉动，网络音乐市场规模增势明显，整体规模达到74.1亿元，较2012年增长63.2%。其中在线音乐市场规模（在线音乐服务提供商收入，包含在线音乐演出收入）达到43.6亿元，较2012年增长达140%。无线音乐市场规模达30.5亿元，较2012年增长达13.3%。

十、海外发行延续强劲势头

据中国新闻出版研究院《2013年新闻出版产业分析报告》，2013年出版物出口金额突破1亿美元，同比增长10.4%，提前实现"十二五"规划目标。

2013年首届中国上海国际童书展（CCBF）成功举办，填补了亚太地区没有年度少儿出版物国际博览会和版权贸易平台这一空白，开辟了中国少儿出版

---

① 《中国音像业：盗版重压之下路在何方》中国新闻出版报2013年10月31日http://www.media1.cn/2013/1031/6058.shtml。

物"走出去"的东方"出海口"。由中国国际图书贸易集团有限公司和全国地方出版对外贸易公司联合体共同承办的第四届全球华文书店中国图书联展自2013年9月延续至2014年春节前后。其中,国图集团向26个国家和地区发行图书12.6万余册,销售实洋909.4万元。地贸联8家成员单位组织了63家海外华文书店参加联展活动,据不完全统计,发货码洋超过1833.3万元。[1] 11月,福建新华发行集团在南非约翰内斯堡的第八届中国(福建)图书展销会和在荷兰乌特勒支省的首届荷兰中国(福建)书展都成功举办。

在出版物国际营销渠道拓展方面,国有和民营两条腿齐步走,成绩显著。至2013年,福建新华发行集团已在海外设立了13家新华书店分店,在澳大利亚的第6家门店试营业,在美国、南非、捷克、匈牙利设立了4家闽侨书屋。云南新华书店集团与新加坡思达出版有限公司合作投资的新加坡中国云南文化贸易中心5月开业,主营华文图书、精品出版物和特色产品的展示展销。安徽新华发行集团所属新龙图贸易进出口有限公司与新加坡友联书局合作成立新龙图(新加坡)贸易发展有限公司,主营中文图书、文化用品及其他相关产品,拓展海外市场。昆明新知集团2013年在海外的马来西亚吉隆坡华文书局、缅甸曼德勒华文书局、斯里兰卡科伦坡华文书局等三家华文书局先后开业。北京时代华语图书股份有限公司在美国纽约投资成立了中国时代出版公司。经纶文化传媒集团2013年在加拿大投资设立公司,建立了开拓北美市场的桥头堡,首批策划的总价值约70万美元的图书已出口销售。北京语言大学出版社也于2013年在美国芝加哥陪德中国书店设立了专柜。

此外,2013年的营销渠道和手段更为多元,新媒体和传统广播电视营销表现突出,少儿图书营销成效显著。出版商、发行商和作者个人更广泛地利用微信、微博、APP、二维码、网站、视频、微视频、广播电视等媒介开展出版物营销,电子书与实体书"EP同步"营销、会员定制营销等形式,更加注重增强读者阅读体验和互动沟通。非经销商渠道(渠道下沉)趋势日益明显。全媒体整合营销成为一道景观。另一方面,尽管年内亚马逊Kindle进入中国,年底宣称实现赢利,京东商城电子书业务上线,但2013年国内电子书市场尚无起色;出版发行企业尝试开展线下线上结合的O2O应用,但赢利模式尚不够清

---

[1] 王玉梅:《近20万册图书陪海外华人过大年》,《中国新闻出版报》2014年2月13日。

晰；大图书电商依靠价格战赢得的销售增长对于发行市场也造成了破坏。

综上所述，回顾2013年，是出版发行生态代谢加剧的一年，有加有减，有破有立，有进有退，还有"走出去"，危机板荡，生机联袂。面对去中介化的数字奥卡姆剃刀，传统出版物的没落是大势所趋，实体网点和分销渠道的萎缩不可逆转，"发行"的问题已由"发出去就行""发得多发得快就行"变成"发什么才行"。在出版与发行已融合为传播，内容与渠道已融合为产品服务，出版物已扩容到全媒体形态的事实下，从传统的"产业链下游和物流快递"的思维定式和角色中跳出来，转身成为市场导向流程中的前端和"编辑"，视终端用户为题材，主动采集、生产和开发用户资源和精神需求，循着互联网和市场的逻辑发力前行，这也许是传统发行业自救新生的方向。

(作者为上海理工大学出版印刷与艺术设计学院讲师)

2013年度出版科研八大热点综述

冯建辉

2013年是全面深入贯彻落实党的十八大精神的开局之年,是实施"十二五"规划承前启后的关键一年,是为全面建成小康社会奠定坚实基础的重要一年。一年来,出版科研立足出版业改革发展的伟大实践,深入探讨出版业改革发展的重大现实问题,充分发挥了应有的智力支持作用。本文以出版界7类专业期刊发表的研究论文为主要考察对象,[①] 少量涉及其他报刊,对2013年度出版科研的八大研究热点作一番概要性的梳理,以期展示出版科研的最新成果,进而明确出版科研的发展方向。

一、科研视角更趋宽泛

站在整个行业的视角,加强对出版业改革发展进行宏观分析,是2013年出版科研的一个重要特点,一年来,不时有研究者表达真知灼见、振聋发聩。宋木文撰文指出,现在出版单位的"转企改制",重在一个"转"字和一个"改"字,都是强调要"变",但同时也应注意"不变"的问题。不变的是出版社的基本属性。变的是国家对出版社的管理方式。两者既不能混同,也不能分割。讲基本属性不变,是指其基本含义、基本特征不变,并不是用一切"不变"来捆住人们的手脚。讲可变的是管理方式,是在特定意义上用以规范"转

---

① 它们主要包括《出版发行研究》《中国出版》《中国编辑》《出版科学》《科技与出版》《编辑之友》《出版广角》。

企改制",而不是说凡"转企改制"的都得坚守一种模式。① 祝君波对盛大、嘉德、现代传播这三家民营文化企业的发展道路进行了回顾,剖析了上述三家企业对国有文化企业改革发展所具有的启示意义,表现在如下几个方面:一是文化出版贵在发现需求和创造供给。二是文化产业的发展政策应该更开放。三是集团化不应是文化产业的唯一道路。② 李昕撰文认为,产业化确实给出版业的改革发展带来了动力和活力,总品种数和发展速度惊人,但今天中国出版业陷入了"滞涨"。这一现象与产业化背景下出版企业一味追求"做大做强"有关,不利于出版业的科学发展。对于出版机构而言,"做大做强"固然很好,但须以"做好做优"为前提。③ 陆颖认为,我国出版业属于完全的政府垄断市场型产业,其基本特点是:平均利润率相对较高,但产业集中率和效率较低,从而制约了出版业进一步发展的空间。为此,出版业需要突破当下仍以垄断为主要特征的产业发展模式,由当前完全的政府垄断市场型变迁到国有出版企业主导的垄断竞争市场型。④

对行业进行宏观性研究,固然是一个重要方面,但从某一具体问题切入而对整过行业进行考察,也不失为一个不错的考察角度。缪宏才从图书库存的角度来分析行业发展。面对图书库存这个出版界的老话题,论者提出了新见解:不能笼统谈库存,合理的库存不仅不是问题,相反是出版正常经营的必需,只有不良库存才是问题。从目前来看,"外库"增长是出版市场发展的结果,是必需的;库存问题还不足以引起中国的"出版大崩溃"。⑤ 针对当下实体书店倒闭风潮与拯救呼声高涨相交织的现象,洪九来选择从实体书店的角度对行业发展加以观照。论者选取实体书店"拯救论"中几个代表性主张,从事实与逻辑上予以理性的否定,提出:实体书店也只有主要依靠自身的转型,向专业化、跨界化、情感空间化等新的经营业态发展才有继续生存的机遇。⑥

---

① 宋木文:《论"转企改制"中的变与不变》,《出版发行研究》,2013年第11期。
② 祝君波:《盛大、嘉德、现代启示录》,《编辑学刊》,2013年第1期。
③ 李 昕:《滞胀:中国出版业面临的困境》,《现代出版》,2013年第3期。
④ 陆 颖:《论当前我国出版业的产业类型及其变迁方向》,《现代出版》,2013年第2期。
⑤ 缪宏才:《"不良库存"才是真问题——〈人民日报〉文章引发的思考》,《编辑学刊》,2013年第3期。
⑥ 洪九来:《拯救,首先要准确地把脉——再谈实体书店的生与死》,《编辑学刊》,2013年第3期。

二、集团、上市研究不断出新

2013年，随着出版业改革发展的不断深入，研究者加大了对出版集团、上市公司的研究思考力度。在出版集团研究方面，黄丽谊提出，要以数字出版平台的整合推进出版发行工作流程的融合，以出版组织机构的整合推进出版管理体制机制的融合，以此构建大型专业化出版集团。[①]丛挺对我国24家出版集团网站的企业概述进行了内容分析，从整体上客观把握当前国内出版集团的发展理念，同时发现上市类与非上市类出版集团在发展理念上存在较明显的异同，并探讨了内在原因。[②]王京山、赵清玉提出，内涵式出版集团是在发展过程中通过自我裂变、自我扩张的方式组建而成的。未来我国内涵式出版集团可能数量增多、规模增大，还有可能进入资本市场，并向数字化、全媒体转型。[③]

在出版上市公司研究方面，何苗认为，业界对上市后的出版集团更多关注的是GDP与企业发展，而忽略作为市场经济环境下的上市企业，其控股人出版集团与被投资方上市公司的微妙关系。出版集团与上市公司之间应从建立有效股权结构、协调上市公司与出版集团产业发展定位、共建价值标杆等方面着手规范二者关系，以确保出版集团与上市公司的长远发展。[④]刘畅认为，出版集团竞争力实质上是能力、机制和社会责任三方面相互作用的结果。三个要素彼此交叉影响，作为有机整体对出版集团竞争力产生影响。他将能力、机制、社会责任3个评价要素确立为出版集团竞争力综合评价的一级指标，最终组成了由3个一级指标、12个二级指标、32个三级指标与81个四级指标构成的综合评价指标体系。[⑤]王文杰、谢杨梦薇选取了11家传统出版业的上市公司，根据上市公司2012年第三季度的财务报告、沪深市场公开信息，对其经营绩效及

[①] 黄丽谊：《数字出版与传统出版全面融合是出版集团发展的方向》，《出版发行研究》，2013年第5期。
[②] 丛 挺：《基于内容分析法的国内出版集团发展理念分析》，《现代出版》，2013年第1期。
[③] 王京山：《赵清玉：我国内涵式出版集团现状与发展趋势分析》，《科技与出版》，2013年第5期。
[④] 何 苗：《出版上市公司与出版集团关系新探》，《出版广角》，2013年第17期。
[⑤] 刘 畅：《出版集团竞争力综合评价体系的构建》，《现代出版》，2013年第6期。

相关财务状况进行比较分析。结果发现，传统出版公司经过 10 多年股份制改革和重组的历练，经营状况比较稳定，市场预期良好，但在公司未来的成长能力、资金使用效率方面也存在一定的问题和隐患。① 何志勇选择 9 家出版业 A 股上市公司作为样本，借助 Wind 资讯及市场公开数据，以 2009~2012 年为研究期间，重点对其中 5 家出版企业的经营表现从经营规模、收入质量、资产质量和现金流量质量等方面进行比较分析。论者指出，出版业应坚持把出版主业做大做强，实现专业化与多元化协同发展；提高资金使用效率，运用多种资本运营手段扩大企业经营规模与提升竞争实力。②

三、公共服务研究进一步深化

2013 年，党的十八届三中全会提出，建立公共文化服务体系建设协调机制，统筹服务设施网络建设，促进基本公共文化服务标准化、均等化。作为公共文化服务体系的重要组成部分，新闻出版公共服务体系仍然是业界非常关注的研究议题。张麦青、尹章池以新闻出版公共服务体系为对象，探究了新闻出版公共服务的发展路径、发展趋势和评价指标体系的初步构建。论者从治理结构、数字化、多元化、均等化、绩效评价、指标体系等方面论述了新闻出版公共服务的发展方向和能力提升策略，初步阐述和构建了 8 个维度 3 个向度的指标体系。③ 出版服务是农村公共文化服务的重要形式，建成后的农家书屋因其覆盖范围广和资源丰富而成为农村出版公共服务的最优平台。杨庆国、陈敬良基于农家书屋对农村出版公共服务资源进一步整合优化的机制与模式等问题进行了探索，并构建了相应的评价指标体系，以期有助于优化农村出版公共服务资源配置和测度其资源整合的绩效。④ 杨月如提出，新闻出版公共服务体系作为公共文化服务体系的重要组成部分，有必要在前期已取得成效的基础上，进

---

① 王文杰、谢杨梦薇：《出版上市公司经营绩效分析》，《出版发行研究》，2013 年第 1 期。
② 何志勇：《我国出版上市公司经营情况比较分析》，《科技与出版》，2013 年第 9 期。
③ 张麦青、尹章池：《新闻出版公共服务评价指标体系构建与能力提升》，《重庆社会科学》，2013 年第 6 期。
④ 杨庆国、陈敬良：《农村出版公共服务资源整合及其评价指标研究》，《现代出版》，2013 年第 2 期。

一步推进完善，弥补以往不足，提高服务效能，努力做到广覆盖、高水平、重实效，让人民充分享有免费或优惠的基本新闻出版公共服务，拥有健康丰富的精神文化生活，为扎实推进社会主义文化强国体系建设贡献自己的力量。[1] 李治堂从公共财政的视角，分析了公共财政与公共产品、公共产品的消费与生产等基础理论问题，在此基础上，分析了新闻出版公共产品的性质、新闻出版公共服务的目标定位，结合我国新闻出版公共服务体系建设的实践，从公共财政的角度提出了四点建议。[2] 我国先后实施了以农家书屋工程、全民阅读工程、重大出版工程、少数民族出版工程和文化环境保护工程等重点项目和活动为支撑的出版公共服务体系建设，取得了良好成效，但也存在不少问题。李秀发从七个方面就如何完善我国出版公共服务体系提出对策建议。[3]

本年度，有学者通过农家书屋来考察新闻出版公共服务的改进。汪萍提出，作为农家书屋在公益出版中的创新平台，卫星数字农家书屋在渠道和终端的革新上需要建设新型发展模式，采用强连带渗透传播、融合传播、差异化传播等方式，实现卫星数字农家书屋可持续发展模式。[4] 通过对陕西省汉中市南郑县Z镇Z村农家书屋的实地调研，杨靖发现农家书屋核心受众群为三大留守群体：留守老人、留守妇女与留守儿童。论者对三大留守群体的精神文化生活特性进行了剖析，在此基础上提出培育路径：强化农家书屋的公共传播空间性质；找寻留守群体意见领袖，引领阅读；细化留守群体的实用阅读需求。[5]

四、数字出版研究呈现新亮点

随着科技的发展，数字出版日益显得重要，人们对数字出版的认识也在逐渐深化，学界对其关注度也一直很强烈。中国数字出版产业年度报告课题组对我国数字出版产业发展的规模、态势及趋势进行了分析。报告从政府推动、企

---

[1] 杨月如：《完善新闻出版公共服务体系 扎实推进文化强国建设》，《中国出版》，2013年第3期。
[2] 李治堂：《公共财政视角下新闻出版公共服务体系建设》，《中国出版》，2013年第22期。
[3] 李秀发：《完善我国出版公共服务体系的对策研究》，《出版参考》，2013年第16期。
[4] 汪　萍：《卫星数字农家书屋的传播优势及模式探索》，《中国出版》，2013年第8期。
[5] 杨　靖：《留守群体：农家书屋核心受众群剖析及培育路径思考——基于陕南地区一个村庄的农家书屋的实地调研》，《科技与出版》，2013年第8期。

业创新、新技术应用、传播渠道、终端格局、保障体系等方面对数字出版进行了态势分析，并提出管理机构合并助推媒介融合、科技与出版融合趋势加强、传统出版数字化转型进一步深化、社交化传播日趋发展、大数据分析与挖掘走进数字出版、微传播角色越来越重要等六大趋势。① 方卿从技术与内容的关系、产品与需求的关系、传统内容资源与数字内容资源的关系、内容提供商与平台运营的关系，以及传统出版数字化升级与数字出版新业态的关系五方面分析了数字出版产业发展过程中所面临的实际问题，并据此提出"内容为体、技术为用"、产品开发须更加重视用户的非线性需求、数字出版应更加重视资源而非流程的数字化、内容提供商应靠内容的深度开发来提升与平台运营商的议价能力、在数字出版新业态高速发展的背景下应更加重视传统出版的数字化升级等观点。② 王炎龙、黎娟认为，我国国家数字出版基地获得了快速发展，但在建设中存在困局，需要转变发展思路，即基地在建设过程中应实行差异化发展、合理选择入驻企业、加强政府引导与支持、兼顾管理企业的经营性与功能性、培养并引进数字出版专业人才等，以促进国家数字出版基地健康发展。③

任翔认为，数字出版业者应该以更开放的心态拥抱开放技术及开放模式——以读者为核心，以用户创造力为动力，以企业间合作共赢为基础。这样，不但有助于突破我国数字出版的瓶颈与迷局，而且可能探索出一条中国数字出版的开放之路。④ 当前，手机阅读存在的"三低"——"低龄、低俗、低质"现象，却也给手机阅读产业良性健康发展带来了隐患。如何解决这种矛盾的现象，侯洁欣对手机阅读的定义与行业边界进行了界定，并从历史的角度梳理手机阅读的发展脉络，结合经济学中的相关概念对手机阅读"三低"现象的原因进行深度剖析。⑤ 张养志、叶文芳认为，图书固定价格制度由来已久，且存在争议。当前数字出版迅速发展，但电子书市场出现低价竞争现象。为纠正恶性竞争行为，固定价格制度在国外被应用到电子书经营中。电子书固定价格制度有利有弊，我国现阶段宜采取"先低后高"的电子书定价制度，以促进电子书

---

① 中国数字出版产业年度报告课题组：《中国数字出版产业发展的规模、态势及趋势分析》，《出版发行研究》，2013 年第 7 期。
② 方　卿：《论数字出版产业发展中的五大关系》，《编辑学刊》，2013 年第 1 期。
③ 王炎龙、黎娟：《我国数字出版基地建设的困局及发展路径》，《出版科学》，2013 年第 2 期。
④ 任　翔：《从 WebX.0 到云：开放技术与数字出版的未来》，《出版广角》，2013 年第 9 期。
⑤ 侯欣洁：《手机阅读"三低"现象表征与原因透析》，《编辑之友》，2013 年第 2 期。

市场的有序发展。① 程海燕、束义明、杨庆国探讨了数字环境下出版业商业模式创新路径。论者从价值活动的角度构建了出版业的商业模式体系,在体系中将出版业的具体活动分为价值创造、价值网络、价值传递和价值获取四个过程,并分析了每一个价值活动过程的基本构成要素,在八个基本构成要素的基础上,提出了适用于出版企业的商业模式创新路径。②

五、国际出版交流研究持续深入

把国际社会尤其西方发达国家作为出版科研的研究对象,至少有两大思考方向:一是翻译、引介国外出版情况,借鉴他们的成功经验,以寻求启示和借鉴意义,二是把国外市场确定为出版业改革发展的一大目标,着力推动出版业"走出去"。因此,2013年国外出版研究、出版"走出去"研究依然是人们热烈讨论的问题。

在国外出版研究方面,孙万军把百年来西方出版经纪人模式的发展与变迁分为三个阶段:从起初的出版中介人,发展到作者利益代言人,进而变身为作者事业的策划师。③ 季芳芳、于文通过对英国"版权集成中心"的设计理念、创新趋势的深入分析,探讨在线版权交易平台的创新趋势。论者认为研究这一问题可以为我国推进在线版权交易平台建设、促进创新与文化产业发展提供启发借鉴。④ 吕静薇对CrossRef的产生与发展进行了系统梳理,对其运作方式进行了考察,分析了其功能及特色服务,并对其当下存在的现实意义及在中国的发展前景进行了分析和探讨。⑤ 在媒体多元化格局下,世界许多国家的图书出版业呈现结构性萧条之势。魏明革分析了美国的图书出版业——依托电子书稳步扩大年轻的购书群体,倾力打造畅销书;大型传媒集团依靠极高的市场集中

---

① 张养志、叶文芳:《电子书的固定价格制度研究》,《现代出版》,2013年第4期。
② 程海燕、束义明、杨庆国:《数字环境下出版业商业模式创新路径探析》,《出版发行研究》,2013年第7期。
③ 孙万军:《西方出版经纪人模式的发展与变迁》,《出版科学》,2013年第1期。
④ 季芳芳、于文:《在线版权交易平台的创新趋势及评价——以英国"版权集成中心"(Copyright Hub)为例》,《编辑之友》,2013年第7期。
⑤ 吕静薇:《参考文献链接协会组织CrossRef研究》,《科技与出版》,2013年第7期。

度占领广大图书市场,坚持从小众市场中获利的市场策略让小型个体出版社在图书市场中占据一席之地;市场竞争机制下的自由定价模式有力地激活了图书市场,完备而严格的版权保护措施营造图书创作与出版的良好环境。① 姜洪伟对美国绘本部分题材类型进行了梳理。论者提出,美国绘本启示我们:应以适合儿童的方式展示更为丰富的题材;要注意开拓绘本的思想教育、文学教育、知识学习等多样化的功能,国外优秀绘本的引进有待于作家、翻译家、出版单位、研究机构及阅读推广者的共同参与。② 杨虎、乔东亮提出,伴随出版产业化转型,日本建立起比较成熟的畅销书出版机制,成为出版业的一种"文化工业",具有过度商品化、内容通俗化、题材多元化、功能娱乐化、影响国际化的特征。但对产业化的过度推崇,也使得出版业的文化精神属性逐渐淡化,这也是日本"出版大崩溃"的重要导火索之一。出版产业化并不意味着对出版商业属性的一味推崇和对文化属性的忽视,二者之间的平衡与协调应该是出版业健康发展的永恒追求。③

在出版"走出去"方面,鞠宏磊、吴慧分析了"系列高端形态图书"海外出版的实战案例,探讨了新经典出版社从事出版"走出去"的内在动力、外部动力和专业道路,并从注重内容、培育市场、持续发力等方面阐发了该案例的启示意义。④ 黄先蓉、田常清以迈克尔波特的钻石模型为理论支撑,选取2005年至2011年的数据为依据,分别从内部要素和外部环境两个方面对我国出版产业国际竞争力的形成机制和现实状况进行了探讨,并据此提出了出版产业国际竞争力的提升战略。⑤ 曹晓娟、方允仲分析海外传播渠道自身存在的问题:力量分散,国内同业共享性差;功能单一,仅有物流功能;缺乏科技支撑,应对新媒体冲击乏力;企业产业集中度偏低,缺乏骨干;渠道管理粗放,中外差距较大;为此,文章提出要以政府为主导,加强规划、制度设计与实施;做大

---

① 魏明革:《美国图书出版业繁荣的三大成因》,《出版发行研究》,2013年第7期。
② 姜洪伟:《美国绘本题材对我国绘本生产的启发及思考》,《中国出版》,2013年第15期。
③ 杨 虎、乔东亮:《产业化转型下的日本畅销书出版业发展历程及启示》,《北京联合大学学报(人文社会科学版)》,2013年第3期。
④ 鞠宏磊、吴慧:《文化产品"走出去"再发力——系列"高端意识形态图书"海外出版的实战案例研究》,《文化产业导刊》,2013年第1期。
⑤ 黄先蓉、田常清:《我国出版产业国际竞争力提升战略研究》,《中国出版》,2013年第1期。

做强市场主体,加强海外传播渠道的队伍建设,推动企业走出去。① 2013年8月,中国出版传媒商报、北京外国语大学中国文化走出去协同创新中心联合发布《2013世界馆藏影响力分析报告》。该报告以 OCLC(Online Computer Library Center)的全世界图书馆联机书目数据为基础数据,另外增加了一些地区、国家的单一语种数据库资料,基于全球视野对中国出版社影响力进行排名。② 政策扶持往往被认为是后发国家发展文化产业、推动文化"走出去"的首要影响因素。但是,朱春阳认为,政策扶持只有谨慎使用,才能发挥积极作用。扶持政策若要获得效能优化,需遵循如下四个原则:其一,有利于企业成为竞争优势的主体,而非政府成为竞争优势的基础;其二,扶持政策应基于整个产业竞争力的提升,而非集中于外贸单一产业价值实现环节;其三,国际面向的政策要与国内面向的政策取向保持一致;其四,政策的制定与执行要保持一定的制衡。③

六、出版文化研究广受关注

社会主义核心价值观与我国当代出版文化建设有着十分密切的内在联系。范军提出,以社会主义核心价值观为指导,以古今中外的出版活动为参照,以当代中国的出版工作为实践基础,来构筑以出版价值观为核心的社会主义出版文化,是我们现今的出版人需要高度重视的。④ 丁心镜分析了出版文化的内涵与属性,提出,出版文化会将其文化的内涵和精髓直接映射到出版物的精神层面、出版人的思想层面和出版企业的战略层面。因此构建出版文化的创新模式需要从建立文化创新体系、释放文化生产力、整合优化资源、创新经济环境等方面入手。⑤ 陈伟军提出,面对加速改变的外部世界和各种混杂信息、异质思

---

① 曹晓娟、方允仲:《加强海外渠道建设 增强国际传播能力——落实十八大精神促进中国出版物海外渠道建设的思考》,《中国出版》,2013年第1期。
② 何明星:《2013世界馆藏影响力分析报告》,《中国出版传媒商报》,2013年8月27日。
③ 朱春阳:《扶持政策如何才能效能优化——基于我国出版业"走出去"驱动力结构的分析》,《编辑学刊》,2013年第2期。
④ 范 军:《以社会主义核心价值观为基石建构当代出版文化》,《中国出版》,2013年第19期。
⑤ 丁心镜:《新形势下出版文化的历史创新与时代担当》,《中国出版》,2013年第15期。

维,新闻出版业要积极适应、主动参与社会现实变革,更加理性地适应市场需求,引领价值流向。鉴于此,论者从出版理念与价值定位、出版物市场管理、表现方式与传播手段、媒介生态与技术变革等方面探讨了价值引领的多维路径。① 杨军对传统出版文化与现代出版文化之间的关系进行了辨析,提出传统出版文化和现代出版文化不能单纯地以时间来划分,而应该从出版物质文化、出版制度文化及出版精神文化三个层面结合起来作整体分析,它们之间并不是非此即彼的对立关系,而是交错共生、相辅相成的。②

莫林虎、韩银莹以对转企改制后的出版社实地调研获得的资料和数据为基础,探讨了我国出版社制度文化建设存在的问题和解决方略,提出转企改制后的出版社可以从领导体制与机制、组织结构、管理制度三个方面,建设出版社制度文化,以促进出版社核心竞争力的形成。③ 编辑工作是文化传承创新的重要环节和终极实现者,编辑的文化理想直接影响其服务文化传承创新工作的态度和水平。刘久平回顾了老一代出版家的文化理想,分析了编辑文化理想缺失的主要原因,提出了编辑文化理想缺失的救正策略。④ 曾学民提出,出版业的健康、有序发展离不开出版文化理性。出版文化理性的实现,是通过出版实践的文化理性导向、文化理性规制和出版人文化理性培育等交互作用而完成的。出版人文化理性培育主要围绕强化出版人的主体性、提高出版文化社会化程度和增强出版文化理性的自觉意识等三方面来进行。⑤ 黄俊栩提出,当今的古籍编辑活动已发生根本性变革,古籍编辑不再是单一部门的职能,而是与整个古籍编辑机构上下游相关的工作。变化要求古籍编辑探求新理念,即全编辑理念——编辑战略的灵活性、创造性的读者和社会导向思维、古籍出版资源的开发与占有及竞争编辑思维。⑥

---

① 陈伟军:《社会主义核心价值观与出版文化》,《中国出版》,2013年第17期。
② 杨 军:《试论传统出版文化与现代出版文化的关系》,《现代出版》,2013年第3期。
③ 莫林虎、韩银莹:《转企改制后我国出版社制度文化建设探析——基于实地调研的研究》,《中国出版》,2013年第6期。
④ 刘久平:《编辑的文化理想与担当——从老一辈出版家看当下编辑文化理想的缺失及救正》,《出版发行研究》,2013年第3期。
⑤ 曾学民:《试论出版文化理性的实现》,《出版发行研究》,2013年第7期。
⑥ 黄俊栩:《全编辑——古籍编辑理念新探讨》,《编辑之友》,2013年第7期。

七、学术期刊研究热度不减

学术期刊是出版工作的重要组成部分。2013年,学者们重视期刊研究,进行了深入探析。叶娟丽提出,中国大学学报正面临日益被边缘化甚至唾弃化的命运。由17家教育部名刊发起创办的中国高校系列专业期刊,正日益显现出作为变革中国大学学报命运的最优路径选择。① 张学新认为,学术论文评价目前普遍采用的同行评审系统,存在严重缺陷。论者提出一个"公评审稿"方案,包括实名的公开推荐和匿名的公开评审两个过程,使学术成果的发表和评价实现了清晰的功能分离,解决了发表注重快速及时、而评价注重慎重仔细这一根本矛盾。② 叶继元提出,目前我国学术期刊评价体系已初见端倪,但仍存在质量和创新力评价弱化、过分数量化、过分形式化、过分简单化(或官僚化、管理简单化)、评价主体淡化、评价结果软化等问题。在保持原有期刊评价体系中合理因素的前提下,可采用形式评价、内容评价和效用评价的新概念组合,形成新的同行专家评价与引文等文献计量评价相结合的评价方法和新的评价指标体系,以期更好地推动学术期刊评价工作逐步走上科学发展轨道。③

黄小茹、唐平对学术期刊论文发表过程中存在的利益冲突进行了界定和分析,通过已有研究以及出版伦理委员会公布的案例,论证了当前国际学术论文发表中利益冲突问题的严重性,在此基础上,论者具体分析了论文发表过程中利益冲突的类型,探讨了导致利益冲突的因素,提出了当前解决有关利益冲突问题的治理方式。④ 基于对传统纸质学术期刊阅读与网络阅读两种不同阅读方式的读者群体的比较分析,方志指出造成传统纸质学术期刊发展困境的并非是笼统的网络阅读,而仅是数据库阅读。学术期刊应该从纸质阅读与数据库阅读的差异化视角,重新审视内容质量,在比较两种阅读方式的基础上,确认符合

---

① 叶娟丽:《中国大学学报:制度变迁与路径选择》,《南京大学学报(哲学人文社科版)》,2013年第1期。
② 张学新:《用公评审稿促进中国科技期刊的快速发展》,《心理发展与教育》,2013年第1期。
③ 叶继元:《学术期刊的质量与创新评价》,《浙江大学学报(人文社科版)》,2013年第2期。
④ 黄小茹、唐平:《学术期刊论文发表过程中的利益冲突及其处理》,《编辑学报》,2013年第2期。

自身发展利益的"整体内容质量"观念。① 石新中在分析了发达国家学术期刊市场化的发展过程及现状后,认为中国当前是否适宜推动学术期刊的市场化,应考虑社会对学术期刊的需求及学术期刊的质量等多种因素。我们应借鉴发达国家学术期刊市场化过程中提高期刊经营效率和提升期刊质量的经营机制,同时改革阻碍学术期刊良性发展的相关体制。② 李宗刚认为,随着有关期刊评价指标体系对学术期刊的分级,致使期刊出现了层级分化。要想真正地使学术期刊,尤其是一般期刊要突破分级制带来的限制,一方面亟须改进和完善有关学术期刊的评价体制,另一方面需要使学术期刊真正地回归学术的根本点上,把学术期刊打造成为中国人文社会科学研究平台。③

八、出版史研究有新的突破

中国出版史是跨学科的研究领域,涉及了文学、历史学、哲学、政治学、经济学等诸多学科。2013 年,研究者继承了出版史研究多学科交融的传统,对出版史上的很多具体问题进行了深入剖析。

在古代出版史方面,章宏伟对南宋出版业情况进行了考述,提出南宋出版产业持续兴旺,出版文化高度繁荣,官府、私家、民间三大出版系统各领风骚,形成了杭州、福建、四川三大出版中心。雕版印刷术的发展,为南宋出版业的兴盛提供了技术上的保证,刻书数量巨大,品类繁多,四部皆有。④ 李娜考证了晚明的出版风尚,并重点分析了作为艺术品的书籍,提出自明代万历时期始,出版业迎来了从质量印刷到数量印刷的转变。为了与趣味粗俗的大众流行出版物相区别,文人雅士积极设计刊刻将诗、书、画、印等艺术形式结合起来的书籍,视觉的愉悦感成为他们所关注的重点。除了以个性化的书法摹写替代标准化的

---

① 方 志:《对学术期刊内容质量的新理解——基于纸质阅读与数据库阅读的差异化视角》,《出版科学》,2013 年第 4 期。
② 石新中:《论学术期刊的市场化》,《首都师范大学学报(社会科学版)》,2013 年第 3 期。
③ 李宗刚:《学术期刊分级制带来的问题与破解方略》,《西南民族大学学报(人文社会科学版)》,2013 年第 7 期。
④ 章宏伟:《南宋出版业考述》,《古代文明》,2013 年第 2 期。

印刷字体之外，晚明士人在设计刊刻书籍时还特别注重图像的视觉感染力。①

在近代出版史方面，吴靖对中国近现代稿酬制度的流变进行了分析，并分析了稿酬制度对文学生产的影响。论者从古代文人"润笔""耻言利"谈起，考察了近代稿酬制度的确立，在此基础上提出，当务之急是要规范稿酬制度，提高稿酬标准，建立完善的作家保障机制和合理的文学体制。②黄宝忠对中国近代民营出版业成长的社会生态进行了分析，提出通过商务印书馆和中华书局的崛起可以看出中国近代民营出版业的起步依托于文化启蒙与民族诉求的时空背景。近代民营出版业的成功固然与出版企业制度、内部管理、经营者出版理念等内生条件有密切关系，但同样不可忽视中国近代自鸦片战争以来的时局变化等外在社会生态环境的支撑效应。③郭昭昭探讨了《学衡》办刊宗旨的内在精神，并阐发了其启示意义，提出《学衡》杂志成绩斐然得益于学衡派对《学衡》办刊宗旨的坚守。学衡派从学术研究的规律出发，秉持精审精神，以"正名"为武器梳理问题的来龙去脉，以中正的态度评价是非，这是《学衡》办刊宗旨的内在精神。④

在当代出版史方面，魏玉山梳理了出版单位主管主办制度的历史发展，指出主管主办制度与国有资产管理制度是出版体制改革与发展的产物，并指出主管主办制度与出版单位国有资产管理制度所面临的新问题：现行出版单位主管主办制定与"政企分开、政事分开"的改革形势不相适应，专业分工的要求与战略重组的发展形势不相适应，职责的要求与出版单位转企改制、上市融资不相适应。现行的出版单位国有资产管理制度也带来了出资人与主管主办单位分离的问题，基于此，提出应进一步完善主管主办制度，加强出版单位国有资产管理，实现管人管事与管资产管导向有机结合，其理想的模式在于资产、人、导向由同一个部门同一管理，把63家事业单位和大型国有企业，特别是国有资产授权经营的大型出版传媒企业明确为出资人，为管人管事管资产管导向相

---

① 李　娜：《晚明的出版风尚与作为艺术品的书籍》，《江苏社会科学》，2013年第2期。
② 吴　靖：《中国近现代稿酬制度流变考略——兼论稿酬制度对文学生产的影响》，《书屋》，2013年第7期。
③ 黄宝忠：《中国近代民营出版业成长的社会生态分析》，《浙江大学学报（人文社科版）》，2013年第5期。
④ 郭昭昭：《〈学衡〉办刊宗旨的内在精神及其启示》，《齐齐哈尔大学学报（哲学社科版）》，2013年第5期。

结合提供了一个模式。① 黄刚考察了新中国成立初期报刊在马克思主义理论的通俗化传播的重要作用。论者认为，报刊发表和介绍马列主义经典著作，普及马列主义基本知识，发挥了马克思主义理论通俗化传播的先锋和主力军作用。《人民日报》重新发表毛泽东《实践论》与《矛盾论》，在全国范围内掀起了宣传、学习和研究"两论"的热潮，推动了马克思主义的传播和发展。理论界在《红旗》《哲学研究》等报刊多次开展马克思主义学术批评和讨论活动，对促进新时期马克思主义中国化和大众化发挥了积极作用②

（作者为中国新闻出版研究院出版基础研究室副主任）

---

① 魏玉山：《出版单位主管主办制度的历史发展和现实思考》，《编辑学刊》，2013年第4期。
② 黄　刚：《新中国成立初期报刊与马克思主义中国化大众化》，《出版发行研究》，2013年第6期。

年度重点专题报告

2013年出版传媒集团发展的十大趋势解读

出版传媒集团发展报告研究课题组

2013年是全面贯彻落实党的十八大精神的开局之年，也是实施新闻出版业"十二五"规划承前启后的关键一年。推进社会主义文化强国建设，实现中华民族伟大复兴的中国梦，学习贯彻落实党的十八届三中全会全面深化改革精神，面对这一系列时代命题，出版传媒集团不断探索、进取，谱写了浓墨重彩的一笔。回顾一年来我国出版传媒集团发展壮大的历程，总结其成败得失，探讨其发展趋势，无疑对更好地打造国际一流出版传媒集团具有一定的借鉴意义。

一、出版传媒集团探索特殊管理股制度试点将会有突破

2013年11月党的十八届三中全会提出要对按规定转制的重要国有传媒企业探索实施特殊管理股制度，2014年2月中央全面深化改革领导小组第二次会议审议通过的《深化文化体制改革实施方案》把在传媒企业实行特殊管理股制度试点列为2014年工作要点，显然，在出版传媒集团中开展特殊管理股试点可能性不可排除。

特殊股票在国际社会有三种模式：一是金股制。政府只持有一股金股不干涉日常运营，没有受益权或其他表决权，但在某些特殊事项上享有独此一份的否决权。英国政府于1984年实施英国电信的私有化方案，在10年的3次减持过程中，英国政府完全放弃其拥有的股权与收益，只保留了1股金股，保持对国企在私有化过程中的控制力。二是一股多权。即每股享有若干表决权，也称多权股。这种股票通常是一些高科技公司向特定的原始股东发行的，其目的在

于保证原始股东对公司的控制权,以限制公司外部的股东对公司的控制,或限制外国的股票持有者对本国产业的支配权。三是 AB 股制度。A 股具有投票权,B 股没有投票权。这种制度在西方大多只是运用在家族企业或是特殊的媒体公司中。比如法国的《世界报》将 5% 的股权出售给普通干部,有投票权,为 A 股;将 4% 的股权出让给普通职工,没有参与决策的权利,为 B 股。报社引入的外来资本包括所谓的"读者股"均"无意干涉编辑业务"。这些特殊股票产生于不同的时代、不同的国家,其设立目的与功能各不相同,对出版传媒企业该采用哪种模式需要积极探索,根据我国的国情设计适合自身的特殊管理股制度,不能盲目照搬。

特殊管理股的实施有助于解决出版传媒集团中国有股一股独大的问题,有助于出版传媒集团发展混合经济,有助于出版传媒集团建立完善的法人治理结构。在出版传媒集团中进行特殊管理股试点应该是大势所趋。

二、混合经济将助推出版传媒集团实现较快发展

党的十八届三中全会的《决定》提出,"要完善产权保护制度,积极发展混合所有制经济"。特殊管理股的试点也为发展混合经济创造了条件。民营企业具有灵活的机制、充足的市场活力,国有出版集团具有丰富的资源、良好的品牌信誉和成熟的管理体系,两者实现股份制合作可以有效地整合资源,实现优势互补,强强联合。2013 年出版传媒集团加强了与民营公司的合作,努力发展混合经济,实现了较快的发展。出版传媒集团与民营图书公司合资成立的中南博集天卷、凤凰联动、北京凤凰壹力等混合经济股份公司都在 2013 年有良好的市场表现。2014 年 1 月,重庆出版集团旗下五洲文化股份公司又以资本为纽带,与北京时代天华文化传播公司和博尔国际文化(北京)公司实现联合重组,扩大了发展规模。2013 年,重庆出版集团总资产达 66.76 亿元,净资产达 23 亿元,销售收入达 15.9 亿元,利润总额 9 682 万多元,分别比 2004 年集团成立前增长了 6.7 倍、6.2 倍、4.9 倍、1.7 倍,充分体现了发展混合经济的优势。

出版传媒集团与民营公司合作有成功的经验,也有不少失败的教训。但

有国家政策的大力支持，有全国各行业大力发展混合经济的大环境，有多年来发展混合经济的经验与教训，出版传媒集团发展混合经济应该会有美好的前景。

三、出版传媒集团跨媒介经营将会有新进展

2013年3月22日，国家新闻出版广电总局挂牌成立，广播、电视、电影与新闻出版的政策壁垒被打破，这无疑是对新闻出版产业影响最为深远的一件事，其对出版传媒集团跨媒介发展产生的作用将逐步释放。2013年3月，江西出版集团旗下二十一世纪出版社与上海美术电影制片厂签订了战略合作协议，双方将秉承市场化、前瞻性原则共同开发各年龄段动漫出版物。3月，时代出版旗下时代新媒体出版社与新疆广电网络股份有限公司合作签约，双方共同在"天山云"全媒体电视平台上打造时代新媒体互动点播专区。7月9日，长江出版传媒股份有限公司与盛天文化传媒股份有限公司在京签署战略合作协议，欲通过影视等新媒体输出内容资源，实现图书资源的开发，快速向影视版权运营、影视剧制作、动漫、网游等产业进行综合和深度延伸。8月，中南出版传媒集团发布公告称，公司与湖南教育电视台签署合作协议，双方合资创立湖南教育电视传媒有限公司，作为湖南教育电视台市场营运主体。9月，安徽少年儿童出版社与联想（北京）有限公司签署《战略合作框架协议》，将以联想智能电视为平台，共同打造一流的家庭数字阅读、教育、娱乐基地。10月，中国教育出版传媒集团与中国教育电视台举行战略合作签约仪式，双方将重点在合作加强国际传播力和海外影响力建设，加强优质教育内容和网络教育平台建设，开展校园及社区文教服务等方面，实现互利共赢和共同发展。

这些举措都是出版传媒集团跨媒介发展的有益探索，相信未来出版传媒集团拓展产业链，跨媒介发展的步伐会越来越大，通过兼并重组，组建像贝塔斯曼集团一样的国际大型传媒集团的可能性也日益增强。

四、股份制合作公司将成为地方出版传媒集团突破地域壁垒的重要力量

由于计划经济遗留的体制弊病还没有完全割除、地方保护观念根深蒂固等因素的影响,出版传媒集团大都局限于某一地域发展。随着改革的不断深入,出版传媒集团跨地域发展取得了一定的成就,但地方割据的整体格局没有大的改变,然而出版集团跨地域发展的努力也一直没有停止。2013年6月,中国教育出版传媒集团所属人民教育出版社、人教教材中心与陕西人民出版社、陕西出版集团四家股东按比例出资、共同组建的国有股份制文化企业——陕西西北人教玉成文化传媒有限公司揭牌,注册资本2 000万元。此举是人教社和地方出版企业探索通过股份合作的方式,促进资源优化组合,实现跨地域经营,谋求共同发展的战略性尝试。8月,中国出版传媒股份有限公司与江西新华发行集团有限公司、中国科技出版传媒股份有限公司、江苏凤凰出版传媒有限公司在京签署合作协议,决定共同出资重组新华联合发行有限公司。重组后的新华联合发行有限公司将面向全国开拓市场。

除中南传媒增资控股民主与建设出版社外,2013年出版传媒集团跨地域并购没有大的收获,有些跨地域重组已经无疾而终。然而不同地域的出版集团共同出资以股份制的形式组建公司整合资源却成为大家主动的选择。合资成立股份公司,借助资本的力量拓展市场突破地域局限,正在成为一股潮流。

股份制企业是指两个或两个以上的利益主体,以集股经营的方式自愿结合的一种企业组织形式。党的十六届三中全会提出,要实现投资主体多元化,使股份制成为公有制的主要实现形式。不同地域的出版集团组建股份制公司可以整合各种资源突破地域局限。随着改革的不断深入,跨地域组建的股份公司将成为出版传媒集团跨地域发展的主要力量。

五、对出版传媒集团监管机制的探索将会见成效

对于大部分出版传媒集团来说,目前其受主管主办单位与出资人的双重管

理。这种双重管理制度具有一定的优越性，但也存在一些不够协调的方面。党的十八届三中全会决定指出，要推动党政部门与其所属的文化企事业单位进一步理顺关系。建立党委和政府监管国有文化资产的管理机构，实行管人管事管资产管导向相统一。

2013年12月，出版传媒在其公告称，辽宁省人民政府决定将辽宁出版集团和出版传媒交由辽宁省国资委管理，由后者履行出资人职责，并作为省国资委直接监管企业。作为国内传媒第一股，出版传媒于2006年8月成立，辽宁出版集团、辽宁电视台广告传播中心为发起人。辽宁出版集团原来由省委宣传部主管，省政府作为出资人授权省财政厅管理国有资产。为了落实十八届三中全会关于深化文化体制改革，推进文化产业发展的要求，辽宁省有关方面作了上述划转，这种探索值得关注。

目前中央出版集团的监管模式为主管主办单位管人管事管导向，财政部文资办管资产。地方出版集团的监管主要有三种模式，一种是省委宣传部管人、管事、管导向，省政府授权省财政厅管资产；一种是由地方国资委管人、管事、管资产、管导向；还有一种是由省委宣传部成立专门的管人、管事、管资产、管导向的国有资产管理机构。目前的监管模式存在三个方面的不足：一是管人管事资产管导向各种权利不完全不统一；二是没有形成全国统一的监管体系，管理机制不够协调；三是党委与政府联合监管的机制不够完善。未来监管体制的建立应该从解决以上三个方面的问题着手，其核心是探索建立主管主办制度与现代企业出资人制度有机衔接的工作机制和具体方式。目前全国各有关部门都在考虑如何贯彻落实十八届三中全会精神，对出版传媒集团监管机制的探索应该会取得一定的成效。

六、出版传媒集团自我裂变式发展将会有新进展

聚变与裂变是出版传媒集团发展的两种模式。长期以来我国的出版传媒集团基本上是通过聚变来做大做强的，2013年，这种状况发生了改变。2013年8月，长江出版传媒集团发布公告：公司组建长江少年儿童出版集团已获批复同意。这意味着出版集团通过裂变发展进入了新阶段。长江少年儿童出版集团以

湖北少年儿童出版社为核心，以海豚传媒等6家公司为成员单位，业务囊括了少儿类文化创意、数字出版、图书出版、教育培训、动漫开发等板块。组建长江少年儿童出版集团是长江传媒出版产业数字化升级和跨界转型的战略体现，这也是国内首家少儿出版集团。

出版集团通过自我裂变实现跨越式发展，表明我国出版传媒集团运作已进入相对成熟阶段。事实上，浙江联合出版集团早有成立少儿出版集团、教育出版集团、期刊集团的打算，江西出版集团所属的二十一世纪出版社、安徽出版集团所属安徽少儿社也都拟成立少儿出版集团，山西出版集团也有成立报刊出版集团的设想，相信未来会有更多的出版集团通过裂变产生新的子集团，进一步增强实力。

七、专业出版集团将会在中国出版业的发展格局中占有较大的分量

关于出版集团应该走专业化之路，还是多元化之路的争论由来已久，但该"专"还是该"多"并没有统一的定论，"专"还是"多"不是由谁说了算的，而是由历史与现实等综合因素决定的。地方出版传媒集团基本上都是综合性的，中央的出版集团除了中国出版集团外基本上都是专业性的，这是我国按地域、按行业划分的管理体制决定的，某一省的出版机构整合起来基本上是综合性出版集团，某一部委所属的出版机构整合起来大体上都是专业的出版集团，随着部委出版社转企改制的深入已经催生了中国科技出版集团、中国教育出版集团、中国国际出版集团等专业化出版集团，2013年又有3家新的专业出版集团诞生。8月，中国财经出版传媒集团挂牌仪式在京举行，财经出版力量格局泛起波澜。中国财经出版传媒集团由中国财政经济出版社和经济科学出版社及其所属实体等17家单位组建而成。11月，中国人力资源和社会保障出版集团有限公司在京召开成立大会，该集团公司由中国人事出版社、中国劳动社会保障出版社和5家子公司组成，致力于成为人力资源和社会保障信息交汇平台、职业教育和职业培训教材研发基地、职业安全和劳动保护知识传播中心。12月，中国工信出版传媒集团顺利获得工商营业执照，又一家专业性的出版传媒

集团宣告诞生。中国工信出版集团是由人民邮电出版社和电子工业出版社及其所属实体组成的企业联合体，以中国工信出版传媒集团为母公司，下辖两家出版社及其所属全资、合资子公司。

总的来说，中国出版业的发展格局中还是综合性的出版集团比较多，近年来专业化出版集团的发展势头比较强劲，这一格局正在不断改变。从国际上出版集团的发展趋势看，大的出版集团都是专业化的，专业化发展是出版集团发展的必然趋势。长远地看，专业化出版集团将在中国出版业格局中占有较大的分量。

八、出版传媒股票将会受到股民持续关注

经过一段时间的暂停关闭后，新股 IPO 重启，这对于一直在筹备上市的出版传媒集团来说是一个喜讯。据 2014 年 2 月 24 日，中国金融信息资讯服务机构 ChinaVenture 投中集团发布研究报告，目前在证监会排队上市的文化传媒企业总计 30 家，出版业中排队上市的有中国科技出版传媒、南方出版传媒、读者出版集团、知音传媒等，其中南方出版传媒、读者出版集团已经实现预披露。另有中国出版传媒股份有限公司正在进行上市辅导；中国教育集团股份有限公司已理顺内部股权关系，正在考虑引进战略投资者，向证监会报送上市材料；上海世纪出版集团已完成上海世纪、上海文艺两个集团的资源重组、业务重组、资产重组工作，正在准备把所有资产注入股份公司，通过私募引进战略投资者。其他如河北北洋出版传媒股份公司、山东出版传媒股份公司、海峡出版发行集团、黑龙江出版集团、陕西出版集团、吉林出版集团等都在努力争取上市。可以预计在不久的将来将会有新的出版传媒企业上市，上市出版传媒企业的阵容将进一步扩大，影响力将进一步提升。

长期以来，出版传媒股票一直因为业绩增长预期不高，缺乏具有想象力的故事而不被资本市场看好，自党的十七届六中全会审议通过《中共中央关于深化文化体制改革推动社会主义文化大发展大繁荣若干重大问题的决定》后，出版传媒股票开始受到更多人的关注，2013 年 11 月，党的十八届三中全会审议通过《中共中央关于全面深化改革若干重大问题的决定》后，出版传媒板块表

现抢眼,强势跑赢大盘,登上涨幅榜前三的位置。天舟文化、时代出版、凤凰传媒等股年内都经历过翻倍行情。政策扶持是出版传媒股票受到资本市场青睐的重要原因,由于出版传媒公司在建设文化强国中占有重要位置,国家对出版传媒企业的扶持力度会进一步加大,出版传媒股票受资本市场欢迎的程度会进一步提高。

平板电脑和智能手机对全球游戏市场造成了巨大冲击,但也创造了新的市场和赢利空间,其显著表现为移动游戏市场的迅速崛起。2013年12月召开的第十届中国游戏行业年会透露,2013年是手机游戏的爆发"元年",玩家数量达到了3.1亿人,比上年增长了2.48倍;销售收入112.4亿元,比上年增长了2.46倍,占整个游戏总盘子的八分之一。

基于良好的市场前景研判,出版集团涉足手游市场成为年度资本运营一大热点。2013年8月21日,江苏凤凰出版传媒发布公告称,拟对旗下子公司江苏凤凰数字传媒有限公司增资3.2亿元。后者将以3.1亿元认购上海慕和网络科技有限公司新增注册资本,从而持有慕和网络64%的股权。此举被业内视为凤凰传媒正式进军手机游戏的"信号灯"。23日,其股价放量涨停,收报12.24元,创上市以来最高收盘价,同时有超过1.5亿元主力资金净流入。

"风乍起,吹皱一池春水。"8月27日,天舟文化公告宣称,将采用发行股份和支付现金方式,斥资12.54亿元完成对北京神奇时代网络有限公司100%股权收购,消息披露后天舟文化连续9天涨停,足见资本市场对手游市场的看好。

由于全国开发手机游戏的团队超过2 000个,手机游戏同质化、山寨现象普遍,且成功率低,高溢价收购背后,质疑之声渐起,从而导致资本市场对手游的关注热度降低。然而,手机游戏毕竟有较大的市场潜力,出版传媒企业介入手游市场的探索仍在进行中。另外,出版传媒企业与新媒体领域有密切联系,其实现立体化发展进入新媒体领域已初见端倪,新媒体的良好发展前景将引发股民丰富的想象,出版传媒企业的未来增长空间将被打开。

九、专业化的报刊集团将不断增多

2013年非时政类报刊改革持续深入,在改革调整与政策利好的大环境下,报刊传媒集团发展迎来新的契机。2月,山西科技新闻出版传媒集团揭牌,集团着力打造全媒体科技传播、投融资资本运作以及大科普公益事业三大平台。6月,湖北今古传奇传媒集团获国家新闻出版广电总局正式批准组建,集团以湖北今古传奇传媒集团为母公司,由湖北书法报社、湖北画报社、湖北戏剧之家杂志社为子公司组建而成。6月,作为广西师范大学出版社集团的下属企业,广西师范大学报刊传媒集团有限公司在桂林挂牌成立,被视为广西壮族自治区推进非时政类报刊体制改革的重要成果,有利于整合广西期刊资源。10月,解放日报报业集团和文汇新民联合报业集团整合重组成立上海报业集团,推进了主流媒体的创新转型发展。2013年报刊业的整合力度显然高于图书出版业,而且还有不少报刊的整合正在酝酿之中。2013年,中国社会科学院启动了院属期刊改革,将近七八十种院属期刊委托社科文献出版社统一印制、统一发行,这意味着一个新的社科期刊集团将有可能诞生,而较早前成立的中科期刊出版有限公司早已具备了科技期刊集团的雏形。2014年3月,国家新闻出版广电总局在京召开的2014年中央报刊主管单位工作会议要求全面深化改革,继续推进非时政类报刊出版单位改革,进一步推动报刊调整结构、兼并重组,积极培育一批骨干传媒集团。相信不久的将来还会有新的报刊集团诞生。

十、移动阅读将成为出版传媒集团关注的焦点

移动网络在互联网中的地位越来越重要,手机持有人数一直在增长,手机已超越台式电脑成为第一大上网终端,正在成为最重要的阅读媒体。移动阅读有良好的发展前景,将成为出版传媒集团关注的焦点。

2013年4月,中国出版集团公司旗下中版集团数字传媒公司正式推出其自主研发和建设的"大佳移动出版平台",基于该平台建设和运营的"大佳书城"在IOS及Android等平台同步上线,进入商业化运营。"大佳移动出版平台"将数字出版内容管理、制作和发布有机地整合到一起,进行数字出版业务推广和市场运营,以期实现内容资源的增值运营。8月,山东出版集团承担的国家重点文化产业项目——山东手机出版基地项目取得阶段性成果,核心项目"游逸天下"正式交付。"游逸天下"融合了"指尖中国"(手机导游)和"游

逸书城"（手机书城）两大功能模块，致力于建设手机旅游平台，让游客在手机上解决旅游中的问题。8月，凤凰传媒与中国联通江苏省分公司在南京签约，此举标志着双方在数字出版、数字化教育、手机游戏、有声读物、电子商务、通信服务等领域全面长远的合作关系正式开始。凤凰传媒联手江苏联通已推出"凤凰读书""凤凰畅听""游侠"客户端等一系列手机APP产品。9月，江西出版集团与中国移动通信集团江西公司举行了战略合作协议签订仪式，双方将在营销资源合作、数字出版业务、通信业务等六个方面深入合作。海峡出版集团对数字出版产品线进行了全面布局，其打造的移动媒体产品线及移动阅读产品线都已上线运营。

手机出版的赢利模式比较清晰，但通过手机付费阅读的读者有限，手机阅读主要靠打包销售赢利。有一个时期手机报比较兴旺，但因分成较低，有人认为手机报是在给中国移动阅读基地打工。出版业进军移动阅读能分到多少利润目前难以计算，但长远地看移动出版的前景不可估量。

参考文献

［1］郝振省、魏玉山.2012~2013年中国出版业发展报告［M］.北京：中国书籍出版社，2013.

［2］原新闻出版总署出版产业发展司.2012年新闻出版产业分析报告（节选）［J］.出版发行研究，2013（8）.

（课题负责人：郝振省、魏玉山；课题执行组长：庞沁文；成员：王珺、汤雪梅、郭佳宁、杨莹、刘火雄；本文由庞沁文、刘火雄执笔）

第十一次全国国民阅读调查主要发现

全国国民阅读调查课题组

由中国新闻出版研究院组织实施的全国国民阅读调查项目，到目前为止已经持续开展了十一次。第十一次全国国民阅读调查从2013年9月开始全面启动，2013年9月至11月开展样本城市抽样工作，2013年12月至2014年1月在全国范围内开展入户问卷调查执行工作，2014年2~3月开展问卷复核、数据录入和数据处理工作。调查严格遵循"同口径、可比性"原则，继续沿用四套问卷进行调查。对未成年人的三个年龄段（0~8周岁、9~13周岁、14~17周岁）分别采用三套不同的问卷进行访问。与以往不同的是，本次调查对成年人群的调研放开了年龄上限70周岁的限制，因此，本次调查对象为我国全年龄段人口。本次调查搭载了湖北和江苏所有地市（州）的调研，因此执行样本城市为74个，覆盖了我国29个省、市（自治区）和直辖市。本次调查的有效样本量也比往年增加一倍，为40 600个，其中成年人样本为29 782个，18周岁以下未成年人样本为10 818个，未成年样本占到总样本量的26.7%；有效采集城镇样本29 531个，农村样本11 069个，农村样本比例为27.3%。

样本回收后，我们根据第六次全国人口普查公报的数据对样本进行加权，并运用SPSS社会学统计软件进行分析。本次调查可推及我国人口12.20亿，其中城镇居民占51.4%，农村居民占48.6%。

课题组通过《中国出版蓝皮书》择要发布初步研究成果。

一、成年国民阅读情况分析

（1）2013年我国成年国民图书阅读率为57.8%，较2012年上升了2.9个百分点，数字化阅读方式的接触率为50.1%，较2012年上升了9.8个百分点，各媒介综合阅读率为76.7%，较2012年上升了0.4个百分点。

2013年我国成年国民图书阅读率为57.8%，较2012年的54.9%上升了2.9个百分点；报纸阅读率为52.7%，较2012年的58.2%下降了5.5个百分点；期刊阅读率为38.3%，较2012年的45.2%下降了6.9个百分点；受数字媒介迅猛发展的影响，数字化阅读方式（网络在线阅读、手机阅读、电子阅读器阅读、光盘阅读、PDA/MP4/MP5阅读等）的接触率为50.1%，较2012年的40.3%上升了9.8个百分点。

综合以上各媒介，2013年我国成年国民包括书报刊和数字出版物在内的各种媒介的综合阅读率为76.7%，较2012年的76.3%上升了0.4个百分点。

（2）2013年我国成年国民人均纸质图书阅读量为4.77本，报纸和期刊阅读量分别为70.85期（份）和5.51期（份），电子书阅读量为2.48本。与2012年相比，纸质图书、电子书的阅读量略有提升，报纸和期刊的阅读量均有不同程度的下降。

从国民对各类出版物阅读量的考察看，2013年我国成年国民人均纸质图书的阅读量为4.77本，与2012年的4.39本相比，增加了0.38本。人均阅读报纸和期刊分别为70.85期（份）和5.51期（份）。与2012年相比，报纸和期刊的阅读量均有不同程度的下降。其中，人均报纸阅读量较2012年的77.20期（份）下降了6.35期（份），期刊的人均阅读量也比2012年的6.56期（份）下降了1.05期（份）。

2013年我国成年国民人均阅读电子书2.48本，比2012年的2.35本增加了0.13本。此外，成年国民人均纸质图书和电子书合计阅读量为7.25本，比2012年纸质图书和电子书合计阅读量6.74本上升了0.51本。

（3）我国成年国民每天接触传统纸质媒介时长均有不同程度的减少；新兴媒介中，上网时长和手机阅读的接触时长呈增长趋势，电子阅读器接触时长略有下降。

与2012年相比，传统纸质媒介中，2013年我国成年国民对图书、报纸和期刊的接触时长均有不同程度的减少；新兴媒介中，上网时长和手机阅读的接触时长呈增长趋势，电子阅读器接触时长略有下降。

在传统纸质媒介中，我国成年国民人均每天读报时间最长，为15.50分钟，但比 2012 年的 18.91 分钟减少了 3.41 分钟；人均每天读书时长为 13.43 分钟，比 2012 年的 15.38 分钟减少了 1.95 分钟；人均每天阅读期刊时长为 10.05 分钟，比 2012 年的 13.19 分钟减少了 3.14 分钟。

从新兴媒介来看，人均每天上网接触时间最长。我国成年国民人均每天上网时长为 50.78 分钟，比 2012 年的 46.77 分钟增加了 4.01 分钟；人均每天手机阅读时长为 21.70 分钟，比 2012 年的 16.52 分钟增加了 5.18 分钟；人均每天电子阅读器阅读时长为 2.26 分钟，比 2012 年的 2.94 分钟减少了 0.68 分钟。

（4）2013 年我国成年国民的网络在线阅读、手机阅读和电子阅读器接触率阅读均有所上升，光盘阅读和 PDA/MP4/MP5 阅读接触率则均有所下降。电子书和电子报阅读率有所提升，电子期刊的阅读率略有下降。

进一步对各类数字化阅读载体的接触情况进行分析发现，2013 年我国成年国民的网络在线阅读、手机阅读和电子阅读器阅读均有所上升，光盘阅读和 PDA/MP4/MP5 阅读接触率略有下降。具体来看，2013 年有 44.4% 的成年国民进行过网络在线阅读，较 2012 年的 32.6% 上升了 11.8 个百分点；41.9% 的国民进行过手机阅读，较 2012 年的 31.2% 上升了 10.7 个百分点；5.8% 的国民在电子阅读器上阅读，较 2012 年的 4.6% 上升了 1.2 个百分点；0.9% 的国民用光盘阅读，比 2012 年的 1.6% 下降了 0.7 个百分点；有 2.2% 的国民使用 PDA/MP4/MP5 等进行数字化阅读，比 2012 年的 2.6% 下降了 0.4 个百分点。

对电子书报刊的阅读情况考察发现，2013 年我国成年国民电子书阅读率为 19.2%，较 2012 年的 17.0% 上升了 2.2 个百分点；电子报的阅读率为 8.5%，较 2012 年的 7.4% 上升了 1.1 个百分点；电子期刊的阅读率为 5.0%，较 2012 年的 5.6% 下降了 0.6 个百分点。

（5）2013 年我国成年国民上网率为 59.2%，较 2012 年略有上升，通过手机上网的比例增幅明显。

2013 年，我国成年国民上网率为 59.2%，比 2012 年的 55.6% 增加了 3.6 个百分点。具体来看，有超过半数（54.2%）的国民通过电脑上网，有 42.7% 的国民通过手机上网。其中，通过手机上网的比例增幅明显，与 2012 年的 29.2% 相比，增长了 13.5 个百分点。

我国成年网民上网从事的活动中，信息获取功能受到越来越多网民的重视，其中，有 74.2% 的网民将"阅读新闻"作为主要网上活动之一，有

45.0%的网民将"查询各类信息"作为主要网上活动之一。同时,互联网的娱乐功能仍然占据很重要的位置,有70.3%的网民将"网上聊天/交友"作为主要网上活动之一,有52.4%的网民将"在线听歌/下载歌曲和电影"作为主要网上活动之一,有46.8%的网民将"看视频"作为主要网上活动之一,还有37.0%的网民将"网络游戏"作为主要网上活动之一。有17.6%的网民将"阅读网络书籍、报刊"作为主要网上活动之一。

(6)我国成年国民对图书、期刊的价格承受能力与去年基本持平,电子书的价格承受能力略有下降。手机阅读群体2013年手机阅读人均花费为21.43元,较2012年有所下降。

对于一本200页左右的文学类简装书的价格,有26.3%的国民能够接受8~12元的价格,有27.4%的国民能够接受12~20元的价格;19.4%能够接受8元以下,17.3%能够接受20元以上,另有9.5%的国民认为只要喜欢多贵都买,我国国民能够接受一本200页左右的文学类简装书的平均价格为13.68元,比2012年的13.67元增加了0.01元。

对期刊价格的承受能力分析发现,我国成年国民平均可接受一本期刊的价格为6.80元,比2012年的6.76元增加了0.04元。

在接触过数字化阅读方式的国民中,有38.7%的国民表示能够接受付费下载阅读,这一比例比2012年的40.1%下降了1.4个百分点。受智能手机普及、各类移动阅读终端各类阅读内容免费推送等的影响,数字化阅读接触者总体能够接受一本电子书的平均价格为1.28元,价格接受程度比2012年的3.27元有较大幅度下降。

手机阅读群体中41.8%能够接受付费阅读,而有58.2%的人只看免费的手机读物。手机阅读群体在2013年全年人均花费在手机阅读上的费用为21.43元,较2012年的23.31元有所下降。

(7)有数字化阅读行为的成年人中超过九成为49周岁以下人群,纸质读物阅读仍是六成以上国民倾向的阅读方式,有7.1%的数字阅读接触者在读完电子书后还购买过该书的纸质版。

从数字化阅读方式的人群分布特征来看,我国成年数字化阅读方式接触者中,18~29周岁人群占到45.1%,30~39周岁人群占29.1%,40~49周岁人群占18.4%,50周岁及以上人群占7.4%。可见,我国成年数字化阅读接触者中92.6%是18~49周岁人群。

对我国国民倾向的阅读形式的研究发现，66.0%的成年国民更倾向于"拿一本纸质图书阅读"，有15.0%的国民更倾向于"网络在线阅读"，有15.6%的国民倾向于"手机阅读"，有2.4%的人倾向于"在电子阅读器上阅读"，1.0%的国民"习惯从网上下载并打印下来阅读"。

另外，有7.1%的数字阅读接触者表示，在阅读过某一电子书后还购买过该书的纸质版本，较2012年的9.4%下降了2.3个百分点。

（8）超五成的成年国民认为自己的阅读数量较少，六成以上国民希望当地有关部门举办阅读活动。

2013年我国成年国民对个人阅读数量评价中，只有1.2%的国民认为自己的阅读数量很多，8.4%的国民认为自己的阅读数量比较多，有37.6%的国民认为自己的阅读数量一般，52.8%的国民认为自己的阅读数量很少或比较少。

从国民对个人纸质阅读内容和数字阅读内容的阅读量变化情况的反馈来看，有7.2%的国民表示2013年"增加了纸质内容的阅读"，但有13.8%的国民表示2013年"减少了纸质内容的阅读"；有4.9%的国民表示2013年"减少了数字内容的阅读"，但有8.0%的国民表示2013年"增加了数字内容的阅读"。

对于个人总体阅读情况，有21.0%的国民表示满意（非常满意或比较满意），比2012年的19.1%有所上升；有23.5%的国民表示不满意（比较不满意或非常不满意），比2012年的22.8%有所上升；另有55.5%的国民表示一般，这一比例较2012年（58.1%）略有下降。

我国国民对当地举办全民阅读活动的呼声较高，而农村居民的期望程度要高于城镇居民。2013年有66.3%的成年国民认为有关部门应当举办读书活动或读书节，其中，城市居民认为当地有关部门应该举办阅读活动的比例为64.8%，农村居民中这一比例高达68.0%。

二、未成年人阅读情况分析

（1）0~17周岁未成年人图书阅读率为76.1%，未成年人的人均图书阅读量为 6.97 本，较 2012 年提高了 1.48 本。

从未成年人的阅读率来看，2013 年 0~8 周岁儿童图书阅读率为 66.0%，较 2012 年的 64.5% 提高了 1.5 个百分点；9~13 周岁少年儿童图书阅读率为 93.5%，较 2012 年的 96.5% 下降了 3.0 个百分点；14~17 周岁青少年图书阅读率为 79.1%，较 2012 年的 80.5% 下降了 1.4 个百分点。综合考察来看，0~17 周岁未成年人图书阅读率为 76.1%，比 2012 年的 77.0% 下降了 0.9 个百分点。

对未成年人图书阅读量的分析发现，2013 年未成年人群的图书阅读量均有不同程度的提高。其中，我国 14~17 周岁未成年人课外图书的阅读量最大，为 8.97 本，比 2012 年的 7.96 本提高了 1.01 本；9~13 周岁未成年人人均课外图书阅读量为 8.26 本，比 2012 年的 6.04 本提高了 2.22 本；0~8 周岁儿童人均图书阅读量为 5.25 本，比 2012 年的 3.85 本提高了 1.40 本。综合三个年龄段未成年人的人均图书阅读量为 6.97 本。

（2）在 0~8 周岁有阅读行为的儿童家庭中，平时有陪孩子读书习惯的家庭占到 86.5%，这些家庭中家长平均每天花费 23.87 分钟陪孩子读书。

对亲子早期阅读行为的分析发现，2013 年我国 0~8 周岁有阅读行为的儿童家庭中，平时有陪孩子读书习惯的家庭占到 86.5%，较 2012 年的 87.5% 降低了 1.0 个百分点；在这些家庭中，家长平均每天花费 23.87 分钟陪孩子读书，比 2012 年的 26.67 分钟减少了 2.80 分钟。

此外，2013 年我国 0~8 周岁儿童的家长平均每年带孩子逛书店 3.40 次，比 2012 年的 3.75 次略有降低。近四成（37.4%）的 0~8 周岁儿童家长半年内至少会带孩子逛一次书店，其中近三成（28.2%）的家长会在 1~3 个月内带孩子逛一次书店。

（课题组长：郝振省；副组长：魏玉山、徐升国；课题组成员：屈明颖、拜庆平、田菲、高洁、谷征、赵文飞；执笔人：屈明颖、田菲、谷征、高洁）

高校学报出版质量现状、问题及对策建议
—— 基于高校学报出版质量综合评估数据所作的分析

高校学报出版质量综合评估课题组

2012年至2013年,新闻出版广电总局新闻报刊司委托中国新闻出版研究院传媒研究所承担《高校学报出版质量综合评估》项目。本次参评高校学报为总局新闻报刊司年检数据库中提取的2011年的含有"学报"字样的期刊,共1 554种,其中含"大学名称+学报"字样的1 448种、专业学报96种。包括高校自然科学学报、社会科学学报、党校学报、管理干部学院学报、社会主义学院学报、职业大学学报、专科学校学报,不含军事类院校刊物。通过对评估数据的分析研究,我们对高校学报出版质量的现状及存在问题得出一些结论。具体如下:

一、高校学报出版质量现状及存在问题

(一)北京、上海等东部地区优等级高校学报的数量高于中西部地区

从各地区拥有优等级高校学报的品种数量来看,超过20种的地区有1个,即北京,在全国优等级学报中占比14.48%;10~15种的地区有3个,分别是江苏(10.34%)、上海(8.28%)、陕西(6.90%);6~9种的地区有9个;1~4种的地区有10个,主要集中在华中、华南;8个地区没有优等级高校学报,分别是内蒙古、海南、贵州、云南、西藏、青海、宁夏、新疆,除海南外,全部集中在西部经济欠发达地区和少数民族地区。13个地区超过全国平均水平,多集中于东部沿海地区。

（二）中央部属高校学报出版质量得分高于地方所属高校

从主管单位来看，部委级高校学报的平均分为70.87分；省级高校学报平均分为61.23分；市级高校学报平均分为58.31分。部属高校学报出版质量得分高于地方所属高校。

在优等级学报中，部属高校学报87种，占比为37.18%；省属高校学报57种，占比为5.55%；市属高校学报1种，占比为0.53%。在差等级学报中，部属高校学报5种，占比最少，为2.14%；省属高校学报111种，占比为10.81%；市属高校学报29种，占比最多，为15.51%。表明，在优等级学报中，部属高校学报数量最多，省属高校学报次之，市属高校学报最少；而在差等级学报中，部属高校学报数量最少，省属高校学报次之，市属高校学报最多。

（三）高职高专、管理干部学院、社会主义学院等类别的高校没有优等级学报

本次参评的高职高专类高校学报共172种，其优等级学报为零；良等级学报有63种，在全部良等级学报中的占比为10.88%；中等级学报为83种，在全部中等级学报中的占比为14.34%；差等级学报为26种，在全部差等级学报中的占比为17.93%。

本次参评的管理干部学院、社会主义学院类学报共86种，这两类学报在优等级学报中的占比为零；良等级学报有31种，在全部良等级学报中的占比为5.35%；中等级学报有42种，在全部中等级学报中的占比为7.25%；差等级学报为13种，在全部差等级学报中的占比为8.97%。

（四）高校学报出版能力建设水平低于其他方面，而出版能力是区分不同等级学报的最主要因素

在基础建设条件、环境资源条件、出版能力和经营能力4个一级指标中，高校学报基础建设条件、环境资源条件的平均分分别达到97.06、89.69，高于4项指标的平均分81.14；而出版能力和经营能力的平均分分别为77.07和73.68，低于4项指标的平均分。由此可知，高校学报基础建设条件、环境资

源条件水平良好，而出版能力和经营能力水平较低。

根据指标体系赋分权重，出版能力是决定不同等级的决定性因素。例如，以优等级学报和差等级学报相比较，基础建设条件、环境资源条件、经营能力三项指标得分相差不大，优等级学报三项得分的平均分分别为97.06、89.69、73.68，差等级学报三项得分的平均分分别为93.82、84.43、67.96；而出版能力方面则差距巨大，优等级学报的平均分为77.07，差等级学报的平均分为27.69，二者相差50.01分。

（五）高校学报基础建设条件表现优异

高校学报基础建设条件总平均分为96.23分，其中优等级学报基础建设条件平均分为97.06，而差等级学报基础建设条件平均分也达到了93.82，与优等级学报的此项平均分相差仅3.24个百分点，差距很小。表明参评高校学报在基础出版条件、体制机制建设、出版规范管理方面情况都比较好。但是，在基础建设条件方面也存在一些问题，如还有少数学报的人均办公面积不足5平方米，最少的仅有1.5平方米等。

（六）环境资源条件总体表现良好，但是主管主办单位对高校学报的资金支持力度仍然偏弱

高校学报环境资源条件总平均分为89.69，比基础建设条件分数略低，属于良好，其中优等级学报环境资源条件平均分为97.06，而差等级学报环境资源条件平均分则为84.43，与优等级学报的此项平均分相差12.63个百分点。表明环境资源条件方面，优等级学报和差等级学报在队伍建设、主管主办单位支持等方面有一定差距，但差距不大。在环境资源条件方面存在的主要问题，一是主管主办单位资金支持额度不足，虽然大多数主管主办单位对于学报都给予了支持，但从平均支持额度来看，仅有14.68万元，这对于刊物的正常运作是远远不够的；二是得到专项经费资助的学报偏少，只有不到100种的刊物获得资助。

（七）高校学报学术水准低于学术期刊的平均水平，但自然科学类高校学报学术水准与学术期刊的平均水平相比并不逊色

一直以来，人们对高校学报学术水准的认识存在误区，即认为高校学报学术水平不如专业性学术期刊。由于评价机构很少提供学术期刊的平均水平，因此不容易对高校学报的学术水准与学术期刊的专业性学术水准进行比较。目前，只有《中国科技期刊引证报告（扩刊版）2012年版》提供了学术期刊4项指标的平均值，分别是：总被引频次957次/刊，影响因子0.390，他引总引比0.91，基金论文比0.249。

总体来看，高校学报4项学术指标的平均值分别为：总被引频次：535次/刊，影响因子0.338，他引总引比0.955，基金论文比0.427。前两项均低于专业性学术期刊的平均值，后两项则高于平均值。不过从自然科学类高校学报来看，其总被引频次739.31次/刊，影响因子0.4，他引总引比0.93，基金论文比0.57，除总被引频次外，其他3项均高于专业性学术期刊的平均值，说明自然科学类高校学报的学术水准与专业性学术期刊的平均水平相比并不逊色。

（八）高校学报编印质量总体较好，但部分学报问题突出

在编印质量方面，高校学报整体状况较好，但是部分学报问题仍然比较突出，需要引起高度重视。具体情况如下：

1. 编校质量

差错率在零到万分之一的学报共373种，占学报总数的25.76%；万分之一到万分之二的学报共409种，占学报总数的28.25%；万分之二到万分之三的学报共260种，占学报总数的17.96%。经统计，共有71.97%的高校学报差错率在万分之三以内，差错率高于万分之三的学报共406种，占比为28.03%，其中差错率在万分之五以上的学报有174种，占比为12.02%。说明部分高校学报编校质量堪忧。

2. 出版形式规范

在参评高校学报中，只有92本刊物有出版形式规范问题，占总数的6.3%。总体来看，情况良好。

3. 印装质量

本次高校学报评估中没有发现印装质量方面的问题。

（九）高校学报发行量（纸质版）偏低，绝大部分在 3 000 册以下，平均期发行量仅为 1 200 册

本次参评的高校学报中，平均期发行量在 3 000 册以下的为 1 352 种，占总数的 93.37%，其中平均期发行量在 2 000 册以下的为 1 334 种，占总数的 92.13%，平均期发行量在 1 000 册以下的为 1 005 种，占总数的 69.40%。而参评高校学报平均期发行量的平均数为 0.12 万册。由此可见，高校学报（纸质版）发行量总体很低，出版规模很小。

在优等级学报中，9 种学报的平均期发行量在 3 000 册以上，其余的低于 3 000 册。在差等级学报中，9 种学报的平均期发行量在 3 000 册以上，其余的低于 3 000 册，二者情况完全相同。这说明，无论优等级还是差等级学报，其纸质版发行量偏低的情况相同。

（十）拥有数字出版能力的高校学报不到一半，高校学报数字出版能力建设任重道远

根据指标体系，数字出版包括以下内容：办有一级独立域名的网站；出版手机杂志；出版网络版多媒体数字期刊；开展电子商务；建有户外视频播报；拥有 IPTV 资质或已经开展相应业务；出版移动终端内容产品；其他。本次参评的高校学报中，666 种学报具有一定的数字出版能力，占总数的 46%；782 种学报不具备数字出版能力，占总数的 54%。说明我国高校学报数字出版建设水平较低，还有很大的发展空间，需要做出更大的努力。

（十一）高校学报（纸质版）整体海外发行能力较弱，其中优等级学报（纸质版）海外发行能力相对较好

本次参评的高校学报中，仅有 222 种在海外有发行，占比为 15.33%，由此可见，从整体上看，高校学报（纸质版）在海外的发行能力较弱。

在优等级学报中，2011 年有海外发行的高校学报（纸质版）有 62 种，没

有海外发行的有83种。在差等级学报中，2011年有海外发行的高校学报（纸质版）有9种，没有海外发行的有136种。二者相比，优等级学报与差等级学报在国际化方面差距明显。另外，优等级学报拥有海外发行能力的学报占到拥有此项能力学报的28%，近三分之一，说明优等级学报的海外发行能力相对较好。

（十二）高校学报年平均收入不到十万元，整体经营情况不容乐观

本次评估中，参评高校学报年平均收入为9.79万元。从收入分布来看，97.44%的高校学报无广告收入，64%的学报没有发行收入，93.65%的参评高校学报没有新媒体收入，70%的学报没有其他收入。因此，总体来看，参评高校学报的年平均收入与一本高校学报每年需要的投入相比是很低的，说明除个别学报外，高校学报整体经营情况不容乐观。

二、提升高校学报出版质量的意见和建议

通过对评估结果进行分析，我们发现，高校学报在基础建设条件、环境资源条件方面表现良好，经营能力普遍较差，而出版能力则是决定学报等级的最主要因素。因此，高校学报在保持自身优势的同时，还需要采取有力措施，使出版质量得到更大的提升。

（一）开放办刊，吸引优质稿源，提高高校学报学术水准

在出版能力中，学术水准分数较低是部分学报落入差等级的主要原因。例如，在学术水准方面，除了他引总引比外，差等级学报与优等级学报相比，其总被引频次、影响因子、基金论文比、Web即年下载率4项指标的平均值都有明显差距，其中，总被引频次相差1 037.56，影响因子相差0.43，基金论文比相差0.49，web即年下载率相差10.29。这说明差等级学报在学术水准方面与优等级学报还有很大距离。

当前，许多学报在积极实践"开门办刊"的理念，并收到了较好的效果，但仍有不少高校学报办刊目的是为本校教师提供发表论文的园地，使得这些高校学报成为综合性"大拼盘"，甚至被异化为评职称的工具。这种内向型定位和缺乏在更大范围进行学术交流的做法阻碍了部分学报出版质量的提高。因此，提高学报学术水准的一个重要途径就是开放办刊，吸引校外优质稿源，通过兼收并蓄，集学术精华，提升学报的学术品位和出版质量。

因此，对于那些习惯于"闭门造车"或"近亲繁殖"的高校学报来说，要将"开门办刊"作为一项重要的工作抓紧抓好，以尽快提高刊物的学术质量和水平。

（二）严格三审三校制度，提高高校学报的编校质量

从此次评估数据分析可知，"优""差"两个等级的学报，拉分差距最大的项便是编校质量，例如，编印质量方面[①]，优等级学报编印质量最高分为100.00，最低分为31.52，平均分为85.82。其中编校质量差错率为零的有6种，差错率在万分之三以内的有138种。这说明，优等级学报编校质量总体优秀。而差等级学报编印质量最高分为83.21，最低分为3.35，平均分为11.70。其中编校质量差错率为零的一种也没有，差错率在万分之三以内的仅有3种，差错率在万分之三以上的高达142种。由此可见，差等级学报其编校质量方面的问题非常严重，应在思想上给予高度重视，并采取相应措施提高学报的编校质量。

首先，要制定严格的审读、定稿等制度，杜绝人情稿，以制度约束，从源头抓起。其次，严格三审三校制度，严把编辑加工质量关。第三，认真贯彻国家颁布的相关标准，语言、符号、数量、单位等的用法要符合国家标准，英文词法、语法、时态、语态等要符合国际要求。第四，切实落实好各种学术出版规范。

[①] 编印质量包括编校质量和出版形式规范及印装质量两个指标，后者整体状况良好，主要差距反映在编校质量方面。

（三）积极探索高校学报的数字化转型

过去，高校学报多数没有独立的网站，学报网页也多为静态的，而现在很多高校学报或者已经独自建立了网站，或者依托学校的同一个网站平台，或者采取不同的方式实现了分别上网。评估数据显示，当前近一半高校学报已经具有数字出版能力。这一方面说明高校学报数字化建设已经有了长足的进步，另一方面也说明，对于大多数高校学报来说，加大数字出版能力建设仍然是当务之急。

在学报数字出版能力建设中，优等级学报数字出版能力大大强于差等级学报。在优等级学报中，拥有一项以上数字出版内容的学报有98种，一项也没有的学报有47种；而在差等级学报中，拥有一项以上数字出版内容的学报有30种，一项也没有的学报有115种。二者差距很大。然而，总的来看，无论是优等级还是差等级的学报，都面临着继续加大数字出版能力建设的任务。

建议高校学报编辑部和学报主管主办单位提高认识，加大投入，积极探索高校学报的数字化转型，使高校学报数字化水平再上新的台阶。

（四）大力提高高校学报的国际化水平

本次评估显示，高校学报在国际化方面的情况不容乐观，因为只有222种学报在海外有发行，占总数的15.33%。因此，提高高校学报国际化水平是高校学报当前面临的任务。

当前，建设一流的学术期刊数字出版平台已成为学术期刊集群发展的核心竞争要素，也是我国学术期刊走向世界的关键。迄今为止，我国已有几个比较成熟的期刊网络集成平台，也有和国际有关机构成功合作的先例，但这些集成平台还普遍存在知识产权不明、期刊数据不全、检索方法不一、查询时间过长、品种互相重复等弊端，亟须吸取西方成熟的科技期刊集成平台的经验加以整顿和完善。因此，我国高校学报应抓住期刊出版体制改革的机会，适当整合一些国内外出版和网络资源，建设一两个期刊规模庞大、网络技术领先、经营管理规范的编辑、出版、发布和利用平台，吸引更多更高质量的学术期刊加入，从而尽快提高我国高校学报的国际化水平。

（五）适当放宽"编营分离"模式的适用范围，推动高校学报编辑部转企改制

从本次评估对学报经营能力和发行能力的数据分析可知，高校学报经营能力的低下和发行规模的弱小以及在数字化冲击下的下行趋势，对正在进行的报刊编辑部体制改革构成了严重的阻碍。

关于高校学报改革的争论一直都没有停止，一个最主要的原因是认为高校学报经营能力太弱，一旦转制为企业，将难以生存。从数据表现出来的情况看，这个理由也是成立的。当然，如果并入本校出版社，那么资金上还有保障，但是出版社也将面临对进行高校学报长期补贴的问题，这对于出版社来说是否愿意长期负担，还是将学报改为更加赚钱的市场化刊物，也是一个问题。如果转制为期刊企业，则将会面临生存困难，一些优秀的高校学报或将因此停办。并入其他新闻出版企业或者专业性期刊出版传媒集团公司，能够解决办刊资金问题，但是面临高校是否愿意放弃办刊的阻力。

《关于报刊编辑部体制改革的实施办法》对于科技期刊和学术期刊改革提出了一条新的路径，即"对于在国家基础学科和前沿学科中具有领先水平、能代表国家学术水准，并入新闻出版传媒企业或转为期刊出版企业条件不成熟的重点科技期刊和学术期刊编辑部，可暂时保留，但要建立由科研部门分别编辑、出版企业统一出版发行的运行模式，依托大型新闻出版传媒集团公司搭建学术出版经营平台"。

这种将编辑、经营相分离的改革模式，是国际上通行的做法。从 Elsevier、Springer 等国外知名期刊出版公司的经验来看，学术期刊编辑单位一般只负责内容制作，而将排版印刷、在线出版、版权合作及营销发行等环节交给专门的出版单位。目前这一模式的适用范围较窄，仅限于部分重点科技期刊和学术期刊编辑部。针对目前高校学报经营能力较弱、发行量较低的实际，建议放宽这种改革模式的适用范围，采用"编营分离"的办法，对高校学报进行改革。这样一方面能保证高校对学报的资金支持，另一方面也能实现其经营的市场化运作。

（本文为《高校学报出版质量综合评估》部分成果。课题组成员：李晓晔、张晓斌、杨春兰、李文竹、孔娜、查国伟、赵刚。执笔人：李晓晔、杨春兰、李文竹）

2013中国期刊业：寻求突破与融合

杨春兰

2013年，中国期刊业经历着时代给予它的喜怒哀乐，走过了属于它的春夏秋冬。一方面，首届期刊博览会在武汉成功举办；改革进一步推进，通过整合小而散的出版单位来盘活和优化期刊资源；学术期刊得到国家层面的重视，国家出版基金开始扶持学术期刊，20家期刊社入选"数字出版转型示范单位"；国家新闻出版广电总局整治非法期刊，为期刊业发展提供健康有序的环境……这些举措和活动让我们对期刊业的繁荣与发展充满期望；另一方面，纸刊零售和广告双双下滑、停刊事件频仍让期刊人倍感无奈与纠结。可喜的是，我们的期刊人敢于正视挑战，把握机遇，从内容、经营、品牌、渠道、技术、管理等各个方面寻求突破。

一、2013年中国期刊业发展特点

（一）纸刊零售呈下滑趋势，期刊广告初显负增长

根据世纪华文的统计数据显示，2013年上半年，我国期刊整体平均销量呈下降态势，但各类期刊表现不一，有的期刊类别下滑明显，如财经类、育儿类、男性类等，有的期刊类别下降不明显，也有一些类别不降反升，如动漫类、文摘类、摄影类、女性类等[1]。在销售终端方面，2013年，作为期刊销售主渠道之一的报刊亭大面积减少，南京近一半报刊亭被拆除，郑州也拆掉了最

---

[1] 晋雅芬：《市场表现：平均销量下滑，马太效应突显》，《中国新闻出版报》2013年8月20日。

后一家报刊亭。这对于处于危机中的传统期刊业而言，无疑是雪上加霜。

2013年，期刊广告市场也遭遇寒潮，据梅花网广告监测数据显示，2013年上半年，期刊媒体广告花费整体下降7%，广告量下降10.4%，期刊媒体结束了长期以来的增长势头，呈现负增长。

（二）停刊事件频发，部分刊物悄然退出

如果说2012年岁末，全美第二大新闻杂志《新闻周刊》停止印刷纸质版的消息只是让我国期刊界感受到了阵阵寒意的话，那么2013年我国纸刊的表现足以再次引发期刊人"寒冬是否真正来临"的深思。一方面是纸刊的整体平均销量下降、广告初显负增长；另一方面是停刊事件频发，部分刊物悄然退出市场。

2013年5月21日，科幻世界杂志社官方微博发布公告，"很抱歉不能继续陪大家飞下去"，公布旗下的奇幻文学杂志《飞·奇幻世界》出刊至2013年第6期后将停刊。7月8日上午5点，《南方能源观察》杂志社执行总编蒋志高通过微博称："据悉，《好运MONEY+》八月初出最后一期。"当日下午1点左右，前《环球企业家》杂志副主编仇勇也通过微博宣布："一个消息：《好运Money+》也停刊了……"另外，在2013年连续4个月未出刊的《万象》杂志，尽管其编辑部回应说不会停刊，但连续4个月未出刊、消费者收到退款的事实也足以让人们对此有种种猜想。《大众软件》《家用电脑与游戏》《时尚生活》《轻音乐》等一批刊物皆因经营困难而选择停刊。此外，甚至发不出工资和稿费的"僵尸纸媒"更是不胜枚举。

（三）内容、发行双驱动，转型进入"快车道"

阿里巴巴集团主要创始人之一马云曾说："变革是痛苦的，但我们要是不变革，未来会连痛苦的机会都没有！"2013年，处于转型期的期刊业，痛苦在所难免，幸运的是，他们没有在痛苦中沉沦，而是在夹缝中奋力前行。

2013年，一些老牌期刊继续利用其品牌优势加大对数字化的投入，并取得了一定成效。如《青年文摘》，早在前几年就成立了新媒体部，2012年实现收入300多万，预计2013年的收入将达到400万。《故事会》寻找新活法，正在

把编辑团队变成可以进行多媒体创作的团队,相继开通了故事中国网、旅游天地网,并推出手机终端产品。一些期刊市场的新面孔在数字化方面捷足先登,它们从创刊之日起,便与数字化结缘,如2012年8月6日创刊的《壹读》杂志在一年多的时间里在线上线下、平媒与"屏媒"之间互动挪移,没有主次之分,一个团队两种产品多个渠道,风生水起,让人们看到数字化媒体环境下传统杂志寻求突破的更多可能性。此外,《好孩子画报》从无声变为有声,也引发了人们对有声杂志市场前景的思考与探讨。

2013年,期刊业的数字化发行成为亮点之一,在"双11"期间,杂志铺、当当网等电子商务平台推出期刊全场5折订阅优惠活动,一些期刊当天创下订阅上千册的纪录。此外,期刊社在淘宝上开店,参加聚划算团购,更成为2013年的常态。

(四)"去纸化"生存露端倪,融合显成效

2013年,中国期刊业出现了"去纸化"生存的现象。6月,从《看历史》出走的唐建光又重新回归"历史"。然而,有着杂志情结的唐建光这一次并没有选择纸质杂志,而是带领团队毅然投身新媒体,创建新历史合作社,打造数字产品品牌"我们的历史"。虽然目前的订阅情况并不理想,但这种致力于将自己打造成一个跨媒体平台的探索,将会对期刊数字化发展起到推动作用。此外,2013年,《他生活Hislife》也宣告停刊,只保留网站转做新媒体①。这种"去纸化"生存在办刊实践、赢利模式等方面还都处于摸索阶段,要到达成功的彼岸还有很长的路要走,但这种尝试毕竟让人们看到了数字化浪潮中期刊人的勇敢与努力。

(五)投身公益慈善,期刊的社会责任意识凸显

慈善公益是现代文明的象征之一,近年来,越来越多的媒体也投身其中。2013年,中国期刊业不忘自己的社会责任,投身公益,亲力亲为,一方面成为社会公益慈善事业的重要组成部分,另一方面也提升和维护了自己的品牌。

---

① 李赢:《一周内多家杂志宣布停刊 纸媒"寒冬是否已经"到来?》,http://jjckb.xinhuanet.com/2013-07/15/content_455687.htm[2013年7月15日]。

2013年，家庭期刊集团与中国红十字基金会和谐家庭公益基金合作，主办了"百种中国家庭藏书书目公益推荐活动"。《时尚芭莎》与中华思源工程扶贫基金会合作，以"慈善，中国梦心启航"为全新理念，将约6 222.2万元的募款用于为贫困地区县乡镇医院、中心卫生院和城市社区卫生服务中心捐赠救护车的"思源救护"项目，以及联合中国扶贫基金会的"筑巢行动"项目。由《读者》杂志、中华少年儿童慈善救助基金会、北京光彩明天儿童眼科医院共同发起的"《读者》光明行动"正式启动，将免费为贫困家庭12岁以下的弱视孩子进行治疗，自3月底在中华儿慈会官网设立募款平台以来，已募集善款30余万元。《新商务周刊》坚持倡导"一方有难，八方支援"的公益理念。4月20日四川雅安发生地震后，杂志立即撤下当期（4月29日~5月12日）封二的商业广告，发布"守望相助 雅安平安"公益广告，并在卷首语和图说栏目均宣传抗震救灾，传递正能量。

（六）瞄准台湾，期刊成为推动两岸文化交流的重要载体

2013年，期刊媒体在推动两岸文化交流方面表现突出。一是进行版权合作。如由《福建画报》和台湾《前锋招标日报》合作出版的海峡两岸第一本高端视觉人文杂志《海峡画报》，在台湾成功落地发行，闽台媒体合作出版画报并在台湾落地发行在全国尚属首例；新华文摘杂志社与台湾城邦媒体控股集团合作推出《新华文摘》中文繁体字数字版，是两岸出版界以期刊版权合作形式深化两岸文化交流的重要项目。

二是通过创新编辑模式开启两岸交流的全新之旅。5月26日，首个两岸媒介文化发展协同创新基地在福建师范大学传播学院揭牌，该基地由福建师范大学传播学院、台湾世新大学新闻传播学院和《两岸传媒》杂志联合发起。作为该基地两岸三个发起方之一，《两岸传媒》此举再度引起两岸传媒业界的关注。自2011年创刊以来，《两岸传媒》以50%+50%的内容创意带来的观点碰撞为两岸读者带来全新的阅读体验的同时，也为两岸文化的交流与融合注入了活力。据了解，《两岸传媒》的两个版本内容虽然相似度达到80%，但在设计风格与文章编排方式上却各具风格。除了外观迥异，读者仔细阅读杂志内容，也会发现共同主题策划下所采访到的两岸内容呈现出相当大的差异性，放在同一主题中甚至可以形成对比阅读的效果，让读者可以感受到对岸在思维方式、行

业特点以及观点上的异同,进而激发读者的进一步思考①。

三是一些品牌期刊通过推广活动来增进两岸的文化交流。入台两年多的《读者》在台南举办读者阅读分享会,据了解,《读者》在全台一些连锁书店和便利商店零售,订户约 8 000 个,遍布台湾每个县市和离岛地区。目前,《读者》在 500 辆计程车上投放了杂志,4 月起增至 1 900 辆,另外在一些连锁咖啡店也有投放②。

(七)期刊利用微博、微信等社交媒体开展营销和提升品牌活动

继 2012 年 8 月 15 日老牛(《创业家》杂志主编牛文文)通过转发微博赠送 8 万本杂志而尝到微博营销的甜头以后,2013 年,"老牛送杂志"的第二季活动再度引起网民的关注。与 2012 年不同的是,2013 年的《创业家》联合了酒仙网,"一本杂志 + 一瓶美酒"开创了"创、酒"双赢的模式。据有关数据显示:在短短两天时间内,微博转发超过 10 万。两家企业也由此将收集到 10 万名粉丝的微博名、真实姓名、地址及电话,其中不乏两家企业的潜在客户,通过对这些粉丝资料的分析,在今后内容的针对性和广告投放的精准性方面必然有其优势。

尽管这种通过转发微博赠送刊物和美酒的营销模式,在营销成本和效果方面也受到人们的质疑,但是《创业家》利用微博线上活动来传递观点、提升杂志品牌的探索与尝试不失为一种创新。

无独有偶,《家庭》杂志利用微信平台提升期刊品牌的活动也同样收到了较好的效果。2013 年 12 月 12 日,《家庭》杂志通过杂志官微、微信公众账号"饭米粒"开展示爱活动,为那些富有创意、满含深情的示爱捧场,并拍下在路边帮助参与者示爱表白的照片,发给参与者。

(八)"两统一"创新期刊出版模式,学术期刊"编营分离"有了新进展

伴随着非时政类报刊改革的推进,学术期刊的改革成为牵动期刊人神经的

---

① 晋雅芬:《50% + 50%,〈两岸传媒〉的融合之旅》,《中国新闻出版报》2013 年 6 月 18。
② 佚名:《〈读者〉在台觅知音》,《中国新闻出版报》2013 年 4 月 9 日。

一个话题。2012年,原国家新闻出版总署出台的《关于报刊编辑部体制改革的实施办法》提出,对于在国家基础学科和前沿学科中具有领先水平、能代表国家学术水准,并入新闻出版传媒企业或转为期刊出版企业条件不成熟的重点科技期刊和学术期刊编辑部,可暂时保留,但要建立由科研部门分别编辑、出版企业统一出版发行的运行模式。其实,这种"编营分离"的模式早在若干年前,北京中科期刊出版有限公司(以下简称"中科期刊")和中华医学会系列期刊群就在进行着有益的实践,前者汇聚了270多种专业科技期刊,每年出版科技论文3万余篇[1]。同时,每年都会有20多种新的期刊加入,形成了以地球科学、生命科学、技术科学等为主体的科技期刊学科集群;后者由于历史原因,其127种杂志的管办关系比较复杂,但其"编营分离"的出版模式以及在集约化、规模化发展方面的经验值得我们借鉴和学习。

2013年,中国社会科学院启动的院属期刊改革使得"编营分离"的出版模式有了新进展。中国社会科学院将近七八十种院属期刊委托社科文献出版社统一印制、统一发行,科学配置期刊资源,增强了出版传播能力,这既是学术期刊出版模式的创新,也是报刊编辑部体制改革的一项有益探索。有人评价说,这是一场"势在必行的改革、循序渐进的改革、阻力最小的改革、重在长远的改革"[2]。

二、中国期刊业发展趋势

2013年,中国期刊业依然被众多问题困扰,比如资金问题、人才问题、数字化转型与媒介融合问题、提升期刊主业与多元经营相冲突的问题,等等。也许这些,都是发展道路上不可回避的现实。展望2014年,中国期刊业将呈现以下趋势:

---

[1] 鞠大伟:《科学出版集团 打造期刊大平台》,《出版商务周报》2011年3月29日。
[2] 王玉梅:《"两统一"引发的改革探索》,《中国新闻出版报》2013年3月27日。

（一）在媒体转型和融合过程中，注重用户体验将成为一种趋势

新媒体的崛起和媒体融合的深入推进，使传媒业态发生了极大的变化，期刊从业者所面对的工作环境也发生了巨大的改变。原来"媒体→受众"的单向传播模式被"媒体⇌用户"的双向互动传播模式取而代之，原来被动接受信息的受众，开始自主使用沟通工具，可以和编辑平等地交流，成为媒体的消费者和用户。于是，能否满足用户需求，能否让用户有一个很好的阅读体验，将成为未来期刊竞争是否成功的重要筹码之一。

巴西 Abril 集团是拉丁美洲最强期刊控股集团之一，其旗下的每一种杂志在同类型的杂志市场中几乎都是佼佼者。集团杂志的发行总量占到巴西期刊发行量的 55%，而在巴西的杂志广告市场中，Abril 集团更是囊括了 62% 的市场份额。Abril 集团主席范罗伯托·齐维塔说："我们的经历证实了一件事，那就是要办一本真正成功的杂志，你首先要非常明确办它的目的，然后全身心地为读者奉献最好的内容。你的杂志要讲实话，而不要让政府、广告主、朋友，甚至是公司股东影响了它的内容。不要挑战读者的智商，要用敏锐的嗅觉时刻洞察读者品位及兴趣的变化，从而最大限度地为他们提供一本内容充实、文笔精彩且富有吸引力的好杂志。"[①]

在这个全新的数字化时代，出版商们必须以"顾客就是上帝"的理念来服务读者和广告主，这或许是当下全球杂志出版商都必须要做出的共同选择。那么，期刊如何才能让自己的内容进入用户的视野，或者被他们乐意去主动搜取？这是令许多期刊当家人纠结的问题，同时也揭示期刊发展必须面对的一个趋势。

（二）大数据时代，对数据进行细分、挖掘，从而提供精准、个性化的服务是期刊业发展的趋势之一

大数据时代，海量信息和数据本身并不具有什么意义，而对信息和数据进行细分、挖掘和分析、利用，从而为用户提供精准、个性化的服务才是其真正的价值和意义所在。对于期刊从业者而言，增强服务意识，深度挖掘用户信

---

① FIPP 国际杂志媒体联盟、INNOVATION 创新国际媒体咨询集团：《2013 世界杂志媒体创新报告》，彭一骏、谭海燕编译，2013 年。

息,提供个性化的服务将成为未来发展趋势之一。

Targeted Media Inc 总裁罗伯特瑞夫在接受《AdAge》采访时讲道:"铺天盖地的数字化浪潮正逼着我们去创造属于自己的个性化服务,而这仅仅是数字化向平面媒体'示威'的众多方式之一。"来自法国的广告代理公司 Loyalty Expert 在得到了全部《Action Commercial》杂志订阅用户的信息后,建立了一个包含这些杂志读者商业兴趣和相关资质的数据库。接着,他们设计了 20 种图文并茂的模板,把数据库中的每条最新个人信息融合进相应的模板中去,最终打造出了 12 000 本不同封面的《Action Commercial》杂志。另外,《Harper's Bazaar》杂志也专门为其 30 万订阅读者每人都制作了一幅印着自己姓名的独立页面。[①]

未来的杂志媒体,如何实现从 MAGAZINE 到 MY MAGAZINE 的转变,成为摆在期刊人面前亟待解决的问题之一。

(三) 利用社交媒体进行数字化营销和转型将成为一种趋势

在这个杂志业"四面楚歌"的时代,社交媒体为我们开辟出了一条到达和影响读者的捷径。社交媒体的优势:一是其拥有庞大的、精准的用户,二是用户间深度互动所带来的传播面和覆盖面。而这恰恰是传统媒体所欠缺的,也恰恰与杂志的专业化、小众化发展的倾向相吻合。2013 年,《创业家》杂志和《家庭》杂志利用微博、微信进行期刊营销和品牌提升的活动,都取得了较好的效果。此前最早一批拥抱新浪微博的杂志如《新周刊》也获得了红利。

在这方面,国外期刊也为我们提供可资借鉴的典型。《ELLE》在把他们为美国新生代女演员克里斯丁·斯图尔特拍摄的一组照片放上社交媒体后,杂志的订阅量在一天之内就翻了一倍。截至 2012 年底,《Runner's World》在不到 100 天的时间里将其 Twitter 的粉丝数量由 100 000 人提升至 484 463 人。《心理时间》(Philosophy Now)杂志创建了一个名为"八方来聚"的页面,为读者提供了一个可以面对面讨论心理话题的平台。时至今日,已经有来自 6 个国家、

---

① FIPP 国际杂志媒体联盟、INNOVATION 创新国际媒体咨询集团:《2013 世界杂志媒体创新报告》,彭一骏、谭海燕编译,2013 年。

26 个城市的 11 000 位用户加入到了 33 个不同的组群中。①

在这个信息供过于求的时代，杂志内容不仅需要高品质，善用社会化媒体扩大影响力最终产生增值也显得尤为重要。因为未来的期刊转型中，如果能将以"朋友"为圈子的社交媒体的优势与期刊数字化有效结合，传统期刊成功转型的概率也将增加几成。

（四）传统期刊利用移动互联技术实现媒介融合将成为一种趋势

2014 年 4 月 14 日，中共中央政治局委员、中宣部部长刘奇葆在推动媒体融合发展座谈会上明确指出，现在正进入融合发展阶段，要利用移动互联技术实现弯道超车。当前，智能手机、平板电脑等移动终端已成为人们获取信息的最主要手段，有人认为未来的世界将是移动互联的世界。

2013 年，传统期刊业在移动终端方面也进行了探索。《Vogue 服饰与美容》iPad 杂志正式登陆苹果全球 App Store；《世界时装之苑 ELLE》正式推出第一本原创多媒体风尚电子期刊《ELLE +》，专为时尚精英女性打造别具一格的移动终端产品；时尚传媒集团和现代传播集团继续增加 iPad 杂志品种，试图在移动终端上同样延续纸媒的影响力和传播力；《三联生活周刊》《城市画报》《男人装》《时尚先生》《创业家》《名车志》等入驻微信公众平台的期刊达 200 多家……在这个转型与融合的时代，移动化媒体是趋势，移动互联网是未来，传统期刊建立互联网思维、瞄准和利用移动互联网技术、实现融合发展将成为一种趋势。

（五）学术期刊的评价体系将由以"刊"为单位向以"文"为单位转变

近年来，以文献计量学三大经典理论"文献聚散定律""引文集中定律"和"文献老化指数和引文峰值理论"共同构成理论基础的核心期刊评价，在学术界和社会上影响最为广泛深远。这种以"影响因子"为核心的评价体系，其评价的对象是以"刊"为单位，其反映的实质是整本刊物的影响力，这种评价

---

① FIPP 国际杂志媒体联盟、INNOVATION 创新国际媒体咨询集团：《2013 世界杂志媒体创新报告》，彭一骏、谭海燕编译，2013 年。

体系的缺点和不足显而易见：第一，它难以反映刊物的真正学术水平，充其量只是它的影响力而已；第二，它对于学术期刊核心组成部分——学术文章的评价没有涉及。

一直以来，不少机构都在努力要改变这种现状，中国人民大学书报资料中心已连续发布13年的"人文社科学术期刊与教学科研机构排名榜"，便是基于同行评议的学术期刊评价新体系。教育部"中国科技论文在线"更是引入"先发后审"的机制，打破传统出版物的概念，免去传统的评审、修改、编辑、印刷等程序，给科研人员提供了一个方便、快捷的交流平台，提供及时发表成果和新观点的有效渠道。在这方面，人大数媒科技有限公司也在进行数字出版的实践和尝试。那么未来的学术期刊出版，将很有可能打破"刊"的概念，读者搜索的是能直接满足需要的"论文"。那么在数字出版环境下，如何对"文"本身进行科学有效的评价将成为一种趋势。据笔者了解，国内一些重要的评价机构都正在进行着这方面的探索和尝试。

（六）面对激烈竞争，纸刊提价或成为一种趋势

在经历了2007年至2009年的纸媒提价潮以后，近年来，不少纸媒都以改版、增加页码为由进行了提价。2013年，部分期刊也陆续加入了即将涨价的行列，拟在2014年提高刊物的价格。如《特别文摘》拟由2013年的5元/期涨到2014年的8元/期，《故事会》拟由2013年的3元/期涨到2014年的4元/期，《读书》拟由2013年的8元/期涨到2014年的10元/期。此外，据笔者了解，部分学术期刊也在酝酿提价。还有一些刊物由于对提价带来的风险难以预估，所以仍然处于观望状态，一旦时机成熟，也会采取相应的措施。

那么在纸媒发展的低谷采取提价策略，对于期刊的发展到底是利还是弊？不同的人会有不同的见解。有人认为，文化消费不同于日常消费，只要读者认准了你的品牌，不会因为几元钱的涨价而放弃购买这本刊物的，而且读者的购买力也在逐年增强；有人认为，这有利于改变依靠广告的单一赢利模式，并能够提高有效发行；但也有人认为，对于大众消费类期刊不敢随意提价，否则很有可能造成读者流失，这种靠自己"绝地反击"来营救期刊业的做法不切实际。

依笔者之见，纸刊提价，对于大多数刊社来说，一方面是由于编辑运营成本上涨所致，另一方面也是纸刊应对数字化冲击和激烈竞争的无奈之举。那么通过提价策略来改变刊物生存状态的策略能否成功，很大程度上依赖于该期刊的品牌是否对读者有着足够的黏性，并且依赖于提价的时机是否成熟，提价幅度是否合理。

（作者为中国新闻出版研究院传媒研究所副编审）

2013~2014年出版物市场治理情况

张 姝

2013年,"扫黄打非"部门在全国出版物市场开展了"净网""秋风"和整治少儿出版物市场等专项行动,以及有针对性的中小学校园周边和北京整治游商集中行动等专项治理,全国共收缴各类非法出版物2 053万件,查处相关案件1万余起,较为有效地降低了非法出版物和有害信息的影响,改善了出版物市场环境。

一、总体情况

(一)打击网络淫秽色情信息

3月上旬至6月底,组织开展了网络淫秽色情信息专项治理"净网"行动,以整治网络文学、网络游戏、视听节目网站等为重点,采取集中清理网络、深入查办案件、切实强化管理、积极发动群众等一系列措施,共清理处置网络有害信息120余万条,查处违法违规网站1万余家,将1万余个备案主体和网站列入监管"黑名单"。具体措施包括:

1. 实施专项监测

分6期组织对境内淫秽色情网络文学作品、手机小说、网络杂志和网络漫画、网络视听节目、手机游戏和flash游戏等进行监测,共发现淫秽色情信息链接1 854条,涉及淫秽色情相关作品1 287部,及时进行了查处。

2. 深入查办案件

行动期间共查获淫秽色情出版物案件、网上制售传播有害信息案件 350 余起，有力地震慑了违法犯罪分子。例如，破获服务器在境外、面向境内会员的中文淫秽色情网站"一品楼论坛"案，抓获长期居留境外的主犯。

3. 约谈重点网站

先后约谈苹果公司和腾讯、快播、新浪、网易、网龙（安卓网）、百度等多家大型网站，对提供淫秽色情软件下载和登载淫秽色情信息问题提出批评和整改意见，坚决依法处罚并进行曝光。其中，对新浪、百度、天涯社区的处罚引起舆论广泛关注。

4. 加强基础管理

指导督促网站、信息服务提供商、基础电信运营企业、接入服务企业进一步落实网站接入、用户信息发布等实名登记制度，完善网站备案、域名等基础数据的管理，强化信息安全管理措施，健全对淫秽色情及有害信息快速处置的工作机制。

（二）集中整治校园周边出版物市场

7月，山西、安徽、河南、湖北、湖南、重庆、四川等7个省（市）开展中小学校园周边出版物市场集中整治行动，查缴以青少年为主要销售对象的含有淫秽色情、凶杀暴力、封建迷信等内容的出版物。具体措施包括：

1. 清查市场不留死角

七省市开展了目标明确的集中整治行动。如安徽省在行动中做到了"三个突出"，即突出检查中小学校周边方圆500米范围内的区域地段，突出检查出版物集中销售场所和批发、零售单位及报刊亭等对象，突出检查有无销售宣扬淫秽色情、凶杀暴力、黑道帮派、封建迷信、荒诞怪异等的各类出版物。安庆市发现一家书刊店销售涉黄内容书刊105本，立即收缴。亳州市发现一游商地摊销售淫秽色情光盘25张，当场依法取缔并悉数收缴。

2. 重拳出击查办案件

各地在集中整治行动中，以查办案件为重要抓手，加大刑事打击和行政处罚力度，严厉惩治违法犯罪行为。成都市集中宣判了5起中小学校周边音像店违法经销侵权盗版出版物案件。7月5日，犯罪嫌疑人吴某因租售盗版影视光盘1 126张，以侵犯著作权罪被判处有期徒刑10个月，缓刑1年，并处罚金2万元；犯罪嫌疑人倪某因租售盗版光盘1 630张，以侵犯著作权罪被判处有期徒刑1年，缓刑1年零6个月，并处罚金2万元；犯罪嫌疑人羊某因租售盗版光盘1 750张，以侵犯著作权罪被判处有期徒刑1年，缓刑1年零6个月，并处罚金2万元；犯罪嫌疑人周某因销售盗版光盘1 188张，以侵犯著作权罪被判处有期徒刑10个月，缓刑1年，并处罚金2万元。7月8日，犯罪嫌疑人严某因销售盗版光盘1 517张，以侵犯著作权罪被判处有期徒刑1年，缓刑1年零6个月，并处罚金2万元。

3. 完善机制长效监管

为了避免集中整治行动过后，各种文化垃圾卷土重来，各地注重总结经验，健全监管机制，通过"五个完善"，推进整治工作常态化。完善工作联动机制，建立了文广新、公安、工商、教育、邮政、新闻媒体等多部门的联动机制，一旦发现校园周边出版物市场存在问题，立即在"扫黄打非"办公室协调下形成合力迅速解决问题并及时曝光。完善台账监管机制，建立校园周边500米范围内出版物市场监管台账，包括该点位的名称、地点、经营人及其身份信息和联系方式、经营范围、监管责任单位和个人等内容，每季度集中上报，重大事项随时上报，做到掌握情况清楚，提高工作针对性。完善监督举报机制，通过各种形式向社会公开举报电话，举报受理人切实提高服务质量，认真记录举报内容，承办人在做好核实检查工作后，及时反馈查处情况。完善责任追究机制，根据整治工作需要，各地文化市场执法队伍按区域把执法人员分成若干小组，每组分片包干负责，小组再细分区域责任到人。层层建立责任制，把责任落实到具体人身上，实施责任追究，提高执法效能。完善日常巡查机制，在分区分片包干的基础上，通过定时执法、随机执法、交叉执法、"回头看"等方式对出版物市场展开检查，力争市场监管立体式、全天候。

（三）重点整治少儿出版物市场

9月至12月，按照中央有关部门关于加强少儿出版管理和市场整治的部署和要求，结合党的群众路线教育实践活动，开展净化少儿出版物市场专项行动，坚决收缴含有违法违规内容和非法出版的少儿出版物。

1. 加强对少儿出版物出版、印制、发行等环节的监管

开展少儿图书市场专项检查，严肃查处16家存在违法违规行为的出版单位。例如，对违规出版低俗、色情内容出版物的3家出版社停业整顿3个月。开展印刷复制企业大检查，重点查处印刷复制含有违法违规内容和非法出版的少儿出版物行为，检查印刷复制企业10余万家（次），关闭200余家。开展全国图书质量专项检查，针对存在的包装豪华、高定价低折扣等问题，曝光了106种不合格图书及处理结果。

2. 将校园及其周边列为出版物市场监管重点点位，实行巡查与网格化管理相结合的监管模式，加大检查频次和力度

行动期间共收缴淫秽色情、侵权盗版等各类非法出版物478万件。

3. 及时删除封堵含有违法违规内容和非法出版的少儿网络出版物，对存在严重问题的网站及栏目、频道责令改正或依法关闭

例如，依法关闭了登载大量包含淫秽色情、凶杀暴力等内容网络漫画的"雪儿漫画网"等非法网站。

4. 曝光了一批制售含有违法违规内容和非法出版的少儿出版物典型案件

例如，河南、山西《小状元冲刺100分·品德与社会》案，对涉案的山西晋中万嘉兴印刷有限公司停业整顿2个月、罚款3万元，对河南兰考求实书店停业整顿3个月、罚款1万元。非法制售动漫出版物《绝对领域》《菠萝志》案，对涉案的北京漫动天地文化传媒有限公司处以罚款23.9364万元，没收违法所得1.8万元。

（四）严厉打击"三假"

10月，针对假报、假刊、假记者在部分地区屡打不绝，危害人民群众切身利益，扰乱基层工作秩序，破坏新闻媒体公信力，影响社会大局稳定等现象，自10月中旬至12月中旬开展非法报刊专项治理"秋风"行动，集中打击非法报刊、非法网络报刊、非法报刊机构和假记者，深入整治违法违规编印传播的内部资料性出版物、固定形式印刷品广告，严肃处理出租、出售、转让出版权及"一号多报（刊）"问题。行动期间共查缴非法报刊80余万份。主要措施包括：

1. 突出重点

针对市场清查、印刷企业监管、报刊机构清理等重点环节，各地认真开展

整治。全国"扫黄打非"办公室先后印发两批非法报刊查缴目录，涉及 67 种非法报刊，为各地开展非法报刊市场清查提供了有力支持。四川专项审读检查时政类、少儿类报刊 101 种，清理连续性内部资料出版物 212 种、注销 67 种，确定 228 家重点检查的印刷企业，取缔游商地摊 900 余个。甘肃注销《中国消费者报》《中国艺术报》等 5 家报社的甘肃记者站，缓验《中华工商时报》《中国文化报》等 4 家报社的甘肃记者站；查处存在私自出让出版权、异地设立编辑部、变更期刊名称等多种违规行为的《娱乐世界》刊物，深入查办《祖国》期刊社在甘肃非法设立记者站行为；加强对民族地区印刷企业及复印店的监管，在复印店建立复印资料台账制度，并在店内统一张贴"印刷从业提示"宣传警示诏。

2. 推动办案

及时召开忻州"8.28"、渭南"8.15"、《中国特产报》记者新闻敲诈等挂牌督办案件协调推进会，解决问题，提出要求。针对假记者案件涉案金额小、社会危害大及发现难、取证难等问题，组织开展调研，研究解决措施，推广有效做法。中央电视台《焦点访谈》等栏目介绍推广陕西发挥案发地案件查办机制和省、市两级案件协调督办机制作用，成功破获咸阳"8.15"、渭南"8.15"新闻敲诈勒索案的成功经验。

3. 密切协作

各地在查处、鉴定非法报刊方面加强协作配合，推动形成地区间非法报刊协查机制，提高打击精度和力度。上海将市场清查中发现的 14 种涉嫌非法报刊通报报刊标称地省级新闻出版部门进行鉴定，核实查处了《环球谍报》《环球军事武备》《历史博览》等一批非法报刊；安徽协调有关省（区、市）新闻出版部门对 2 批 25 种涉嫌非法报刊进行鉴定，核实查处了《新揭秘》《广西老年报·文摘·新七天》《北方新报（包头版）·新探索》等一批非法报刊。

4. 开展督查

12 月上旬，中央有关部门组成 4 个督导检查组对河北、内蒙古等 8 个重点省（区、市）开展"秋风"行动情况进行了督导检查并下发通报，要求对发现的问题及时整改。各地也开展了相应督察工作。内蒙古对呼和浩特、包头等 6 个盟市开展了为期 26 天的巡回督查，取缔 6 种非法报纸、12 种违规内部资料性出版物，查处 8 家印刷企业；山西对全省 11 个市 20 余个县进行了深入督导。

（五）打击侵权盗版出版物

全国共收缴侵权盗版出版物1 637万余件，查办侵权盗版案件3 567起，涉案金额达千万元以上的案件7起，取缔关闭印刷复制企业、"黑窝点" 1 400余家，查处违法违规出版物经营单位600余家。由于打击侵权盗版活动力度不断加大，收缴的侵权盗版出版物数量呈逐年下降趋势，2012年同比下降17%，2013年同比下降55%，市场面貌出现明显改观。

坚持将查缴盗版教材教辅和工具书摆在工作突出位置，大力开展专项检查，共查处违法违规经营单位637家，抽查中小学教辅出版物1 012种，收缴非法出版教辅材料73 757册，进一步规范了教辅市场管理秩序。对云南腾冲、临沧等地向学生发放盗版《新华字典》案进行现场督办，确保文化惠民工程落到实处，引起社会广泛关注。

世界知识产权日前，举办全国侵权盗版及非法出版物集中销毁活动，各地共销毁侵权盗版及非法出版物2 944万余件，其中河北、内蒙古、黑龙江、江苏、浙江、安徽、福建、山东、河南、湖北、广东、贵州、云南、甘肃等14个省、自治区的销毁数量均超过100万件。

二、主要特点

（一）顺应民心民意

关注社会反映强烈的突出问题，注重有针对性地加以整治。如，由于网络淫秽色情信息屡禁不止、屡打不绝，严重危害未成年人身心健康，严重败坏社会风气，社会各界尤其是青少年家长要求严厉整治的呼声强烈。果断组织开展了网络淫秽色情信息专项治理"净网"行动，并将受众人群以青少年为主的网络文学、网络游戏、视听节目网站等作为整治重点，效果明显。针对一些出版物含有低俗甚至淫秽色情、凶杀暴力等内容，危害少年儿童健康成长的现象，重点整治了少儿出版物市场，收缴大量含有违法违规内容和非法出版的少儿出版物。近年来，不法分子假冒记者身份，打着"舆论监督"的旗号，进行诈骗、敲诈勒索的事件层出不穷，严重损害了新闻媒体的公信力，也给广大群众造成了财产损失。因此特组织开展"秋风"行动,严厉打击假记者诈骗、敲诈勒索等行为,维护新闻出版良好秩序,先后查处并曝光陕西渭南"8.15"网络新闻敲诈案等典型案例,增强广大群众对假记者的警惕性、辨别力和监督意识,在全国产生广泛反响。

（二）强化联防协作

构建实施"扫黄打非"四大区域联防协作工程,运行机制进一步细化。相关成员省（区、市）通过联席会议制度以及情报预警、联合封堵、案件协查等机制的有效运转,通过相互通报情况、核查线索、组织鉴定、协查案件等工作,沟通顺畅,配合紧密,"扫黄打非"工作整体"一盘棋"的优势凸显出来。2013年,以查堵有害出版物为重点任务的"南岭工程",各成员省份区域间联动趋于成熟,信息沟通、联合封堵、案件协查等机制建设取得重要进展。尤其在查办相关案件过程中,各地"扫黄打非"部门在提供线索、统一行动、捣毁窝点、抓捕犯罪嫌疑人等方面协作联动,顺利查办了"7.11"制售非法出版物团伙案等一批案件。以清缴查处非法出版物,确保北京及周边地区的社会稳定和文化安全为重点的"护城河工程",联合查办了"3.10非法出版物案"等9件大案要案,抓获犯罪嫌疑人59人。以打击涉疆非法出版物和反动宣传品为重点任务的"天山工程"通报了当前新疆非法出版物和反动宣传品传播态势,协调部署了4大类24项具体工作,强调要准确收集信息,制定具体措施,做到联防联控联打,要将更多的人力、物力、财力向互联网转移,有力打击网络传播非法出版物和反动宣传品的行为。以打击涉藏非法出版物和反动宣传品为重点任务的"珠峰工程",机制逐步健全,成效逐步显现。自2011年以来先后查获非法出版物及反动宣传品132万余件,破获相关案件180余起。

（三）加强基础工作

一是台账管理制度进一步完善。各地印刷复制企业、出版物物流仓储企业、出版物集中销售场所、游商摊点主要分布区域、出版物市场检查、督办案件、举报线索等7个管理台账逐步建立完善,专人负责台账管理工作,每季度向全国"扫黄打非"办公室报送台账数据，有效提高了管理水平和工作能力，夯实了出版物市场治理工作的管理基础。二是网上治理能力进一步增强。各地指导督促网站、信息服务提供商、基础电信运营企业、接入服务企业进一步落实网站接入、用户信息发布等实名登记制度，完善网站备案、域名等基础数据的管理，强化信息安全管理措施，健全对淫秽色情及有害信息快速处置的工作机制，处置能力大幅提高。三是长效监管机制进一步健全。从市场面貌、工作力度、专项行动、基础工作4个主要指标，对各省（区、市）"扫黄打非"工作进行考评，促使各地党委、政府加深对工作重要性的认识，甘肃、河北、河南、湖北、陕西、新疆等省相继召开省委常委会专题研究"扫黄打非"工作。北京、内蒙古、西藏等省（区、市）党委书记、多数省（区、市）党委、政府负责同志作出过批示，有力推动了出版物市场治理工作深入开展。各地"扫黄打非"机构能够有意识地对照考评办法查找不足，主动完善各项长效工作机制，使出版物市场治理工作由突击式向常态化转变。

（四）创新工作方法

一是专项行动实行项目化管理。根据当前出版物市场治理工作的新形势新特点，着重在系统化、规范化、标准化上下功夫。组织开展的每个专项行动都做到了有部署、有督办、有检查、有指导、有推进、有宣传，基本实现了设计好、组织好、落实好、总结好的预期目标。二是信息化建设持续推进。《非法出版物数据库》系统上线运行，在电脑、手机等移动智能终端上均可使用，便于各地执法人员随时随地进行查询比对，为出版物市场治理工作信息化、出版物鉴定工作数字化打下良好基础。三是舆论宣传力求喜闻乐见。在中央媒体播出公益广告"三国篇"和"法网恢恢篇"，在地铁移动媒体播放"拒绝盗版"动画宣传片，号召人们主动拒绝侵权盗版等各类非法出版物，积极举报制售非法出版物行为，内容新颖，形式活泼，受到广泛好评；开展"扫黄打非"理论创新研究征文活动，共征集论文285篇，评选出40篇获奖论文，调动"扫黄打非"战线工作者深入思考，改进工作，为新阶段工作提供决策参考。

三、下一步重点工作

2014年，出版物市场治理工作将坚持网下清查与网上净化、专项治理与日常监管、规范管理与教育引导相结合，有力扫除文化市场和互联网上存在的各种非法出版物及有害信息。

（一）大力扫除网上淫秽色情信息

2014年4月至11月，全国"扫黄打非"办公室将组织开展"净网2014"行动，全面扫除互联网和手机媒体中的淫秽色情信息等有害内容，严厉打击制作、传播有害内容和淫秽色情信息的违法犯罪活动，公开曝光传播色情和低俗信息的网站名单，严惩违法违规网站的开办者、维护者。加强网络监管，及时发现和处置有害信息。坚持网上与网下相结合，大力清缴淫秽色情出版物。开展移动智能终端应用商店专项整治，坚决清除含有淫秽色情等有害内容的应用软件。严厉惩处制作、传播有害应用软件的单位和人员，打掉其利益链条。

（二）深入查堵有害出版物

3月至10月，组织开展"清源2014"行动。大力提升毗邻港澳台口岸的进境查验效能，坚决阻止含有有害内容的印刷品、音像制品和数字存储介质入境。在"南岭工程"成员省份开展有害出版物专项整治，在"护城河工程"成员省份开展印刷、复制、销售非法出版物专项整治。

（三）有效构筑边疆地区反渗透反分裂文化屏障

3月至7月，组织开展"固边2014"行动，以新疆、西藏等地区为重点，加大对涉及"三股势力""藏独"等非法出版物和反动宣传品及有害信息的查堵力度。在"天山工程"成员省份开展以打击非法宗教出版物、非法宗教网络传播为重点的专项整治。在"珠峰工程"成员省份开展以反"藏独"为重点的非法出版物和反动宣传品专项整治。构建"长白山工程"，开展有害文化专项整治。

（四）全力维护新闻出版及其市场良好秩序

抓住群众关注、反映强烈的假媒体、假记者站、假记者猖獗和侵权盗版屡禁不止等突出问题，结合实际组织开展"秋风2014"行动，严厉打击侵害基层和人民群众利益的违法违规出版传播行为。继续深入开展假媒体、假记者站、假记者专项整治，严肃处理非法从事新闻采编活动的机构和人员，严厉打击以记者或网站新闻采编人员名义招摇撞骗、敲诈勒索的不法分子。开展侵权盗版出版物专项整治，坚决遏制网上侵权盗版泛滥势头，切实保护知识产权。

（五）进一步推动"扫黄打非"能力建设

及时将非法出版活动的新形态、新载体纳入"扫黄打非"工作范围，实施系统治理、依法治理、综合治理、源头治理。以改进台账管理和健全出版物市场重点点位监管为基础，实施全面清查、重点排查、暗访抽查。进一步完善责任制和责任追究制，完善网络信息安全机制，建立健全网上网下联动机制。在邮政快递、铁路等行业建立健全非法出版物监控机制，在交通运输行业进一步落实出版物运输实名制、验视制、责任倒查制。

（六）切实加强对"扫黄打非"工作的组织领导

全面推动"扫黄打非"进基层，明确并落实乡镇（街道）、村（社区）在协助查缴非法出版物和查处"扫黄打非"案件方面的职责。建立健全基层示范单位创建机制，在基层试点开展非法出版物有偿回收奖励活动。继续评比表彰"扫黄打非"工作先进集体、先进个人。加大舆论宣传力度，动员社会力量积极参与和支持"扫黄打非"工作。

（作者为中国新闻出版研究院传媒研究所助理研究员）

2013年中国民营书业发展报告

李建红　甄云霞　闫　鑫

2013年，国家和政府继续加强了对民营书业的扶持力度，社会继续强化了对民营书业的舆论认同深度，民营书业在整个新闻出版产业中的地位和实力继续加强，产业规模稳中有升，社会形象继续向好。在新闻出版事业和产业快速发展的进程中，在建立农家书屋、提高全民阅读水平、倡导文化走出去、建设社会主义文化强国、增强国家文化软实力等诸多方面，民营书业都继续发挥了不可或缺的重要作用。以下将对2013年国内民营书业的发展状况作具体分析。

一、2013年中国民营书业总体情况

（一）民营书业在新闻出版产业中继续占据较大份额，保持增长势头

根据新闻出版产业发展司《2012年新闻出版产业分析报告》统计，2012年，国有全资和集体企业所占比重超过15.5%，民营企业所占比重超过82.6%。具体来说，在157 619家企业法人单位中，民营企业130 248家，增长4.8%，比重占82.6%，较2011年提高1.4个百分点。在印刷复制企业中，民营企业的增加值占85.9%，较2011年提高0.4个百分点；资产总额占85.2%，较2011年提高0.2个百分点；所有者权益占85.3%，较2011年提高0.6个百分点；利润总额占86.7%，较2011年提高0.1个百分点；纳税总额占86.1%，较2011年提高0.8个百分点。在出版物发行企业中，民营企业营业收入占65.9%，较2011年提高3.0个百分点；增加值占69.8%，较2011年提高2.3个百分点；资产总额占63.4%，较2011年提高5.4个百分点；所有者权益占

63.8%，较 2011 年提高 4.7 个百分点；纳税总额占 66.9%，较 2011 年减少 0.2 个百分点；利润总额占 68.0%，较 2011 年减少 0.7 个百分点。

（二）国有与民营书业合作成为常态

混合所有制经济从 20 世纪 90 年代开始就不断得到促进和发展。据国家统计局数据，2012 年民间固定资产投资占全社会固定资产投资（37.5 万亿元）的比例达到 61.3%。大量民间资本要求拓宽投资渠道，这就为发展混合所有制经济创造了现实条件。近年来，在出版行业初步完成转企改制的大背景下，国有出版集团、出版单位已经或正在成为市场主体，要做大做强，与一些规模大、实力强、信誉好的民营书业企业合作成为一个有效的、重要的发展路径，北教控股、五洲传媒、北舟文化、中南博集天卷、凤凰联动等新公司的成立，都代表了国有与民营合作的主流趋势，成为混合经济的重要形式。

其中，重庆出版集团在十年前就联合国有、民企和外资企业，相继对外联合组建了五洲传媒、天下图书、今日教育、海业贸易等十多个股份制的合资公司。同时，五洲传媒公司还打破了区域限制和所有制限制，与贵州新华集团公司共同出资成立贵州新华教育传媒有限公司等，在北京合资组建北京五洲时代天华文化传媒有限公司、五洲博尔文化传媒（北京）有限公司。目前，混合所有制经济已占该集团经济总量的 2/3。

（三）民营书业迎来建设文化创意产业园区高潮

据不完全统计，目前我国文化创意产业园数目已经过万，仅北京、上海等 10 个主要城市，四五年间就建了 300 多个文化创意产业园，这些文化创意产业园区正在发展为民营书业企业的聚集地。依靠园区的孵化器机制，园区的聚集效应初现。上海张江高科技产业园区的张江文化产业园区是国内数字内容企业集聚度较高的园区之一，盛大文学、中文在线、上海方正数字出版技术有限公司、上海世纪创荣数字信息科技有限公司、龙源期刊网等 400 余家陆续入驻的数字出版相关企业使张江数字出版产业 2012 年产值超过 200 亿元，连续保持年均 30% 的增长率。北京出版创意产业园聚集了众多国内首屈一指的民营书业企业，据 2013 年大众类图书市场份额的相关销售数据，在全国民营图书公司排位前10名中，该产业园区的企业占了5家。

此外，在各地高度重视文化产业建设、竞相建立文化创意产业园区的同时，民营书业逐渐迎来建设文化出版创意产业园区的高潮，这方面以北京出版创意产业园、梁山县出版印刷产业园等为代表。此外，这几年新建的文化出版创意产业园区还有可一文化艺术产业园、印象齐都文化创意产业园、春雨文化产业园、经纶文化产业园、睿泰科技产业园等。企业自建的这些文化出版创意产业园都得到了政府的大力支持，在项目政策上获得了利好，同时也在很大程度上改善了民营企业的融资问题，为产业园的长远发展搭建了良好的资本运作平台。

（四）民营书业努力探索数字化转型，取得明显成效

传统民营书业虽然在人才、技术、资金、资源等方面与国有出版社有一定差距，多数起步较晚，但是，民营文化公司在现有基础上，奋起直追，通过近几年的不懈努力和探索，在产品形式多样化、发行渠道数字化和全流程系统平台建设方面基本形成一定的模式和架构，转型初现成效。

产品形式包括教育信息资源数据库、电子书，以及PC、PAD、手机等各终端的跨平台应用；在发行渠道数字化和全流程系统平台建设方面，江苏春雨教育、世纪金榜、金榜苑、可一等行业领头者都做了多方面尝试。其中，春雨集团联合江苏云想信息技术有限公司研发的"云想出版发行全流程解决方案"在2013年4月成功上线并全面投入使用，该方案包含了编务管理系统、印务管理系统、发行管理系统、电子商务平台和商业智能决策支持系统等五大系统，不仅能满足国有与民营大中型出版集团、发行集团的全流程业务，还可细分客户，满足中小型出版社、批发商、连锁店、小型图书零售店等各类规模的出版发行企业对信息化管理的个性化需求。目前，已有400余家地市代理商、4 000余家三线销售网点通过云想客户端，实现了在线对账、报订、盘存、调货等。

（五）民营书店积极自救，国家利好政策不断出台

近两年，面对高房租、薄利润、电商低折扣竞争、数字阅读等多种市场挤压，实体书店大量倒闭。一时间，社会人士振臂高呼，呼吁政府出台相关

政策，扶持实体书店的发展；实体书店也纷纷采取行动，谋求自救。在自救措施方面，民营书店集思广益，多元发展，有一定成效。例如，不少书店采取联动营销的模式，使创意馆与书区、咖啡馆区联动促销等，取得明显效果。比如，南京先锋书店通过多种形式的营销策划，迄今已经开发了具有先锋特色、先锋风格、先锋色彩的"独立先锋"系列文化创意产品共5 000多种。创意产品的销售额已经占到书店总销售额的30%，利润则达到书店利润总额的40%以上。

此外，免税政策的不断出台，促进实体书店的发展。2013年12月25日，财政部、国家税务总局联合发布《关于延续宣传文化增值税和营业税优惠政策的通知》指出："自2013年1月1日起至2017年12月31日，免征图书批发、零售环节增值税。"2013年，国家新闻出版广电总局积极协调财政部文资办，对北京、上海、南京等12个城市开展实体书店财政扶持试点，以奖励的形式对特色书店和品牌书店予以资助。截至2013年11月，奖励资金已拨付，首批56家实体书店获得9 000余万的资助。在这56家实体书店中，民营书店35家，无论是在数量上还是在所获资助金额上，所占比例均超过总数的60%。

（六）民营书业"走出去"取得新进展

在政策鼓励下，2013年，民营书业参与政府"走出去"工程的热情高涨，尤其在大众出版领域，一些优秀的民营文化企业，凭借所掌握的品牌图书、作者资源，积极寻求促成与外方的版权贸易。

在版权贸易方面，民营书业企业针对某一细分市场，探寻通路和建立营销模式，打造某个领域的国际品牌；参与国际版权贸易，从事多样化的出版，建立走出去和引进来的国际化版权贸易平台。2013年7月，上海九久读书人文化实业有限公司到法国、德国洽谈国际文学作品版权交易，携带着王安忆、毕飞宇、迟子建、张炜等国内著名作家和小白、薛忆沩、寂地等中青年作家的海外版权代理权，同时，还有一些直接在海外设立出版机构和书店。北京出版创意产业园区的企业，北京时代华语图书股份有限公司率先在美国纽约投资成立了全资出版公司——中国时代出版公司。在实体书店步履维艰的当下，昆明新知集团用不到两年的时间，在东南亚开设了4家华文书店，具体包括：柬埔寨金边华文书局、老挝万象华文书局、马来西亚吉隆坡华文书局、缅甸曼德勒华文书局……不仅如此，它还制订了这样的时间表：至2015年，在东南亚、南亚建10个华文书局；至2020年，在美洲、欧洲建5~10个华文书局。

二、发展趋势

（一）教辅出版：升级创新，多元发展

"教辅新政"之后，2013年8月，国家新闻出版广电总局先后下发《关于加强2013年秋季中小学教辅材料出版发行管理的通知》和《关于严厉禁止和坚决查处中小学教辅材料出版发行违法违规行为的通知》，明确要求严把中小学教辅材料出版印制关，严禁违规发行中小学教辅材料，严格中小学教辅材料价格管理，严查非法出版发行中小学教辅材料行为。这些措施，使得教辅价格进一步趋紧，利润进一步降低。

内容创新、产品升级是民营书业的生存之本。在教辅业务中，拥有自主版权、自主品牌的优秀产品，是企业的生存之本。在原有产品的基础上，如何在新政背景下升级产品结构，研发适应新形势的产品，在原有品牌的基础上提升品牌，是民营书业在新形势下不得不考虑的问题。江西金太阳的各种教育交流和培训形成了独特的市场优势，世纪金榜另辟蹊径，从主营"批量进课堂图书"到推出主打零售市场的图书，都是应对新形势的举措。

教辅行业之外的文化产业具有的更大空间，拥有着优越的政策条件和产业环境，由此，面向大文化产业的多元化路径则是民营书业调整产品结构，做大做强的有益尝试。近年来，不少民营书业已进行了探索并初具规模，其目标是要基于原有的图书产品，把自己打造成文化产业集团。如志鸿集团正在致力于打造集会展、旅游、传媒于一体的文化传媒集团，可一文化未来的发展方向是数字出版和艺术品经营，曲一线公司则在原有的成熟的教辅图书产品线上开辟了茶文化业务，打造"芬吉"茶文化品牌。

（二）大众出版：顶住压力，持续发力

在经济持续低迷，互联网出版、手机出版迅猛发展，逐渐抢夺出版市场的

大环境下，2013年大众出版领域的民营书业继续面临严峻挑战。移动终端应用的持续走热，微信应用的兴起，带来移动阅读、微信出版的新议题，在很大程度上，进一步分流了读者群。而同时，资金雄厚、技术领先的电商加紧布局，2014年初，京东宣布将涉足纸质图书出版领域。这些，对于民营书业来说，无疑是雪上加霜。

尽管市场环境更为严酷，民营书商顶住压力，依托自身的资源，延续其在畅销书领域的优势，在2013年打造了一批新的在国内国际市场均深受欢迎，同时占据各大畅销书榜单领先位置的优秀图书。在当当网召开的2013年度供应商大会上，磨铁图书、中南博集天卷、新经典3家民营策划商成为当当网2013年度销售的亿元大户。2013年，博集天卷文化传媒有限公司的《从你的全世界路过》销量超过一百万册；磨铁公司的《浴血荣光》《于丹：重温最美古诗词》《疯了！桂宝》《蹲下来和孩子说话》等图书均表现不俗。此外，新华先锋的策划领域也涉及了名家名作、文学经典、社科历史、经管励志、健康时尚等，影视图书的打造颇有成效，推出了《天台》《天机·富春山居图》《控制》等多部卖座电影的同名小说。

（三）数字出版：转型升级，纵深拓展

随着数字出版转型的纵向、横向开拓，以及平台的搭建、产品的开发，民营书商在数字出版上已初尝甜头，积累了一定的资源、技术和人才，如志鸿教育、金榜苑、天成、春雨等大型书业公司加快向数字出版转型升级，都增强了企业抵御市场风险的能力，在增资扩产中实现多业发展和多元化经营。志鸿教育集团不仅企业信息化应用程度高，而且在利用现代信息技术实现产业升级方面也走在了出版行业的前列。凭借集团对传统教育出版领域的常年研究，该公司集中了版本全面、版权清晰、内容质量优良的优势，开发了一系列在线教育产品。数字出版成为该公司战略支撑点和赢利点之一，其中在电子书包领域也有了长足发展。如今，该公司通过互联网以及各种终端向用户提供数字教学资源库、数字教学题库、电子书等七大类数字出版产品，成为了数字教育资源提供商，数字出版物收入占到公司总收入的5%以上。

但是要使转型形成规模化，探索出符合自身特色的赢利模式，还需要投入

更大的人力、物力，借鉴同行的成功经验，结合自身发展目标，进一步深耕产业链，向纵深拓展。

(四) 混合所有制："国进民进"，开放共赢

十八届三中全会决定提出，积极发展混合所有制经济，国有资本、集体资本、非公有资本等交叉持股、相互融合的混合所有制经济是我国基本经济制度的重要实现形式。国家新闻出版广电总局公布了2014年新闻出版改革的八项要点，其中提到的多个改革举措与非公有制文化企业发展密切相关。

发展混合所有制经济，既不是"国进民退"，也不是"国退民进"，而是"国进民进"。其核心是如何建立混合所有制经济，非公资本如何参与到国企改革中来，并与国有资本形成交叉持股、相互融合的混合所有制结构。在实际运作中，一些跨区域跨行业的混合所有制合作典范如北教控股、北舟文化等新公司的发展势头的确表现比较抢眼，呈现出"国进民进"的良好态势。

然而，国有、民营的合作并非一帆风顺，也不乏失败案例。究其原因，除了双方在体制、管理、理念上有不少差异，更重要的是国有股"一股独大"，民营股"人微言轻"的现象普遍存在，由此导致以下问题：在推进混合所有制的进程中，民营资本是否能够被平等对待？是否有平等的地位与话语权？是否能在公司架构与职务任命上行使其相应职能？"混合"的路径到底会使民营资本绝处逢生，还是惨遭吞并？……如果没有明细的细则与方案，混合所有制的进程或许只是雷声大雨点小，抑或是另一种形式的"国进民退"。

经济学家厉以宁认为，真正的混合所有制经济，没有政府干预，完全按照法人治理结构来管理。因此，这就需要充分发挥市场在资源配置中的决定性作用，需要真正实行平等的市场准入制度，使各类市场主体平等使用生产要素，切实保障非公有制企业财产权不受侵犯，按照法治思维和市场规律进行改革。此外，据一些国有民营合作成功案例的经验表明，具有开放共赢的心态与共同的战略目标方能形成合力。

三、对策与建议

(一) 政府引导与民营书业自我规范相结合

民营书业更加适应市场需求,先天性地具有"快""灵""便"的特点,从而能不受机制体制束缚;与此同时,过多考虑市场而忽略其他,民营书业的实际运作在许多流程环节上还存在不够规范的问题,这些问题往往涉及出版单位和广大读者,关联度广,覆盖范围大,负面影响深远,有时甚至波及整个行业,比如2013年少儿图书市场整顿便与不少民营书商策划的出版物相关。对民营书业加强引导虽然有些老生常谈,但是这一问题不能回避。当然,随着民营书业的逐渐成熟,原有的一些问题也会逐渐避免,但是,从政府层面来说,整个新闻出版行业是一盘棋,民营书业是否能够规范成熟运作,直接影响着新闻出版行业的改革进程,因此,就需要以政府层面加强引导和民营书业企业自我规范自我提高相结合,遵循行业规范,遵守市场规律,提高图书质量,助推行业改革。

(二) 民营书业间应加强横向联合

我国有十几万家民营书业企业,分布在策划组稿、编辑加工、复制印刷、市场发行的各个环节,民营书业企业的快速发展并未过多形成合力,相反,许多负面现象产生,譬如选题策划跟风炒作、市场销售恶意竞争、竞相低价等。

而今,新媒体发展迅猛,传统出版不得不直面数字出版,整个传统出版行业,包括民营书业企业,都面临着转型—升级—调整结构的严峻形势。一些勇于吃螃蟹的民营书业企业,如春雨、志鸿、金榜苑等,积极探索,走在前列,虽然投入巨大,但他们提早布局,敢于尝试,整合资源,搭建平台,目前已经在数字出版方面小有成就。

龙头企业的示范效应莫大地鼓舞了其他民营书业企业,多家公司纷纷制订规划,投入人力,打造平台,意在转型。但是总体来说,各家民营书业企业仍然各自为政,缺乏一个能够统领全局的强大的全产业链整合者,这就不可避免地造成数字平台的重复建设、资源浪费,形成产品的同质化竞争。因此,在教辅新政和数字出版的严寒中，民营书业企业间应该加强横向联合，共享资源，相互借力，共渡行业严寒，避免混乱局面。

四、两点思考

（一）在坚定发展信心的同时，要看到困难和阻力

党的十八届三中全会的《决定》，在坚持基本经济制度的章节中指出：必须毫不动摇地巩固和发展公有制经济，坚持公有制主体地位，发挥国有经济主导作用，不断增强国有经济活力、控制力、影响力。必须毫不动摇鼓励、支持、引导非公经济发展，激发非公有制经济活力和创造力；公有制经济财产权不可侵犯，非公有制经济财产权同样不可侵犯；《决定》还肯定了非公经济在支撑增长、促进创新、扩大就业、增加税收等方面的重要作用，提出了通过坚持三个平等（权利、机会、规则平等），废除不合理规定，消除隐性壁垒，支撑非公经济健康发展；在坚持出版权、播出权特许经营前提下，允许制作和出版，制作和播出分开的问题，特别提到了特殊管理股制度的探索问题……

所有这些利好信息都使民营书业充满着信心，但同时，我们要看到这个决定的提出到实施，从试点到全面铺开会有很长的一段时间，诸多不合理规定一下子难以合理，还有玻璃门、弹簧门、旋转门等隐性壁垒等等。所以我们不能操之过急，简单化地思考问题和处理问题，要有韧性的耐力，要有底线思维和攻坚克难的艺术。

（二）在加快建立现代企业制度的同时，要着重使自己成为真正的出版、文化企业家，并且能形成一个出版企业家团队

关于现代企业制度，民营书业企业要比国有企业的产权关系更加明晰，但是与建立规范的现代企业制度仍有一定距离。用厉以宁先生的话，不叫改革叫转型，由小业主，由家族式企业转型为现代书业企业。它通过现代企业制度的制衡原理来保证企业的久远发展与长治久安。

关于企业家与企业家队伍。如果说现代企业制度是民营书业企业的发展大

计和根本大计的话，那么企业家的成长与培养则是发展大计和根本大计的重中之重。因为企业家实际上是现代企业制度的体现者和践行者。企业家与作为合格市场主体的企业是相辅相成的。没有合格的企业家，合格的市场主体也难以立起来，反过来，没有合格的市场主体，企业家的成长与企业家队伍的形成也会遇到极大的困难。

（李建红为中国新闻出版研究院出版参考杂志社副社长、副主编，副编审；甄云霞、闫鑫为中国新闻出版研究院出版参考杂志社编辑）

2013年数字出版模式的多元探索

汤雪梅

2013年，互联网思维成为业界热词，新兴互联网服务商与传统出版商运用互联网思维，从出版形态、营销方式、内容生产、融资模式等方面进行了多方探索，为数字出版商业模式的创新开拓了思路。

一、自媒体及平台

自媒体，在国内发轫于原创文学网站，之后是各大门户网站的博客与微博。近年来，人们越来越不喜欢接受被"一个的声音"告知对或错，信息多样化、个性化需求越来越普遍。2013年，自媒体有了新的突破，无论PC端还是移动端、单个自媒体与自媒体平台在模式上均进行了较大的创新，在内容上获得快速增长，因此这一年，可以称之为中国自媒体的快速发展年。

在PC端，几大互联网门户网站持续发力，深入打造自媒体阅读平台，8月，网易继UGC精选栏目自"真话"之后，网易云阅读宣布开放自媒体入口，并对自媒体人开放其移动阅读用户；新浪继"专栏"资源聚合之后，在9月发布首款全媒体覆盖型解决方案，特别提到正在开发一套提供自媒体使用的系统平台，包括内容生产工具、专栏、博客、微博以及传播途径等解决方案；12月，腾讯百度介入，腾讯推出自媒体产品平台"大家"，投入千万量级资金提供签约、稿酬等现金回报，发布当天，现场签约袁伟时、张鸣、孔庆东等48位著名学者、专栏作家、意见领袖；紧接着，百度推出自媒体原创新闻平台"百度百家"，初创期，也是采用精英模式，入驻作家采取邀请机制，首批入驻作家阵营囊括互联网、时政、体育、人文等多个领域，并且为入驻作家开发了可视化的专用 CMS 内容系统。

在移动端，2013 年 8 月，原央视制片人罗振宇的个人自媒体"逻辑思维"只用 6 个小时即"圈"下 160 万的"微信平台会员费"，高晓松的"晓说"，韩寒的"一个"，80 后青年大巴创立的"理财巴士"，梁冬、吴伯凡二人合办的"冬吴相对论"，以及脱口秀"百话读史记""女孩子卧谈会""知识派对"等个人自媒体脱颖而出。此外，自媒体平台微信朋友圈、公众号、荔枝 FM、Wemedia 等自媒体平台也迅速崛起。

自媒体的蓬勃发展，创造出多元内容生长的媒介生态，有利于互联网的良性发展。目前的主要问题在于优质内容的持续保证，虽然人人都可能是自媒体，但是真正能产生优质内容并能持续产生优质内容的自媒体人却并不多。除去腾讯、百度平台上的付费大家，绝大多数自媒体人，收入朝不保夕，使得自媒体人只能以此作为兼职与副业，反过来又会影响到持续优质内容的产生。此外，受众口味的不断变迁，自媒体的个人品牌持久力难以保证，然而，作为专业媒体的有力补充，自媒体的发展仍将继续，其新的展现形式也将会被不断创新。

二、免费模式电子书

传统出版的商业模式是版权模式，即内容付费阅读，这正与互联网的主流商业模式——免费形成对立。网络上，无论是浏览阅读还是看视频，免费获取已成为网民的思维定式。面对网络中大量盗版的存在与网民对付费内容的漠视，传统出版在数字化的探索中，开始尝试使用"免费"模式。中信出版社电子书中心总编辑黄一琨提出："与其让盗版占领市场，不如我们自己免费。" 2013 年，中信出版社开始谨慎地拿了一些书来试水电子书免费加广告营销的模式，比如与路虎合作的作品《征服者档案》尝试了一天免费，其下载量超过了 54 029 册，让路虎公司也十分惊喜。免费电子书可以最大限度地在网上传播，尤其是高质量的电子书很容易在短时间内被大量的意向用户下载。这种电子书之中会加带一些明显的或隐含的广告，电子书的出版者通过广告为自己带来更多的收益。

从 2012 年 3 月起，盛大文学开始试行免费模式，由盛大文学的一个部门牵头尝试 AA 广告模式，将一部分收费书籍改为免费看，网上书籍中带有广告。盛大集团继续向网络作家支付费用，公司赢利依靠广告，网民在看电子书时不再需要付费，类似于网络视频模式。网络原创文学一直遭遇严重的盗版问题，数量众多的小网站通过拷贝或者手敲输入的方式，从盛大文学网站上剽窃作家的作品然后放在自己的网站上，网站通过外接广告赚钱。盛大文学每年都会处理多起诉讼，虽然全部胜诉，但是耗时耗力，试行免费，留住用户以拓展增值业务，是一种互联网思维下的解决方案。

当当在电子书销售局面迟迟打不开的情况下，推行免费，结果遭到众出版商的集体抵制与诟病。然而在电子书推广期，培养读者的电子书下载阅读习惯更为重要，进行适当的免费推荐，是必要的。比起出版商的被动免费，还有一些电子书是主动免费，亚马逊书店上，近年来，通过免费或低价成名的作者比比皆是。

免费电子书的另一个作用是收集用户的信息，这种用户数据库，有一个形象的名字"鱼塘"，路虎 5 万多下载用户就是这样一个"鱼塘"，他们中的绝大多数都是对路虎、对汽车有着特殊钟爱的客户，这些宝贵的客户资料可以为以后开展深度营销做准备。国外很多电子书出版商都十分重视保留购买过产品的顾客信息。在大数据时代，免费电子书是一个收集客户数据的良好方式。

免费是互联网的天然基因，也是迄今为止互联网最为流行的商业模式，对于数字出版来说，抗拒与抱怨免费，不如有效运用免费模式。

三、融合营销传播

融合营销传播，是指将媒介内容与相关产品进行融合营销，实现内容的产品化和产品的内容化。

阿里巴巴发现很多买实物商品的用户，也有与实物商品相关的精神产品需求，比如孕妇在购买怀孕期间以及生了孩子之后的各种用品时，也需要相关阶段的知识指导。实物商品只是最基本的需求，于是，阿里尝试将实物商品与精神产品结合销售，取得了很好的效果。如果说阿里巴巴是以实物销售为入口，融合内容产品的销售，那么一些网站也开始探索以内容资源为入口，进行实物销售的融合营销。

淘宝导购网站果库的出现提供了一种新型数字期刊模式，既电商化期刊模式。以杂志思维做产品，把产品当做内容去做。果库联合创始人之一的廖锦有来自《周末画报》，因此，果库带有强烈的媒体特性，打开果库，其与淘宝的区别显而易见。果库的客户端采用了类似杂志的商品图片墙风格为用户进行精选产品的推荐。果库每天更新120到150件商品，由专业编辑从淘宝的商品中精选出来，从美味的食品、实用的居家，到酷炫的科技产品、别致的新奇玩意，果库想要打造的显然不仅仅是一个电商导购服务，而是一个优质生活指南、一个数字化的时尚消费杂志，让用户通过浏览，慢慢地向更好的生活方式靠近。虽然阅读体验更接近于期刊，但果库的赢利模式已完全不再是期刊的内容售卖或广告售卖，而是形成购买的销售分成。

传统杂志的产品属性也正在变得越来越强，时尚杂志的电商化倾向最为明显。《男人装》手机杂志，通过点击页面上的品牌链接，可以链接到地图，准确告诉读者其实体店位置。赫斯特公司的《Marie Claire》APP 上推出"瞬间购物"项目，通过"时尚入门"，用户可以直接进入电商平台，进行购物。一些时尚杂志还会为用户打出专属牌。《Lucky》杂志与全球知名快速时尚品牌 Net-A-Porter 旗下 Outnet.com 合作推出专门的电子商务项目，为杂志订户提供专属服务——每隔四周的一个周五推出一场特价活动，每次提供 1 小时的购物时间。这种主打专属性和稀缺性的营销方式，极大地带动了电子期刊的销售。如果用户通过付费订阅带来超过付费的收益，付费就不再成为阻碍。

在互联网时代，未来，一些媒体将会成长为媒体零售商。产品媒体化，媒体产品化，这是一个趋势，产品与媒体正在走向融合。

四、粉丝经营——微店及其他

制造参与是互联网的特点，通过粉丝群，营造口碑来进行推广营销，成为近年来图书营销的新策略。伴随着社群热点的切换，从去年开始，新书的微博推介转移到微信，品牌图书公司纷纷开始在微信上开设"微店"，来进行图书营销。2014年3月，北京华文天下图书有限公司微店成立，首部推出的作品是余秋雨的新版《文化苦旅》，定价28元，比图书定价便宜10元，与国内主要电商打折幅度差不多，仅三天时间，4 000本《文化苦旅》在微信上即被抢购一空。

微店售书主要依靠朋友圈的口碑相传，是一种粉丝营销模式。读库主编张立宪受一次微信朋友圈荐书感染而开设了读库微店：一位女读者在微信中分享了读库出版的《日课2014》，被大家转发和点赞后，该书竟然在她的朋友圈中售出了上千套。张立宪因此浮想联翩："《日课2014》要想卖到几万套又有多难呢？有几十位这样的读者就够了。"

微信强调体验和分享，微店相对狭小的展示空间，不可能陈列太多的产品，需要精挑细选优质产品。此外，微信卖书需要花费更多办法来进行价值推介，需要首先引发读者对产品的认同感，流水线作业的图书产品，在微信上很难被关注。微店很适合像《读库》这样小而美的出版品牌，每年生产的图书不过20多种，用户忠诚度很高，用户体验也可以做到极致，同时也可以实现与读者的有效互动。在微信的朋友圈中，阅读与分享阅读一直是重要的构成，优质图书，如果能够在朋友圈里形成点赞与转发，极易形成口碑传播，并直接转化为销售。

在移动互联网时代，出版机构要靠内容把读者聚集起来，读者既是消费主体，也是传播主体，而由强关系[①]构成的微信，其传播公信力远大于弱关系，加之强关系在人群中价值取向的趋同性，其推荐的作品拥有很高的认可度。微店是一个非常高效的粉丝聚合平台，如果微信售书普及开来，将会从电商那里带走一些注重图书品质、追求出版品牌的粉丝读者。

微店大获成功，但出版业的"粉丝经营"绝不仅仅是利用粉丝售书这一种创新，粉丝不仅是作为图书的购买者与口碑传播者存在，也可以成为内容的参与者。2013年，中信出版社陈坤MOOK书《我们·逆行》，在新书发布前即与陈坤粉丝团进行互动，让读者参与意见。在电子书内容征集活动中，会加入读者内容，粉丝也可以成为内容的提供者，制造粉丝的深度参与，从而走出读书营销作者微博发一下，粉丝转发一下的简单模式。国内民营出版典范湛庐文

---

① 强关系：指亲人、朋友、同事等生活中有着紧密联结性的关系。

化,成立了"庐客"粉丝群,并定期组织庐客会,据悉已推出了收费几万元的美国出访团,经营粉丝,再创价值。

粉丝营销是互联网营销的一个重要特点,这一建构于互联网思维模式的新的经营方式,值得图书业等传统行业好好研究。

五、电商出版

2014年3月,足球明星贝克汉姆个人传记《大卫·贝克汉姆》广告,出现在北京各大公交、地铁站,京东集团借此高调宣布:"京东出版"起航,原本处于图书销售一环的电商,撇开传统图书生产模式,开始直接参与策划、生产图书,开创国内电商介入出版前端的先河。在国外,亚马逊2011年即宣布自行独立出版纸质版及电子版书籍。与亚马逊不同的是,国内图书出版尚属管控领域,纸制出版权目前全部在传统出版社手中,其他机构如果想介入图书出版,必须与传统出版社合作,使用其正规出版物的书号,京东也不例外,他们与新世界出版社达成合作意向,未来,当当、亚马逊中国效仿这一模式,应该只是时间问题。

虽然传统出版机构纷纷表示电商在内容生产领域没有经验,其做法未必成功,但亚马逊、京东出版图书也并非毫无经验,图书销售的大数据会为出版提供帮助,且京东也已经招揽一批传统出版人才。亚马逊在出手出版时,签下美国资深出版人劳伦斯·基尔希鲍姆,京东商城主管图书业务的副总裁石涛也是从传统出版转至互联网。据悉,"京东出版"每年出书品种将达近百种,并主要在文学、社科、生活领域发力。电商出书对图书市场到底有多大影响,现在还很难预测,目前传统出版对电商销售平台的依赖越来越大,一些大型出版社与出版公司,网上销售已占其销售总额的50%,在大数据时代,电商握有越来越丰富的消费数据,伴随其分析能力的不断深入,在引入传统出版选题人才的背景下,直接介入选题策略领域,在模式构想上,是可行的。

去中介化是数字出版发展的一大趋势,作为销售商的电商售书平台,将作者—出版商—发行渠道—读者的四环节产业链,减至作者—发行平台—读者三环节。而在未来,让传统出版抱怨不断的电商平台,也将迎来进一步的去中介化趋势，因为，只有作家和读者是不可或缺的，其他连接这两个群体的机构都不是必不可少。2011年7月，哈里波特的作者JK罗琳已建立了自己的个人网站，Pottermore（www.pottermore.com）哈利波特网站，哈迷已不再需要亚马逊平台，而直接与作者建立联系，而作者也将直接掌握其图书购买者的一手数据，从而更加有效地指导创作，作者—读者两维模式出现。

在新的数字出版产销模式建立的过程中，出版商和平台发行商，因其专业的制作水平、人气集聚能力、精准的营销服务，还将会长期存在，但其作为出版一个必要环节的地位将遭受越来越多的冲击。

六、社会化阅读

2013年最成功的社会化阅读模式一定是微信朋友圈，朋友圈是你自己在微信里所有的朋友形成的圈子，这个圈子构成一个信息发布与共享平台，由于朋友圈是由强关系构成：亲戚、同学和工作关系。本着新闻接近性原则，其发布会内容在强关系传播中，效果最大化。其次，在工作关系中，专业的共同关注与品味趋同性，使发布内容拥有更大的选择价值。用朋友的质量来保证分享内容的质量，因此带来比微博弱关系更好的阅读体验，朋友圈阅读是社交化自组织的一个经典案例。

其他社会化阅读模式——社交+内容的混合模式，如扎客、鲜果、飞丽博、虎嗅、36K、雷锋网等，探索已久，日渐成为目前移动阅读的主流模式，由于涉及领域的专业性，加之这个领域内的激烈竞争，使得目前没有哪一家可以做大。事实证明这种半自组织的内容生成机制，不如微信这种完全自组织的生长模式成长迅速。微信的朋友圈加公众号，目前已经成为移动终端上最大的阅读客户端。但专业信息有专业的用途，对于带有较强目的性的阅读，专业+个性选择的提供方式，依然有它长期存在的价值。

综上所述，无论采用何种形式，社交化将成为互联网阅读所有应有底层设计的必备环节。

七、众筹出版

众筹，翻译自 crowdfunding（大众筹资），是指用团购+预购的形式，向网友募集项目资金的模式。众筹利用互联网，让小企业、艺术家或个人对公众展示他们的创意，获取大家的关注和支持，进而获得所需要的资金援助。众筹的兴起源于美国网站 kickstarter，2012 年，该网站共募集 224 万民间投资者总计 3.197 亿美元的投资。

国内知名的众筹网站有众筹网与点名时间两家。众筹备的方向具有多样性，与 kickstarter 专注于工业消费品和电子科技领域不同，国内的成功项目多集中于文化产业，如设计、科技、音乐、影视、漫画、出版、游戏、摄影等，其中，众筹出版模式在 2013 年影响最大，其中，最成功案例是就职腾讯的徐志斌所著的《社交红利》，通过众筹网预售两周即卖出 3 300 本，10 万码洋，之后的一个月里连续加印 3 次，最终取得了单月售 5 万册的骄人成绩。乐嘉的《本色》、软交所副总裁罗明雄等人所著的《互联网金融》、曾航《我的移动帝国》、癌症漫画家熊顿所著《滚蛋吧，肿瘤君》、独立杂志《晚安书》等，都通过众筹出版模式大获成功。

除了畅销书，一些小众学术书也在尝试众筹模式，2013 年 12 月 17 日，清华大学五道口金融学院与众筹网牵手发布《清华金融评论》杂志众筹项目，短短三天就达到众筹 5 万元的预售目标，21 天之后，这个项目共得到 913 人支持，筹资 85 309 元，成为国内第一个通过众筹方式成功发行的学术杂志。

更众筹一点的做法是从无到有，在写书之前就把项目放到网上来，让读者提供素材和内容。美国作家 Seth 设置了金额从 1 美元到 999 美元不等的支持资金，一美元能够登上书里的感谢名单，而支持 999 美元获得的回报是作者会以你为主角根据你的想法写一篇短篇或者中篇小说，小说最终会打印出来装帧成精装本送给出资者，成为他独一无二的收藏。

出版行业采用众筹模式，不仅可以帮助出版商提前预测市场风向标，还可以帮助上线书籍做好相关营销，为书籍后续影响力的爆发提前做好铺垫。通过众筹平台为图书在出版前筹集资金，还可以验证信心以及潜在的市场，对于购买者来说，出版的参与体验，个人见解受到尊重，在某种程度上比支付或获得多少资金回报更为珍贵。

互联网时代是受众为王的时代，尊重用户，制造用户参与，进行有效的互动，是包括数字出版在内的所有互联网经营中的重要环节。

（作者为中国新闻出版研究院数字出版研究所研究员）

2013~2014年出版标准化建设

刘颖丽

党的十八大报告提出"社会主义文化大发展大繁荣"和"稳步推进大部门制改革",文化行业实现率先突破,2013年3月22日由原国家广播电影电视总局和新闻出版总署合并而成的"国家新闻出版广电总局"正式挂牌。两大文化管理部门的职能合并,是在新媒体加快崛起,行业格局不断被打破,文化产业突飞猛进的大背景下,行政管理从被动到主动的选择。新成立的国家新闻出版广电总局签署的第1号总局令就针对的是新闻出版标准化工作,即《新闻出版行业标准化管理办法》。

2013年,新闻出版业标准化工作快速发展,取得了令人注目的成绩。在标准制修订方面,共发布了国家标准8项、行业标准32项,同时在国际标准化、标准宣贯、制度建设、标准科研等多个方面均取得了重要进展或突破。

之所以取得以上成绩从外因上看,标准机构逐步健全,出版、印刷、发行、信息化、版权5个标准化技术委员会的建立,基本完成了行业标准化在组织方面的整体布局。从内因上看,随着新闻出版行业体制改革和数字化转型走向深入,政府职能发生转变,出版单位市场主体地位日趋确立,行业标准化意识明显提高,政府机关越来越意识到标准可以作为行政管理的科学有效的工具;出版企业迫切需要标准来降低其数字化转型的成本。

一、标准化工作进展情况

2013年是新闻出版标准化工作取得全面进展和突破的一年,标准制修订工作、组织机构建设、国际标准化等多个方面均取得了丰硕成果。

（一）标准化科研

标准化科研不仅仅是对具体标准编制内容的研究，也包括对标准化理论、战略层面的宏观研究，以及对产业技术发展趋势实现标准转化的前沿性研究，还包括对标准化管理、服务、实施的应用性研究。标准化科研既是标准化工作的重要组成部分，也是标准化工作顺利开展的基础和保障。

中国新闻出版研究院标准化研究所是专业的新闻出版标准化科研机构，承担了大量的标准化科研项目。此外，行业所辖的5个标准化技术委员会在负责组织制定标准的同时，也承担了各自归口领域的标准化科研工作。现阶段，新闻出版标准化研究主要集中在几个方面：一是体系研究，旨在科学规划和指导标准制修订工作。2010年全国新闻出版标准化技术委员会（简称出版标委会）研制完成了《新闻出版标准体系表》，全国出版物发行标准化技术委员会（简称发行标委会）完成了《出版物发行标准体系表》；2011年全国印刷标准化技术委员会（简称印刷标委会）研制完成了《印刷标准体系表》；出版标委会完成了《动漫出版标准体系表》《手机出版标准体系表》。2013年全国新闻出版信息标准化技术委员会（简称信息标委会）完成了《数字出版标准体系研究》《新闻出版电子政务综合平台标准体系表》和《国家版权监管平台（二期）标准体系表》；全国版权标准化技术委员会（简称版权标委会）2013年启动了《版权标准体系表》的研制工作，计划2014年完成。二是国际和国外先进标准研究，如中国新闻出版研究院标准化所承担的国家社科基金项目《新闻出版国际及国外先进标准跟踪研究》，2013年完成并申报结题。2013年6月发行标委会承担的《中国出版物在线信息交换（CNONIX）》国家标准正式发布实施，这项标准是在长期跟踪研究国际ONIX标准的基础上，根据国内出版业的实际情况采标完成的。三是前沿性、应用性标准化研究，2014年1月中国新闻出版研究院完成了国家质检总局公益性科研专项《数字出版核心基础标准研究——内容资源及元数据》，该项目通过抓住数字出版的核心——内容资源，对最小应用单元划分、分类、标识与元数据进行标准化，旨在构建数字出版目录体系，提高数字出版内容资源的通用性和利用率。2014年中国新闻出版研究院申请立项的质检项目《数字出版统计研究》，旨在为数字出版建立科学、适用的统计原则、统计指标和统计方法，从而可以摸清我国数字出版产业的发展规模和发展规律，科学评估数字出版产品的市场价值以及数字出版企业的品牌影响力。中国新闻出版研究院还承担着科技部科研院所专项项目《数字出版标准符合性测试关键技术研究及应用》，此项课题计划于2014年完成，该项目研究任务包括四项：数字出版标准符合性测试理论及方法研究、测试标准研究、测试工具系统开发及测试实验室建设方案。

（二）标准制修订

2013年，新闻出版标准制修订工作成绩斐然，共发布了国家标准8项、行业标准32项。不仅在数量上与2012年项目有稳定增长，多项行业发展关键性标准或得以立项，或研制完成，或获得突破。

1.《中国出版物在线信息交换CNONIX》

CNONIX标准是由全国出版物发行标准化技术委员会组织行业内具有较强影响力的多家出版发行单位，历时三年时间编制完成的一项重要的基础标准，2013年6月14日正式发布实施。它以同步跟踪的方式采用了最新版本的国际ONIX标准，确定了我国传统出版和数字出版与出版发行业务相关的核心元数据，规范了我国出版物流通领域图书产品信息描述与交换格式，满足了出版者通过向发行者（批发商、经销商、零售商、网上书店、其他出版社）、图书馆等终端客户及其他任何涉及图书销售的供应链上贸易伙伴传递产品信息共享的需要，提供了出版物产品信息统一数据格式的技术解决方案。该标准对于整合和集成发行信息资源、优化业务流程，促进我国图书发行业的连锁经营、现代物流和电子商务等出版物现代流通体系建设，具有极大的促进作用。[1]

2. 出版元数据系列标准

2013年2月，国家新闻出版广电总局发布了出版元数据系列行业标准，共5个部分，分别为CY/T 90.1《出版元数据 第1部分：框架》、CY/T 90.2《出版元数据 第2部分：核心数据元素集》、CY/T 90.3《出版元数据 第3部分：通用数据元素集》、CY/T 90.4《出版元数据 第4部分：扩展及应用》、CY/T 90.5《出版元数据 第5部分：维护与管理》，该系列标准依据国际标准ISO 11179：2004 信息技术元数据注册系统（MDR）给出的方法和原则，研究出版

---

[1] http://book.sina.com.cn/news/v/2013-08-29/1524528168.shtml 新浪读书《中国出版物在线信息交换》行业标准北京首发。

内容资源的最小应用单元划分、分类、标识与元数据，构建数字出版目录体系，提高数字出版内容资源的通用性，为形成数字出版内容体系打造基础。

3. 电子书系列标准

2010年7月在原新闻出版总署科技与数字出版司的支持和推动下，全国新闻出版标准化技术委员会组织成立了"电子书内容标准项目组"，成员50余家，除科研院所、政府机关、行业协会外，主要成员为业内企业，包括内容出版商、平台运营商、技术提供商、设备生产商，涉及电子书的内容生产、加工、传播、版权、检测和管理各个环节，企业成员接近90%。"电子内容标准项目组"的建立对于充分体现企业在标准制定工作中的主体地位，提高标准的科学性和适用性，实现标准促进技术进步、加速产业发展的作用具有重要意义。2011年根据成员单位的提案和投票表决，经原新闻出版总署批准立项了12项电子书行业标准。2013年11月其中4项基础通用标准完成研制并发布，分别为CY/Z 25-2013《电子书内容标准体系表》、CY/T 96-2013《电子书基本术语》、CY/T 97-2013《电子图书元数据》、CY/T 98-2013《电子书内容格式基本要求》。

4. 数字内容加工标准

《新闻出版内容资源加工规范》行业系列标准包括《加工专业术语》《数据加工及应用模式》《数据加工规格》《数据加工质量》《资料管理》《数据管理》《数据交付》《图书加工》《报纸加工》和《期刊加工》等10项。该系列标准从新闻出版内容资源数字化加工全流程角度出发，全面提出了加工规格、质量、数据管理、交付以及应用模式等规范，旨在通过按照统一格式进行数字内容资源的结构化加工，为数字资源的共享利用创造条件，以满足资源拥有方、资源加工方、资源使用方的共同需求。该标准于2013年11月26日通过专家评审会，2014年2月正式发布实施。

5. 数字版权标准

版权标准化技术委员会在筹备阶段就启动了多项面向数字版权的行业标准的研制工作。版权标委会秘书处单位——中国版权保护中心在多年从事版权公共服务的经验积累和对国际国内互联网版权保护模式研究与探索的基础上，提出了以数字版权标识DCI体系为核心的数字版权公共服务新模式，《数字版权唯一标识符DCI》标准是该体系的基础标准之一。该标准对于有效适应

WEB2.0时代数字版权保护的特性，实现以数字作品版权登记、费用结算、监测取证为核心的综合、有效的版权公共服务具有重要意义。此外，《数字内容版权元数据》《数字版权嵌入式服务组件接口规范》《数字作品版权登记电子证书规范》《数字作品版权登记纸质证书规范》《数字作品版权登记信息元数据规范》《数字作品版权登记业务基础代码集》《数字作品版权登记基础数据元》等多项标准也正在研究制定过程中。

6. 学术出版规范系列标准

2012年9月原新闻出版总署发出了《关于进一步加强学术著作出版规范的通知》，为了落实《通知》精神，2013年5月，由原总署科技与数字出版司和出版管理司牵头，委托全国新闻出版标准化技术委员会组织制定"学术出版规范"系列标准，目的是构建学术出版标准体系，为学术著作的出版和管理提供科学依据以及有效手段，推动我国学术著作出版质量的整体提高。该系列标准起草工作组成员均为权威的出版机构和科研单位，包括中国新闻出版研究院、社科文献出版社、商务印书馆、人民出版社、中华书局、人民教育出版社、北京印刷学院。该项目在收集整理国内外学术出版规范的基础上，通过问卷、会议等多种方式充分调研我国学术出版的现状和存在的主要问题，优先确定了8项关键、急需、基础标准。截至2014年5月，有7项标准已经完成征求意见稿。

7. 数字出版统计

2013年，龙源期刊网提出制定在线期刊发行量统计行业标准提案，在此基础上，同年11月经国家新闻出版广电总局批准，全国新闻出版标准化技术委员会启动了《数字出版统计》系列行业标准，制定针对数字图书、数字期刊、数字报纸和数据库等不同的数字出版类型和网络出版、电子书、手机、U盘等多种载体形式，制订切实可行的数字出版产品统计规范。旨在为数字出版建立科学、适用的统计原则、统计指标和统计方法。

8. 电子书包标准

电子书包涉及教育、出版和信息化三个领域，电子书包标准是继电子书标准后的又一行业关注热点。2012年新闻出版广电总局立项了《电子教材制作及应用》行业标准。该标准规范了电子教材复合文档的结构属性集和元素集、展现方法等，实现电子教材交互操作，进而消除出版机构、教育机构、教师和学生等用户跨平台学习电子教材的障碍。2013年该标准完成了征求意见稿，计划

2014年报批发布。2014年国家新闻出版广电总局立项了《数字教材加工及检测规范》行业标准，鉴于数字教材是电子书包的核心内容，该标准旨在提高数字教材加工制作的科学性、准确性和行业适用性。

（三）机构建设

新闻出版标准化机构建设不断完善。继已经完成组建的出版、印刷、发行、信息四家标准化技术委员会外，2013年12月7日经总局批准全国版权标准化技术委员会召开成立大会。会上，新闻出版广电总局副局长、版权标委会主任阎晓宏表示，版权标委会的成立，标志着我国版权标准化专家队伍初步建立，版权标准工作开始步入新轨道。它将更好地推动版权创造、运用、保护和管理的规范化发展，促进版权产业的快速转型升级。版权标委会共征集委员53人、顾问3人、观察成员3人。分别来自行政管理机关、著作权集体管理组织、互联网科技企业、科研院所以及版权内容生产、加工、集成的企业等版权相关单位，均为相关领域的专业人士，涉及新闻出版、电子图书、数字音乐、游戏动漫、视频版权等多个领域。截至2013年12月，新闻出版领域共成立5家专业的标准化技术委员会，基本涵盖了新闻出版的业务范围。

（四）制度建设

伴随行业变革和标准化工作的快速发展，颁布于2001年1月的《新闻出版行业标准化管理办法》（下称"管理办法"），在十几年后已经不能满足和适应现阶段标准化工作的需求。2011年原新闻出版总署就启动了"管理办法"的修订工作，经过3年多的研究讨论、反复修改，终于在2013年12月27日正式发布，它是国家新闻出版广电总局签署的第1号总局令。

新"办法"提出新闻出版行业标准化工作要"以推动新闻出版技术进步，促进新闻出版业健康、有序发展为宗旨，贯彻协调统一、广泛参与、鼓励创新、国际接轨、支撑发展的标准化工作方针，坚持依法办事、科学公正、公开透明和协调推进的原则。"

新《办法》明确了组织机构和职责分工，强调了总局业务主管部门和地方行政主管部门的职责，有助于提高相关业务部门对标准化工作的参与，强化标准与产业发展需求之间的契合度，提升标准服务于产业发展的能力和效果。

新《办法》加强了标准实施和贯彻的力度，"任何单位和个人在新闻出版领域开展生产、经营等活动中，应依法执行强制性标准，积极采用推荐性标准和行业标准化指导性技术文件"。"禁止生产、销售和进口不符合强制性标准的产品。""新闻出版领域各类产品未达到相关强制性标准要求的，不得进入流通领域；凡未通过标准检验和标准符合性测试认证的产品不得参评相关奖励。"其中，标准符合性测试在新闻出版领域是新提法，这项工作不仅是标准化工作的重要环节，更是推动标准实施的关键手段之一。

（五）国际标准化工作

近两年，随着新闻出版标准化工作逐步发展成熟，参与国际标准化越来越积极而活跃。

1.《国际标准关联标识符 ISLI》通过 DIS 投票

基于我国《MPR 出版物》行业标准向国际标准化组织申报的、我国新闻出版业首个国际标准提案项目——《国际标准文档关联编码（ISDL）》，2011年3月通过成员国投票正式立项，5月成立了由中国、美国、法国、德国、俄罗斯、瑞典、肯尼亚7个国家专家组成的国际信息与文献标准化技术委员会出版格式分技术委员会（TC46/SC9）下设的 WG11 工作组，中国专家担任工作组召集人。

2013年1月该标准通过 CD 阶段投票，28个有投票权的成员国中，19个国家投了赞成票。2013年6月在 ISO/TC46 巴黎年会上，经过与会专家讨论，标准名称变更为《国际标准关联标识符 ISLI》。2014年1月该标准通过 DIS 阶段投票，通过率达到91%。该标准利用 ISLI 对出版内容资源的关联关系进行标识，形成新的出版形态，不仅可以提升传统出版物的生命力，更有助于在数字环境提升出版内容资源的应用价值，对于我国新闻出版业增强国际上的话语权和影响力，提升国际地位，加快"走出去"步伐都具有重要意义。

2. 承担 ISO/TC 130 秘书处

2013 年 5 月，经国家标准委批准，中国印刷技术协会正式承担国际标准化组织印刷标准化技术委员会 ISO/TC 130 秘书处，并在深圳成功举办了 ISO/TC 130 会议，来自 16 个国家的 113 位专家出席。ISO/TC130 现在共有 13 个工作组，正在制修订的国际标准 25 项，中国现有的 18 位注册专家分别注册在 9 个工作组中参与相关标准的制修订工作。其中，《ISO CD 16763 印刷技术 印后加工 装订产品要求》及《ISO WD 16762 印刷技术 印后加工 一般要求》两项国际标准草案由中国提出并主导制定，相关注册专家还积极参与《ISO 5776 文字修订符号》《ISO 15339 印刷技术 跨越多种技术的数字印刷》等国际标准的制定，并提出我国意见。

二、标准化工作的几个转变

在政策主导和市场作用下，现阶段新闻出版业处于加速变革时期，标准化作为产业发展的基础性工作同样经历着了多种转变，这些变化在近两年表现得尤为明显。

（一）由政府主导向市场主导转变

新中国新闻出版标准化工作最早可以追述到 1953 年，政府颁布的《关于图书杂志版本记录的规定》虽然形式上还不具备标准的特征，但是实际发挥了国家标准的作用。此外还有后来陆续发布的《关于书籍、杂志使用字体的原则规定》《关于统一书籍、杂志定价标准的决定》等等，都是具有标准作用的政府文件。为了规范图书出版工作，1956 年文化部出版局颁布了《全国图书统一编号方案》。时隔 30 年，国家出版管理局于 1986 年颁布了采标自《国际标准书号 ISBN》的《中国标准书号（GB 5795 - 86）》。之后还陆续发布实施了《中国标准连续出版物号 ISSN》《中国标准音像制品编码 ISRC》等多项国家标准。上述标准文件都是以政府为主导，旨在加强新闻出版行业管理。

改革开放以来，伴随新闻出版业市场化程度的提高，市场需求逐步成为标准化工作的推动力量，标准制订的作用由政府约束转向行业自律。如印刷领域、光盘复制领域等的标准基本上是由业内企业提出并参与起草的。出版领域的市场化进展较为迟缓，但2010年由相关企业组成"电子书内容标准项目组"提出的12项有关电子书的标准，充分反映了市场对电子书标准化的需求。2013年共立项6个系列30余项行业标准，包括《基于XML的书业电子单证格式》系列标准、《内容资源加工与数据处理》系列标准等等，多数由企业提出并主导制定。

（二）由零散标准向体系化转变

最初标准对象往往是单一的，如GB/T 11668《图书和其它出版物的书脊规则》，规定了"书脊的定义、内容和设计规则"。GB/T 12450《图书书名页》则明确了图书书名页上的文字信息及其编排格式。虽然这些标准都针对图书，但由于是分别制定，之前并没有对图书规范的需求进行全面的整体研究，导致这些标准难成体系。

随着行业标准化水平的提高，标准的研制工作更加注重体系设计和构建，《新闻出版标准体系表》《数字出版标准体系表》《数字印刷标准体系表》等多项标准体系开展研究或完成发布。标准研制工作具有整体性，标准立项往往也呈现系列化特征，如2013年立项的"光盘检测系列标准"就包括《光盘复制质量检测抽样规范》《光盘复制质量检测评定规范》等4项；2014年立项的"中文古籍数字出版"系列行业标准就有术语、元数据、长期保存、版式采集、文字采集、版式重构、出版格式、数据交换、数据加工管理、按需印刷（POD）等10项行业标准。

（三）由以传统出版标准为主体向以数字出版标准为主体转变

行业标准化工作源于传统纸质出版物出版，主要适用于对纸质图书、期刊的编码、编排、复制、印刷等方面。现阶段数字出版标准已经成为标准化工作的主体，在2013年和截至2014年6月共立项行业标准近14个系列60余项标准，除光盘检测4项、印刷标准8项、基础标准1项外，全部为数字出版相关标准，领域涉及数字内容加工、数字期刊、电子书、数字发行、数字教育出版、数字版权等等，占到全部新立项标准的80%。

（四）由国际标准的使用者向参与者、主导者转变

我国新闻出版业采标的第一项国际标准为《国际标准书号》，1986年发布，1987在全国出版社实施，2007年1月实现与国际同步。2001年之前出版环节制定和发布的国家标准、行业标准共12项，其中国际标准采标项目10项，均为ISO/TC46（国际标准化组织信息与文献标准化技术委员会），换句话说，新闻出版标准化工作起步于对国际标准的采标。

近几年，我国不仅加强了对国际标准的跟踪研究和积极采纳，还逐步由国际标准的使用者向国际标准制订的参与者、主导者转变。根据国际标准化组织技术管理局（ISO/TMB）2012年第42号决议，国际标准化组织印刷标准化技术委员会ISO/TC 130秘书处由我国承担秘书处。2013年5月，国家标准委正式批准中国印刷技术协会具体负责秘书处工作。2014年1月第一项由中国提出并主导制定的信息与文献领域国际标准《国际标准关联标识符ISLI》以91%的高票通过DIS阶段投票。在新闻出版国际标准化领域，中国越来越成为一支积极而活跃的力量。

三、主要问题

（一）标准化意识待提高

新闻出版行业标准化工作起步较晚，前期的标准制修订工作也较为迟缓，新闻出版单位对标准长期存在"可有可无"甚至是"找麻烦"的认识，即使到了数字出版快速发展的当下，行业标准化意识应该说也还处于启蒙阶段。这种意识不足，在出版单位尤为明显，有两个现象可以说明这种情况：一是很少有出版社有自己的标准化专职或兼职人员，更别提部门了；二是通过9000质量管理体系认证的出版单位凤毛麟角，出版行业仍然是适用ISO9000族标准的

39种行业中，取得ISO9000认证最少的一种行业①。

剖析其中的原因，笔者认为主要有两点：一是出版单位还未成为真正意义上的市场主体，国内的出版市场也未成为真正意义上的自由市场，是否重视标准、贯彻标准并不影响出版单位的生存和发展。二是出版行业不同于其他工业或服务领域，出版物不仅具有工业产品的特征，更具有文化、精神产品的特征，而文化和精神是不能被标准化的范畴。

（二）标准实施工作很薄弱

如果把1984年第一家行业标准化技术委员会的成立作为起点，新闻出版标准化工作已经经历了30年的成长，一共研制发布了约200余项行业标准和国家标准。然而令人遗憾的是，能够在行业得到有效应用的标准却屈指可数，这些标准往往只有被政府文件采纳才得以贯彻实施。如《国家标准书号ISBN》《国家标准ISSN》《国家标准音像制品编码ISRC》，出版物不采纳这些标准，将被作为非法出版物。再如，《图书在版编目数据》，若出版社不执行，将无法获得书号。又如《中小学教科书幅面尺寸及版面通用要求》，若不合要求，各地教育部门不会采购其出版的教材。这些推荐性标准由于有了政府文件或规定的支持，具有了强制性的效力。

但是更多的标准却在发布后被束之高阁，既没有开展培训，行业是不是应用也没有监督和检查，出版单位用不用无所谓，标准制定的好不好不知道。长期以来标准在实施环节存在政策缺位、意识缺位、手段缺位的情况。针对这些问题，新的《新闻出版标准化管理办法》专门设了一章，强调要加强标准的实施和监督。

（三）标准化工作机制需健全

标准化工作机制是指："标准的制修订和宣贯工作的组织开展过程所依赖

---

① http://www.apgmart.com/st/iso9000/SpecialTopicsSite.do?method=view&uuid=261d6808-1c0a-4cbb-a750-da43940dae67&mod_ename=GuanBiaoDongTai 田海明总经理在ISO9000试运行动员大会上的讲话 2009-08-19。

的组织管理程序。"[①] 标准化工作机制健全与否,关系到标准化工作的实际效果。新闻出版标准化在 30 多年的发展过程中,工作机制不断完善,有效地提高了行业标准化的整体水平,促进了标准化的全面发展。然而,相比于其他领域,相对于数字出版快速发展对标准化的迫切需求,标准化工作机制还存在欠缺和不足。主要体现在缺乏保障机制、监督机制、激励机制和反馈机制。保障机制不仅仅指政策保障,还包括技术保障,到 2013 年底行业尚无一家权威的标准测试、实验室。认证工作还未起步,市场准入没有门槛。标准执行无人监督,标准中存在的问题缺乏有效的反馈渠道,执行效果无人评判。这些机制的缺失虽然看起来都存在于标准的实施环节,但实际上却会影响标准化的整体发展。没有保障、监督、激励机制,标准的应用就无法到位,没有应用,就无法验证标准是否适用。缺乏反馈机制,标准中存在的问题不能及时传达到标准的管理机关和技术机构,反过来就影响到标准编制的科学性。标准化工作只有建立一整套完整、科学的工作机制才能全面提高,才能更有效地对行业发展发挥支持、引导作用。

四、作用及发展建议

(一)标准化工作应发挥的作用

《2012～2013 中国数字出版产业年度报告》提出,我国数字出版产业步入快速发展阶段,政策与技术对产业的促进作用呈现出加速度,这同样为新闻出版标准化工作带来了难得的发展契机。在新闻出版行业"转体改制、转型升级"的背景下,标准化工作应该发挥好五个作用:一是应发挥政府行业管理的工具作用,标准属于技术法规,具有权威性和严肃性,在 20 年前,通过 ISBN 等标准,出版物市场得到了有效的管理。20 年后标准作为技术手段应该发挥更大的作用。二是应发挥产业数字化转型的助推作用,出版单位面临的最大课题就是数字化的业务转型,如何转?内容数字化采用什么格式加工?数字出版流

---

① 董志超:《漫谈标准化工作机制》,《人事天地》,2013 年第 4 期。

程怎么设定？标准应该给予有效的指导。近两年国家加大了对文化产业发展的投入力度，多项新闻出版重大工程项目先后启动，项目带动成为促进新闻出版转型升级的重要模式。在这些项目中，都有标准研制任务，标准是成为保证工程质量的基础和必要手段。三是应发挥科技与出版融合的催化作用，科技发展日新月异，越来越多的新技术进入到新闻出版领域，如何使这些新技术与出版业务进行有机的融合，为出版产业发展开辟出新的空间，创造出更多更好的出版产品，标准是最佳的桥梁。四是应发挥对行业主体利益的保护作用，标准是利益相关方妥协的产物，它能最大限度地平衡产业各环节的利益诉求，使产业得到均衡发展。对于新闻出版单位而言，遵循标准能够提高市场适应能力，降低企业转型成本。五是应发挥出版"走出去"的增速作用，以《国际标准关联标识符 ISLI》为例，由于标识符是英美等发达国家长期把持的领域，通过 ISLI 的立项和制定过程，不仅提升了我国新闻出版行业在标准化领域的国际地位，也增强了给我国文化产业的影响力。

（二）对标准化工作的若干建议

1. 开展行业标准化战略研究

整体考虑、长远规划，强化顶层设计。美国、日本、加拿大以及欧盟各国都将标准化作为重要的国家战略。新闻出版标准化战略研究应结合产业发展、政府监管、科技进步、国际趋势等，进行多要素分析，对今后 5 到 10 年的发展方向、重点领域、实施路径和策略给出较清晰的方案。

2. 完善标准化机制

新闻出版标准化长期存在重研制、轻实施的问题，因此，在完善标准化机制方面，应从实施机制入手。一要加快新闻出版标准符合性测试实验室建设，为标准实施提供测试、验证的环境、工具和方法，提供技术保障。二要推动新闻出版标准化基地建设，调动行业内龙头企业实施标准的积极性，发挥示范带动作用。三要建立动态维护机制，使标准的实施与标准的制定之间建立更畅通的反馈通道，让标准中存在的问题得到及时纠正。

3. 加强政策引导

新闻出版行业属于意识形态领域，产业的市场化程度不高，政府发挥着关键的主导作用。新闻出版业的标准绝大多数是推荐性标准，非强制性意味着企业可用可不用。在标准化的推动方面，从以往的经验看，政府作用至关重要。往往行政机关重视的标准，实施情况就好。因此，建议加强政策引导，建立标准化工作的保障机制。如在职业资格考试、出版单位年审年检、评奖、出版基金申报等等重要工作和环节上，把标准化的要求作为"抓手"，一方面提高工作的科学性，另一方面也可推动标准作用的发挥。

4. 改进基础标准间的协调

新闻出版领域的基础标准还存在着标准缺位、矛盾、不成体系等问题，难以对整个行业和行业标准化工作形成支撑。因此，首先应该摸清现有基础标准的现状、问题，从基础标准间存在的矛盾入手，研究构建基础标准体系，找出基础标准尚存的盲区，为行业发展打造坚实的地基。

5. 跟踪产业新技术发展

捕捉产业方向，为未来标准对象做好预研究。世界早已进入信息时代，标准也从"后置"向"前置"转变。近些年，"标准先行"的提法既有赞同者也有反对者，但无论如何信息时代的标准再也不能像工业时代那样等产业成熟才开始制定。因为信息时代最明显的特征之一就是"关联"，互联网把世界"联"在一起，标准化的目标也应该是使世界更好、更快、更方便地"联"在一起，如果"后置"，信息孤岛已然形成，再想"联"在一起会更困难，会付出更大代价。

（作者为中国新闻出版研究院标准化研究所所长）

2013年中国新闻出版业"走出去"情况分析

龚 玲

实施"走出去"战略是新闻出版工作的重大任务,是提升国家文化软实力的重要手段,也是向世界传播中华文化的重要途径。2013年新闻出版业"走出去"步伐不断加快,国际传播力、竞争力和影响力进一步提升,为对外传播社会主义核心价值体系、推动中华文化走向世界作出了重要贡献。

一、2013年中国新闻出版"走出去"基本情况

2013年中国新闻出版业"走出去"工作呈现量升质提的良好局面,具有以下特点:

(一)数量持续攀升,结构不断优化,版权输出能力显著提高

2013年全国累计出口图书、报纸、期刊、音像制品、电子出版物和数字出版物2 387.4万册(份、盒、张),较2012年增长14.3%;出口金额10 462.4万美元,增长10.4%。全国共输出版权10 401种(其中出版物版权8 444种),增长11.1%;版权输出品种与引进品种比例由2012年的1∶1.9提高至1∶1.7[①],已连续第2年超过"十二五"末期要达到的1∶2的目标。

中国出版企业继续亮相各大国际书展,向外输出版权数量不断增长。在第65

---

① 数据来源:中国新闻出版研究院发布《2013年新闻出版产业分析报告》。

届法兰克福书展上,中国参展商的版权交易呈稳定增长势头,共输出版权 2 628 项,参展的 28 家单位版权输出达到或超过展前预期,累计比 2012 年增长 9.1%[①]。第 20 届北京国际图书博览会共达成中外版权贸易协议 3 667 项,其中各类版权输出与合作出版协议 2 091 项,比 2012 年同期增长 12%[②]。第 42 届伦敦书展上中国共有包括凤凰出版传媒集团、中国国际出版集团、新经典出版社等 23 家出版商参加,向世界推介中国出版的精品图书[③]。在博洛尼亚国际童书展上中国少年儿童新闻出版总社首次设立独立展台,一次性实现版权输出 40 余项。

对外输出选题类型更加丰富多样,除中医药图书、对外汉语教材、中国文化图书等中国特色十分强的选题外,少儿图书、学术图书、文学图书等其他类型选题在国外反响强烈。

以莫言获得诺贝尔文学奖为契机,文学图书成为输出的新兴力量,较为典型的有文学类图书《租界》《暗算》等,《租界》成功地输出了英文、法文、德文、意大利文及荷兰文 5 种文字的国际版权,其中英文版权以高达 6 万美元的预付金出售给美国哈珀·柯林斯出版社;《暗算》在成功出版 20 多种版本之后,又与普拉内塔出版集团合作推出了西班牙语版。对外汉语教材增长迅猛,中国教育出版集团下属高等教育出版社与泰国教育部基础教育委员会、泰国 BOWT 出版社合作开发的《体验汉语中小学系列项目(泰国版)》在泰国已累计销售逾 200 万册,共有 1 288 所中小学使用此套教材[④]。少儿图书异军突起,不断走向欧美和亚洲国家等主流市场,代表作有《小猪波波飞系列》《羽毛》等,其中《羽毛》获得上海首届国际童书展最美童书奖。主题图书在版权输出和实物销售上屡创佳绩,代表作有《中国梦:谁的梦?》《中国强军梦——强军梦护航中国梦》等。上海交通大学出版社与施普林格出版集团共同创办了转化医学合作编辑部,联合策划出版"转化医学出版工程",推动高端学术图书"走出去"。《环球时报》推出美国版,成为首家在美国同时推出中英文版日报的中国媒体。

---

① 数据来源于国家新闻出版广电总局网站 http://www.gapp.gov.cn/news/1671/160053.shtml。
② 数据来源于国家新闻出版广电总局网站 http://www.gapp.gov.cn/govpublic/105/159519.shtml?__r=1076。
③ 数据来源于中国新闻网 http://www.chinanews.com/cul/2013/04-16/4732531.shtml。
④ 数据来源于高等教育出版社网站报道 http://www.hep.com.cn/news/details? uuid = 4a7a2f2b - 1412 - 1000 - 9f64 - edcec2432c10&objectId = oid: 4a7a2f2b - 1412 - 1000 - 9f65 - edcec2432c10。

（二）运用技术手段，搭建传播平台，数字出版产品输出亮点纷呈

数字出版产品出口是新闻出版业"走出去"的新领域，发展迅猛。2013年，国内出版企业主动把握机遇，借助互联网技术和移动通信技术的发展，积极推出各种数字化产品、纷纷建造数字出版"走出去"技术服务平台。这些平台在技术上不断完善，在传播渠道上不断突破，在服务方式上不断创新，为数字时代中国出版业的国际化拓展和中外文化交流作出了巨大贡献。7月，中国对外翻译出版有限公司推出的译云工程正式上线，它是国家新闻出版广电总局的重点项目，该技术的推出意味着今后多语言实时交流不再是难题，有助于解决语言服务行业的增长瓶颈，提高"走出去"的翻译服务能力。8月中国图书进出口（集团）总公司自主研发的"易阅通"国际数字资源交易与服务平台启动运营，该平台集数字资源聚合、加工、交易、服务于一身，涵盖了130多万种电子书、6 000多种数字期刊，打通了海外4万多家图书馆和100多万个人用户，这是该公司全球数字资源聚合与服务工程的重要成果，标志着出版物进出口行业的数字化升级迈出了重要一步。10月，中华文化走出去数字内容国际传播富媒体平台正式亮相，它由中国新闻出版传媒集团和连云港伍江数码科技有限公司共同搭建，开设了中、英、法、西四大语种的50个频道，累计节目时长1 000小时，可以向澳大利亚、新西兰等国家的150万家庭用户输出高品质、高清晰度的精品文化内容。

此外，江苏人民出版社通过美国圣智盖尔电子图书馆将78卷、4 000万字的《南京大屠杀史料集》和10卷、500多万字的《中国近代通史》两部大型出版物推向世界。商务印书馆与荷兰威科集团合作推出《中国专利案例精读》，将纸本、数字本出版权一揽子授出，实现了传统出版与数字出版同时"走出去"。安徽少年儿童出版社打造"优乐互动"少儿主题阅读平台运营。湖北长江报刊传媒（集团）有限公司将与美国阿普达公司共同打造长江传媒集群式数字报刊网络云平台，它可以满足读者数字化阅读、个性化出版及开放式版权交易等的综合需求。中国国际图书贸易集团针对喜欢中国菜的外国人开发了应用产品，并在苹果商店上线销售，将内容产品转化成内容资源，利用数字形式加以推送。

（三）开拓海外市场，整合国际资源，出版企业"走出去"步伐加快

2013年中国新闻出版企业主动拓展海外市场，充分利用"两种资源"参与国际竞争，自身实力和影响力不断增强。据国际出版咨询公司的《2013全球出版业50强收入排名报告》称，中国出版企业在50强中占据三席，其中中国出版集团和凤凰出版传媒公司首次上榜就位列第22和23名，中国教育出版传媒集团位列第30名。这显示出中国出版企业已在一定程度上具备了与国际大型出版集团同台竞技的实力，为今后"走出去"工作的实施提供了更好条件。

资本国际输出、在境外办实体是新闻出版业"走出去"的高级模式，要求企业不仅有国际化发展眼光，有境外本土化运作经验，还要有境外投资的实力。凤凰出版传媒集团4月在英国设立了"香都出版公司"，10月在澳大利亚设立了子公司凤凰传媒国际（澳大利亚）有限公司；同月，收购了第一家海外物业——凤凰国际艾坪酒店，具有住宿、会议、餐饮、窗口展示等功能，是拓展海外事业的重要基地；同时在英国埃塞克斯郡成立了江苏文化产业欧洲（伦敦）促进中心、中央新影集团海外（伦敦）拍摄基地、北京科学教育电影制片厂国际（伦敦）培训基地；与英国埃塞克斯郡和伦敦艺术大学传媒学院签署培训合作协议，与墨尔本大学文化交流学院签订了高级人才培养框架协议及墨尔本大学实习生在凤凰传媒实习委派的战略合作计划，培养国际化专业人才。中文传媒主动进军东南亚市场，以股权合作的形式，收购泰国中央中文电视台（TCCTV）49%股权，进一步拓展境外市场，谋求共同发展。此外，云南新华书店集团与新加坡思达出版有限公司合作投资的新加坡中国云南文化贸易中心正式开业运营。山东友谊出版社在马耳他建成首个海外尼山书屋——马耳他尼山书屋。《今日中国》《北京周报》、俄文《中国》等对外宣传类期刊依靠其在海外的分支机构，建立了Facebook、Twitter等官方账户，并充分利用当地知名博客网站、社交网站等，构建了面向当地读者的微传播和互动平台交错的传播网，将"中国声音""中国观点"融入当地人民的日常生活。

在向外扩张的同时，新闻出版企业还注重加强与国外出版企业的战略合作，在合作中实现共赢。重庆出版集团与韩国子音与母音出版社和法国菲利浦皮克尔出版社在首尔国际书展上签署三方合作出版协议。中南出版传媒集团与美国圣智学习集团、法律出版社与英国出版科技集团、湖北长江报刊传媒（集

团）有限公司与美国阿普达公司签署了战略合作协议。安徽少年儿童出版社与黎巴嫩数字未来公司达成了战略合作协议。外语教学与研究出版社有限责任公司和英国吉尼斯世界纪录有限公司签署了全面战略合作协议。中国电力出版社与美国约翰威立国际出版公司、社会科学文献出版社与德国施普林格出版社、中国社会科学出版社与荷兰博睿出版社建立了战略合作关系。

（四）加强规划引导，依托重点工程，政策扶持支撑效应逐步显现

"走出去"是一个政策性非常强的系统工程，一年来新闻出版业始终坚持政府推动、企业主体、市场化运作的运行机制，不断落实各项政策，各大品牌工程取得突出成效。

党中央、国务院始终高度重视"走出去"工作，2013年更从国家层面对"走出去"工作作出了重要指示。8月全国宣传思想工作会议上习近平总书记强调要"要精心做好对外宣传工作，创新对外宣传方式，着力打造融通中外的新概念新范畴新表述，讲好中国故事，传播好中国声音"，为"走出去"工作指明了方向；11月党的十八届三中全会进一步确立了"走出去"的体制，对新闻出版业下一步的改革与发展作出明确部署，指出要"扩大对外文化交流，加强国际传播能力和对外话语体系建设，推动中华文化走向世界""支持重点媒体面向国内国际发展""培育外向型文化企业，支持文化企业到境外开拓市场"，为推动新闻出版业"走出去"提供了强大的动力。在配套政策上除原有的财政、金融等优惠政策外，国家税务总局又专门针对印刷企业"走出去"出台了新的优惠政策，发布了《关于承印境外图书增值税适用税率问题的公告》，明确自4月1日起国内印刷企业承印的经新闻出版主管部门批准印刷且采用国际标准书号编序的境外图书，统一适用13%的优惠增值税税率，大大降低了经营成本。

各大重点工程的引领支撑效应逐步显现。经典中国国际出版工程今年开始向部分外国出版企业和译者开放，大大调动了外国业者、译者购买中国图书版权的积极性，同时，该工程加大对文学作品"走出去"的扶持力度，特别增设了名家名作"走出去"板块。2013年全年有165个项目（涉及1 120种图书）

获得工程资助，有 56 个项目（涉及 82 种图书）获得其"作家版"的资助[①]。中国出版物国际营销渠道拓展工程计划将国外营销商纳入资助范畴，建立合理的奖惩机制，拓宽了海外营销渠道，延伸了资助链条。截至年底，国图集团公司亚马逊中国书店项目上线图书有 23 万多种，几乎囊括近年来中国出版物所有畅销品种，为"走出去"搭建了一条直通海外市场终端的重要渠道。全球华文书店中国图书联展成效显著，国图集团向全球 26 个国家和地区发行图书近 13 万册。"中国图书对外推广计划"共与 28 个国家 40 家出版机构达成资助协议 78 项，涉及 19 个文版，其工作小组成员单位全年共向国外输出版权 3 754 种。"中国文化著作翻译出版工程"与 8 家海外出版机构达成资助协议 8 项，涉及 5 个文版[②]。"中外图书互译计划"又出新成果，"中古经典互译出版项目"作为该计划中首个与拉美地区国家签署的互译出版项目，主要由五洲传播出版社承担。继翻译出版古巴小说《黄色行李》后，《手机》西文版和《蒙卡达审判》中文版也是该项目的最新成果。

二、新闻出版"走出去"面临的困难及相关建议

2013 年新闻出版业"走出去"取得了良好成绩，积累了丰富经验，但还应该认识到目前新闻出版业"走出去"仍处在初级阶段，依然面临着许多困难：首先，意识形态壁垒依然严重，东西方文化差异明显，一些西方国家对中华文化持有偏见，甚至对我国的社会文化存在敌对心理，如 10 月出品的电脑游戏《战地 4》，因为涉嫌抹黑我国的国家形象被文化部等部门明令禁止，游戏里的中国仍然局势动荡，社会不稳定，军队好战，这些情况显然与我国国情和现状不符。然而这也从一个侧面反映了我国文化"走出去"所面临的客观大环境仍比较严峻。其次，尽管已有 3 家企业进入全球出版企业收入 50 强，但没有一家企业进入前 10 强，从总体来看我国新闻出版企业整体实力、影响力

---

① 数据来源于中国新闻出版报报道 http：//data.chinaxwcb.com/epaper2014/epaper/d5712/d2b/201402/41829.html。
② 数据来源于中华人民共和国国务院新闻办公室网站报道 http：//www.scio.gov.cn/zxbd/wz/Document/1371075/1371075.htm。

和竞争力同国际同行相比还有较大差距,同时,"走出去"企业品牌竞争力仍有待加强,防范风险的能力仍有待提升。第三,"走出去"人才缺乏。相关的外向型版权贸易人才、专业技术人才、经营管理人才、翻译人才匮乏,导致对国际市场需求和发展趋势把握不准,对精品图书和畅销书国际运作缺乏判断力,对新闻出版国际传播和贸易规则缺乏认知和了解。

针对以上困难,特提出以下几点建议:一要加强内容建设,没有品牌,产品是走不出去的,这是实践的结论。要抢占国际舆论的制高点,发出中国声音,争夺国际话语权,讲好中国故事,传播好中国声音,找准我们讲述故事的切入点,找到中华文化和西方文化的结合点,产生文化的共鸣点,将中华民族传统文化的精髓与当代中国精神风貌以及当今世界发展的趋势相结合,形成一批具有自主知识产权和核心竞争力的国际知名品牌,提高中国品牌的吸引力和感染力,扩大中国品牌的影响力。只有当我们拥有自己的品牌和话语权时,才有能力向世界展现一个真实的中国,才有机会消除外界对中国的误解、疑虑和偏见。二要加强企业建设,强化企业的主体地位作用。继续深化新闻出版体制改革,加快推动新闻出版企业跨区域跨行业跨媒体跨所有制经营和重组;通过政策倾斜和各项优惠鼓励措施,加快建设一批实力强大、竞争能力突出、具有世界影响力的综合性跨国出版传媒集团。同时规范市场秩序,保证不同所有制企业能够利用好两个市场、两种资源公平竞争,共同发展。三要加强人才队伍建设,强化国际人才队伍培养。要建立专业化、复合型、国际化的人才队伍,重点培养新闻出版业跨国经营管理人才、版权贸易人才、专业技术人才、高级翻译人才。在培养人才的同时更要留住人才,一方面要让人才学有所用,另一方面健全人才的上升机制,吸引更多的人才来为中华文化走向世界服务。

(作者单位为中国新闻出版研究院出版经济研究室)

港、澳、台地区出版业报告

2013 年香港特别行政区出版概况

李家驹　梁伟基　潘浩霖　刘美儿

2013 年香港出版业普遍都慨叹"生意难做",说的并不是一般的意气话,而是真实情况的无奈。这种无奈说到底,是因为以下几个原因:一是出版业因科技发展带来对行业经营的颠覆,已将近到了"临界点";一是外部环境的持续影响,包括租金及人力成本不断增加、出版业各工种人才的全线缺乏、阅读风气与习惯改变等。出版人深感读者少了、看书少了、买书少了。发行人深感书店卖书空间少了,书店"不务正业"了,书店不再是以前的样子了。新书陈列的空间及时间减少,旧书更不在话下。新书不敢多印,印量持续减少。因此,有出版人说出版的黄金时间已过去,现时面对的不是出版大崩坏,而是出版业似乎逐步在衰老。香港出版业面对的,与两岸以至世界的处境,何其相似。尽管如此,香港出版业仍努力自强,以好书争取读者、留住读者,并思考如何令出版业转型再发展。以下分综合出版、教育出版及阅读三方面综合一下香港 2013 年的业界状况,共同思考、共同勉励。

一、综合出版

据不完全统计,2013 年香港的中文新书品种约接近 5 000 种(不包含教参读物),当中占比例最高的是流行读物,其次为儿童读物、生活百科、社会科学。这种比例分布虽跟前年差别不大,但仍有不少可值一书之处。

(一)探索门市营运模式的新路向

随着诚品落户香港,其经营模式在一定程度上为书店带来冲击。2013 年 6

月，本地有两家概念书店先后开幕，包括中华书局位于铜锣湾中央图书馆的"慢读时光"概念店，以及三联书店位于新界元朗的"元朗文化生活荟"。所谓"慢读"就是要营造出"平静、淡泊、从容"的氛围，专营本地文学、儿童书籍等休闲读物，提供位置予东华三院（香港非牟非团体之一）以销售伤健人士制作的精品，及设置"个性漂书"专架，让读者为有需要的学生买书，供他们以低价购买。

"元朗文化生活荟"面积超过 21 000 平方呎，是三联的"旗舰店"。它的新经营模式，是跟不同专题书店如动漫世界、雅乐坊等合作，让店内产品更为丰富多彩，尝试打造一个具创意、休闲与娱乐兼备的多元文化空间。

继诚品之后，台湾另一家大型书店金石堂亦于 2013 年落户香港，但其经营模式跟诚品不一样，是跟本港 OK 便利店合作，读者在金石堂网络书店购书，可以在全港任何一家 OK 便利店提货，让金石堂通过电子商务平台将业务拓展到香港市场。

香港虽属弹丸之地，但书店却呈多元发展，多彩多姿，亦反映业界在困难中不断创新、不断尝试、不断前行。说不定在未来，以上一些概念或会成为香港书店主流经营方式之一，让人拭目以待。

（二）老牌出版社庆典

2013 年是联合出版集团成立 25 周年，除筹办了一系列庆祝活动外（举行"千年之声·钟乐龢鸣"音乐会），又将何东、冯平山、南海十三郎及高锟这四位香港知名人士的自传、回忆或日记重编，出版了"大写人生·细味香港"系列，鼓励年轻读者或学生阅读，从中反思香港发展和人生的一些核心价值。同时，邀请社会各界人士与学者，包括李焯芬、吕大乐、文灼非等，从已出版的书目中选出"精选推介书目"，题材广泛，盖涵历史、法律、建筑等范畴，旨在从图书反映时代。

去年是三联书店成立 65 周年志庆，三联举行了两场别具意义的研究讨论会："现代学术与现代出版研讨会"及"两岸三地书籍设计讲座及论坛：书籍设计背后的故事"。前者为庆祝"三联人文书系"出版五周年而举行，编辑、编者、作者与学术界聚首，共同探讨学术界与出版界如何加强互动。后者邀得海峡两岸三地的书籍设计师参加，包括内地的朱赢椿、台湾的聂永真、香港的廖洁莲博士，共同探讨最美的书究竟具备什么条件。以最好、最美的书争取读者，用心良苦。

（三）新型出版物的尝试

香港出版人亦不断探索出版形式的创新。2013年香港三联出版了一份全新的杂志书：《what.》生活文化志，现已出版了4期。《what.》每期以一种生活风貌为题，试刊号《what. issue 0：黑夜之后》于去年3月份正式面世，其后又出版了《自主身体》《现代山海经》《功艺手帖》。《自主身体》更荣获去年第二十五届香港印制大奖的"优秀出版大奖"。此外，万里亦尝试出版集信息、文化与活动推介一身的杂志：《YUMMe》，以内容信息为实用出版开展及延伸其他业务。

（四）大型网上书店平台"超阅网"推出

虽然香港电子出版仍处于摸索阶段，亦未形成市场规模，但去年仍有一些重要发展。首先是联合出版集团旗下联合电子出版推出了崭新的电子商务平台：超阅网（Super Book City.com）。它集实体书店、网上书店及文化活动于一身，在首阶段推出超过1 000本图书，并于9月推出电子图书馆，以满足中小学及公营机构的需要，亦将与中国移动香港合作推出"Mobius电子书服务"，按月收费为读者提供电子书服务。其次，"Google Play图书"与香港几家大型出版社合作，包括三联书店、商务印书馆、中华书局、万里机构、香港大学出版社等合作，为读者提供电子书及流行读物。第三，随着电子书日渐普及，近年本港一些私立大专院校都先后设立电子图书数据库以方便老师教学和学生学习，并陆续加强数据库内容，例如香港公开大学在未来三年估计会购买15 000至25 000部电子书作资源共享。

出版人一面期望电子出版可以增长，一面却面对传统出版的隐忧。据德勤公布的《中国两岸三地文化产业研究报告2013》预测，"两岸三地的文化产业正在步入一个迅速发展的黄金年代"，"随着出版业迈向数字化，香港和台湾地区的传统出版业正面临着严重的生存挑战，预计未来五年行业并购整合将达到新高点"。

(五) 为培养阅读种子而努力

2013年香港书展入场人数高达98万，创历年新高。随着书展的规模越来越大，书展已成为本港社会一年一度的盛事，近年甚至吸引不少内地人专程来香港参加。

一些地区又举办了不同规模的地区书展，包括"阅读在铜锣湾""阅读在修顿""阅读在屯门""阅读在葵青"等。不少出版机构均积极参与，促销图书，力求扩大市场，培养阅读气氛。这些地区书展是业界与区议会或地区组织合作，主要对象为该区居民。这些小区书展虽然在规模、书种以至人气上，皆无法跟香港书展相比，但小型书展却发挥着散播阅读种子的效果，在推动年轻人的阅读风气，培养良好的阅读习惯上，均能发挥重要作用。

(六) 香港馆扩大规模，力图拓展境外影响力

除本地书展外，本港不少出版机构都积极通过参与内地、台湾以至海外的图书展览，以了解世界出版潮流方向。香港出版总会与香港印刷业商筹划的"香港馆"已是第3届，除原有的"台北国际书展'香港馆'""北京国际图书博览会'香港馆'""法兰克福书展'香港馆'"外，去年还增设了"南国书香节'香港馆'"和"意大利波隆那'香港馆'"。

通过这类国际书展，本港同业可以展示其在过去一年优质的产品，更可以直接跟不同地区与国家的同业接触交流，借此提升本港出版质量，以及引进优秀的题材及发掘具潜质的作家。

(七) 值得怀念的著名作家辞世

香港著名诗人、小说家、散文家、学者也斯不幸于2013年1月5日辞世。也斯三度获得"香港中文文学双年奖"，2012年获香港书展特邀"年度作家"，表扬他过去近半个世纪以来在文坛的卓越成就和贡献，他是香港最重要的文化人之一，又获香港政府颁授紫荆荣誉勋章、"艺盟"香港作家年奖，2012年诚品选为"香港十大作家"之一。

也斯是一位跨界别的作家，他热爱写作，著述丰富，兴趣广泛，从其文学作品之中，就能观察到他这一种越界特色，让文学与摄影、现代舞、音乐、时

装、装置艺术等不同媒界互相混合，打破文学框架与界限，为文学注入不同的元素，让其充满活力与生气。因此，他的离去不仅是本港文学界、出版界的损失，也是本港文化界的重大损失。

为纪念这位跨界作家，香港特区政府康乐文化事务署于 2014 年 1 月主办了"回看也斯（1949～2013）"活动，内容包括展览、诗奏、诵诗、文学讲座和创意诗作坊。其中在香港岛铜锣湾中央图书馆举行的《游——也斯的旅程》展览展出了 100 多件也斯与友人的文学艺术互动创作。

（八）业界积极向政府争取"授借权"（Public Lending Right）

"图书授借权"是作者和出版社把图书借阅权授予公共图书馆，图书馆每借出一本书，就要付出版权费。香港出版的图书经公共图书馆购入后，由于读者可以免费阅读，少了人有意欲去买书，影响了作者及出版社的经济收入，因而产生了授借权的争议。

去年本港出版界向政府争取图书馆支付出版权费，并成立"香港授予公共图书馆图书借阅权联盟"推动此事。发起人为本港出版业界、作者及著作版权持有人，组成联盟几已盖涵本地所有重要出版团体，如香港作家联会、香港动漫画联会、香港出版总会、香港出版学会、香港版权影印授权协会等。联盟于 2014 年初发起联署行动，一些重要作家如金庸、倪匡、陶杰等均表支持。

二、教育出版

（一）在学人数变化对出版的影响

香港前几年生育率低，导致适龄学生人数逐步减少，近年中学人数问题尤为严重。在未来四个学年，整体中一学生人数会继续下降，由 2012/13 学年的约 6.4 万人，跌至 2016/17 学年的 5.4 万人，跌幅达 17%。由于在学人数锐减，导致中学教科书市场萎缩，加上二手书每年平均 20%～40% 的侵蚀，致教科书经营更见困难。

另一方面，小学生人数近年因着跨境学童（即拥有香港居民身份但居于内地的学生）增加而持续增加。政府数据显示，2012/13 年度有近 1.64 万名跨境学童在港就读，其中幼儿园学童和小学生均分别约有 7 000 人，有关人数将在 2014 至 2017 年达高峰。这一新群体为香港社会带来的影响正日益显现。小学教科书市场也随学生人数增加而扩大，对于小学补充练习、儿童读本，以至工具书和学具的需求，也有明显的增长，提高了出版及研发小学学习阶段产品的诱因。

（二）电子教科书的发展与争拗

教育局为抑压教科书书价，于是推出"电子教科书市场开拓计划"（EMADS）。计划邀请数十所中小学试教，并批准十三家机构出版电子教科书试用版，其中四家非牟利机构更特别获得政府配对拨款资助。此计划目的是为教科书市场引入新供应者，借此打破政府认为存在的"寡头垄断"局面。预计首批电子教科书可于 2014 年推出市场，学校于 2014/2015 学年使用。然而计划到了中段，已有三分之一项目的参与者因不同原因退出，反映原计划思虑不周，政策并未全面考虑实际情况，亦引来出版商的批评。

教育出版社虽有丰富的编撰和营销经验，有的甚至早已出版互动光盘辅助教材，在出版电子课本上占有优势，但因电子教科书市场未明、盗版风险高、开发成本庞大等，一直持观望态度。电子教科书能否如教育局期望可降低教科书售价，尚属未知之数。但电子教科书可节省纸张、印刷和运输成本，学校转用电子教科书如同购买新书，亦能打破"五年不可改版"的限制，因此，电子教科书市场将成为出版商未来的发展焦点。政府最快会为 2014 年的新学年推出电子教科书送审及适用书目表制度，出版商为争取新市场展开博弈，包括推出传统教科书的"电子阅读版"。这种"阅读版"虽不像发展成熟的电子教科书有强大的互动功能，但出版商由于节省了纸张及印制等成本，估计书价可以比纸本课本便宜。电子教科书何去何从，尚拭目以待。

（三）新高中学制的检讨及微调

新高中学制已实施 4 年，文凭试也举行了两届，教育局及考评局于 2012 年年底开始对新高中课程咨询及检讨,结果2013年公布大幅精简课程内容及取消3科及延迟9科的校本评核,又削减18%总课时,中文科重设文言范文,企会财科删15%内容等。考评方面也有微调,包括将经济、地理等科考试时间延长、中史及经济科浅化考评试题、通识教育科精简讨论议题、中文科聆听卷与综合卷合并等。因应课程及考评的修订,高中课程未来将有不少变化,对出版商送审及出版计划带来重大影响,估计教科书出版社将会很忙。

(四) 幼儿及小学教育类板块增大

2013年度香港书展整体面积较前一届增加8%,其中"儿童天地"较前一届增加30%,可见儿童教育类出版仍在发展中。因很多家长为让子女好好把握暑期的学习空当,不惜购买大量教材及补充练习,也加速了补充练习、课外图书等市场的发展。近年来亲子教育和婴幼儿教育亦越受重视。针对父母及其教育需求,大型出版商均努力出版各种英语学习、亲子图书及婴幼儿学习套装,当中不乏贵价套装。

三、阅读趋势

从经营角度而言,香港图书业环境,压力确实日渐增加。畅销书所带来的销售爆发力大不如前,没有多少本书能冲到一个十分可观的水平;同时每本畅销书的寿命缩短,集长销与畅销于一身的品种愈来愈少。硬件方面,营运成本大大提高,从书店租金暴增到运输费用等,扛着的负担不言而喻。然而,香港本来就是一个如此特别的地方,以最小的空间,蕴藏最多样的、来自世界各地的读物。读者群的口味,分得细致多元,他们喜欢话题书,同时会刻意寻找最冷僻的作品,港版、台版、外文版及简体字版同时兼收。

(一) 文学类

村上春树的新作《没有色彩的多崎作和他的巡礼之年》(时报出版)成为2013年文学类榜首。一直以来,称他是销售保证相信无人置疑。可是此书即使登上第一名，总销册数亦不算惊人；另一香港本地作者马仔，情况相同，《我的低能凑B之道（3）——幼儿班篇》（天马出版）居于第二，但与之前同系列的单本相比，销售明显下降。大抵可印证早前所描述的状况。

文学类畅销排行中，不乏网络文学。近年网上讨论区再次兴起，除了各式各样的日常话题，有连续小说创作，将之结集成书，仍然有大批捧场客。从《一路向西》（有种文化），到《那夜凌晨，我坐上了旺角开往大埔的红Van》（Sun Effort）和《男人唔可以穷》（墨出版），除了文字，还前后被改编成电影，势头甚大。

（二）非文学类

非文学类方面，近年仍以养生书为主要基调，《严选偏方》（青森文化）、《酸痛拉筋解剖书》（橡实文化）等畅销依旧。生活百科类向来占香港图书市场极大比重，提到食谱、保健等书籍，难免使人想到较成熟的读者群，然而这个普遍印象渐因现代人生活需求不同而有差异。台湾及香港近年推出多种以"简单轻巧""省时"作招徕的饮食文化，相对于昔日偏向讲究食材、注重长时间烹调的食谱，前者明显针对新一代年轻的事业型夫妇。而所谓养生和运动，亦不再局限于以往中医保健，后起热销的骨盆枕类及眼球操书籍，在台湾在香港，是热门的保健话题，固然能卖，跑步或单车书在香港亦是另一种新尝试，备受读者追捧。与之同时，当今生活的紧张及压迫感，不论是心灵还是身体上，所引发的都市病可谓不计其数，《脂肪肝中医治疗与调理》（香港商务印书馆）、《糖尿病治疗与中医调养》（香港商务印书馆）、《高血脂高血压饮食宜忌速查》（万里机构）等书籍相继面世，成为畅销作。

（三）童书一枝独秀

2013年，在普及阅读市场里，童书销售份额显著增加，似乎是必然的趋势。香港幼儿出生率提高，小学入读人口回升，加上香港新一代父母，不论是自身的教育程度，还是对子女教育的期望，都大大提高，对孩子阅读及所选择的读本，自然有所要求，尤其是英语阅读部分。不少书店开始专攻童书市场，扩大卖场面积。以商务印书馆为例，除了年前已把奥海城转型成为儿童书店外，今年开始，亦辟了铜锣湾最繁忙的地段，作为儿童书专门店发展的地方，可见市场需求之大。值得一提的现象是，随着中国游客来港数目日益增多，内地家长对英文童书，以及各类补充教材，皆有一定需求。

童书受欢迎，同时亦带动相关类别如亲子教养、家长管理技巧等销售。出版社早已推出各式各样的"港孩"书籍，读者对象为在万千宠爱于一身的成长环境下，欠缺自理能力的孩子。或以"怪兽家长"作为主题，反映过度关注或干扰子女成长的父母。2013年，此类读物销售有增无减。从由台湾引进的《犹太妈妈这样教思考》（野人文化）、《德国妈妈这样教自律》（野人文化）、《不一样的孩子心理学》（采实文化），到香港本地出版的《有机良方：开心孩子轻松教》（新雅），这些书，有实用性的亲子指南，也讨论教育的利弊，足以反映当前香港的社会形态。

（四）人文社科优质书受重视

人文社科类书籍的高增长，使这一类别成为各大出版社主攻的板块。去年《读图识中国》（香港商务印书馆）结合知识及目前流行的图解方式，大受欢迎，居于人文类畅销榜榜首；《耶路撒冷三千年》（究竟出版）以一地一历史，以及各派宗教发展作为主轴，题材本不易销，但集合电视节目的效果及强大宣传的优势，顿成热卖作品。《思考的艺术》《行为的艺术》（商周）及《快思慢想》（天下文化）等畅销作品既有大脑分析，也渗入心理元素，是近年来"思考力"类别的销售路向。向来予人严肃难懂感觉的哲学类书籍，书籍内容的呈现亦有所改变，《正义：一场思辨之旅》（雅言文化）及《钱买不到的东西：金钱与正义的攻防》（先觉出版）等，一方面受大众读者欢迎，同时又被中学及大专院校收入必读教材内。

（五）本地意识与历史整理

香港回归以后，有关后殖民及身份认同探讨的专书，不论是学术型或者杂文类，在市场上均占有一定地位。十多年来，内地香港两地的交流，或融合或冲突，均在民生及法制上不断反映出来。而香港市民对于社会议题的响应、公民的参与、香港史的重探等，亦愈来愈投入，催生不少相关书籍的出版。刘兆佳的《回归后的香港政治》及《回归15年以来香港特区管治及新政权建设》（香港商务印书馆）讨论政权交替后的管治策略转变；吕大乐的《那似曾相识的七十年代》描述了香港的黄金岁月；《香港深层次矛盾》（香港中华书局）更开宗明义，直接叩问管治问题的根源。

最可喜的是，近年来不少本地出版社愿意配合自资，或直接付出更多资源，出版与本地题材有关的书，让读者走进香港的血管里。《住屋不是地产》（印象文字）从政府的"长远房屋策略"谈起；《美荷楼记》（香港三联）是香港公共屋村的忆记；《抛砖记》（捍卫基层住屋权益联盟）细述公屋的历史与居民抗争运动。至于《心界中心的贫民窟：重庆大厦》（青森文化），谈香港这个特色之地，亦探讨全球化议题，成为少有的畅销学术著作。

（六）少众题材

2013年，台湾及香港举办了多场同志运动，有人以宗教立场或传统思维，坚持一男一女的关系，也有人支持多元成家，爱值得爱的，如何选择，存乎一心。《大爱同志》（白卷）收录各界人士的作品，包括散文及画作，以创作声音争取平权。《我们弯着返教会》（青森文化）探讨了信仰与同性恋之间的关系，两者不一定只有抗衡与误解。《从情欲、伦理与权力看香港的两性问题》（香港大学出版社）是论文作品，以身体和种种欲望，细探本地的性别研究题目。

四、不是结局而是开始

出版难做仍要做，更要做好。这应是有志于出版行业的同道人的心声。在困难中能突围，更能反映能力。2013年见到因之前科技变化积累而引致市场经营模式的转变，已不断侵蚀出版业，颠覆出版业。出版业不自强，它不一定是一下子崩坏，而是在不知不觉间被逐步消除、缩小、被边缘化。特别是当内容不再是王、传统信道不再是王的时候。在科技与传播内容方式巨变下，出版人须觉醒。

2013年纵然困难重重，可喜的是不少业界中人仍"在困难中摸索前行"，在出版、门市、经营方式等方面力图尝试新的点子。寄望出版人能保持清醒、保持冷静、保持理想、保持力量，寻出新路。

(作者单位均为香港联合出版集团)

2013年澳门特别行政区出版业概况

王国强

一、前　言

澳门特区政府为了实现经济多元化的政策，大力推动文创产业，今年再次在台北国际书展中设立澳门出版品大型展区，展出多间出版机构的书刊超过一千种。为了使大家更清楚掌握澳门出版业状况，笔者自2006年起开始对澳门出版业作年度回顾，本文为2013年业界分析说明。

二、出版品统计

本文的主要统计数据是来自澳门中央图书馆、澳门大学图书馆及几家主要的出版机构网上目录。直到2014年3月15日，暂收录具有国际书号、国际期刊号与较重要的出版品，共计498种，包括专书、特刊、期刊等。在这个小城市，每天约有1.3种书刊出版。参见表1，依照中文图书馆分类表归类，出版物的内容仍然是以社会科学类为最多，计有204种；其次为艺术类116种；第三类为应用科学类，共52种。三个类别加总为372种，占总出版量74.3%。

由于近年澳门特区政府大力推动文化创意产业的发展，艺术类书刊的出版成为澳门图书市场的热点，出版的展览目录、个人作品集等大多设计精美，内容充实，在两岸出版业界中获得良好的口碑；至于另一类文学创意作品——文学类的作品，由于几家以出版国内著作的出版社与及澳门故事协会，在近两年减产，文学作品的出版数量继续减少，只收得22种，较2012年减少了10种。

表1　2012~2013年出版书刊统计表（依分类表计算）　（单位：种）

中图法类别	2012年	2013年
总类	12	18
哲学	7	1
宗教	10	19
自然科学	11	11
应用科学	44	52
社会科学	268	204
史地	35	45
世界史地	6	4
语言文学	45	31
艺术	139	116

表2为以出版品的主题分析，2013年各主题书刊的出版量与2012年相比有较大的差异，2012年排第一位的艺术主题书刊，2013年仍稳守第一位，共计78种；以政治及公共行政类书刊为第二位，共计有64种；第三位为历史，共48种；第四位为经济，共44种；第五位为社会类，39种；第六位是教育，32种；第七位是法律，共28种；第八位为文学，共22种；第九位为科学，共15种；第十位为医学和宗教，各有14种。该年度排名前九名中，除历史与法律两类互相对换位置以外，各类别排名顺序均与2012年相同。

表2　2012~2013年出版书刊统计表（依主题计算）　（单位：种）

主题	2012年	2013年
艺术	85	78
公共行政	67	64
经济	57	44
法律	45	28
社会	39	39
教育	37	32
历史	33	48
文学	32	22
科学	28	15
旅游	22	12
交通	16	11
摄影	15	12

(续前表)

主题	2012 年	2013 年
音乐	11	5
体育	11	9
医学	10	14
宗教	10	14
博彩	9	9
语文	9	8
人口	8	3
饮食	5	3
哲学	5	1
戏剧	4	2
综合	4	7
统计	4	4
图书馆及书目	3	7
传播	3	2
地理	2	3
治安	2	1
博物馆	1	0
总计	577	497

在出版语种方面，可参见表3的分析，本年计有中文267种、中葡英文86种、中英文40种、中葡文39种、葡文38种、英文27种、日韩2种等。虽然澳门定位为国际休闲中心，外资博彩业在澳门有一定的影响力，加上澳门为葡语地区交流的平台，但图书出版仍以中文书为主，英文作品则集中在社会及旅游方面为主，葡语作品主要为艺术、法律及公共行政作品。不少特区政府出版品以中葡或中葡英三语出版；多语种出版依然成为华文地区中出版的特色，总计作品中有中文432种、葡文163种、英文153种。

表3 2012~2013年各出版语种列表　　　（单位：种）

语种	2012 年	2013 年
中	325	267
中葡英	85	86
中英	48	40
中葡	43	39
葡	45	38
英	30	27
英葡	1	0
日韩	0	2
总计	577	499

2013年共有26家新出版单位，其中有20家为社团出版品、4家私人公司、3家为个自资出版，充分反映出澳门的社团文化较趋于出版书刊。全年有186家出版单位出版书刊。参见表4，以不同类型的出版单位来计算，特区政府部门46家单位出版书刊共265种为最多。次为社团组织，共87家单位，出版136种书刊；第三为私人出版单位，共44家，出版书刊85种；第四为学校，有6家单位出版6种书刊；最后为个人自资出版3家，出版3种。

表4 2012~2013年各类型出版单位数量及出版书刊数量列表 （单位：种）

出版单位类别	2012年	2012年	2013年	2013年
特区政府部门	51	313	46	265
社团	92	157	87	136
私人出版单位	60	93	44	85
学校	7	9	6	6
作者自资出版	5	5	3	3
总计	215	577	186	495

参见表5（1）为前五位澳门特区政府出版单位排行，依次为民政总署、统计暨普查局、文化局、澳门理工学院及澳门基金会。前五位的出版量为137种，占特区政府出版品的数量51.69%。

表5 （1）2012~2013年澳门特区政府部门出版数量排行榜（前五位）排行

（单位：种）

排行	单位名称	2012年	2013年
1	民政总署	37	42
2	统计暨普查局	34	31
3	文化局	23	27
4	澳门理工学院	22	23
5	澳门基金会	20	14

参见表5（2）为社团机构出版数量排行榜（前三位），11家单位43种，约占社团出版数量的31.62%，以澳门国际研究所出版8种书刊，排列在榜首。排第二为澳门摄影学会、澳门发展策略研究中心、澳门街坊会联合会、澳门经济学会及澳门图书馆暨信息管理协会，各4种，第三分别为澳门文物大使协会、圣公会港澳教区、澳门学者同盟、澳门扶康会、澳门出版协会等5个单位，各有3种。社团出版品分布较为平均。

表5（2）　2013年社团机构出版数量排行榜（前三位）　　　（单位：种）

排行	单位名称	数量
1	澳门国际研究所	8
2	澳门摄影学会	4
2	澳门发展策略研究中心	4
2	澳门街坊会联合总会	4
3	澳门经济学会	4
3	澳门图书馆暨信息管理协会	4
3	澳门文物大使协会	3
3	圣公会港澳教区	3
3	澳门学者同盟	3
3	澳门扶康会	3
3	澳门出版协会	3

参见表5（3）为私人出版数量排行榜（前三位），共23种，来自4个单位，以澳门科技大学为首，共8种；排第二位为中西艺文出版社及，6种；澳门电讯有限公司为第三位，5种。由于国内出版事业发达，发行网络完善，不少个人著作分别在国内外出版，又或由社团合作，自行出版。过往出版量较多的东方国际出版社、澳门学人出版社、当代中国艺术出版社、澳门出版社有限公司、中国艺术出版社、澳门出版社、国际炎黄出版社、东望洋出版社等，均有大幅下降现象，全年只出版一至两种书刊，甚至没有书刊出版。出版社没有书刊出版如何支持生计，所以部分出版社转以协助本地机构排版及制作工作。

表5（3）　2013年私人出版数量排行榜（前三位）　　　（单位：种）

排行	单位名称	数量
1	澳门科技大学	8
2	中西文艺出版社	6
3	澳门电讯有限公司	5

参见表5（4）为学校出版单位，该年度的学校出版品数量不多，可能是因为各大图书馆仍没有收到书刊之故，暂时共收得6家学校各1种出版品。

表5（4）　2013年学校出版单位数量排行榜

排名	学校名称
1	澳门大学附属应用学校
1	镜平学校
1	澳门葡文学校
1	培正中学
1	广大中学
1	澳门浸信中学

澳门出版的报纸及期刊约有200多种，大部分为机构的通讯为主，较重要的报刊有报纸10种及期刊30种，题材以澳门旅游、时事为主。而学术期刊有60多种，内容以文史研究、法律、经济、教育等类别为主。2013年创刊的期刊有36种。包括澳门乐活展场刊展会日报、电报行动特刊、博彩与旅游休闲研究、反思、法律等期刊。

三、出版业界的交流

澳门每年有三次大型书展，分别在4月、7月及11月举行，先后由澳门出版协会及一书斋举办，每次均展出逾万种图书。平均每次入场人数约有二万人，主要客源为图书馆及个人读者。而在11月举行的书展是由澳门出版协会主办，台湾图书出版事业协会合办，书展展出台湾出版及教育用品逾千种。

澳门业界亦参加了2013香港国际书展，由澳门基金会及澳门文化局合办；澳门出版协会承办，销售情况一般。澳门大学出版中心及澳门国际研究所参加了在澳门首次举办的国际性书展——第八届中国学者会议年会的书展，以上的参展单位努力开拓区际图书市场，可作为澳门其他业界的榜样。

在法制方面，澳门特区新闻局对传媒机构召开修订澳门"出版法"的咨询会议并制定了新的出版法，以完善澳门在出版与著作权的法制，有利业界的发展。最后，澳门基金会在其虚拟图书馆网页加入一项新的澳门出版品检索服务，读者可在此库搜寻2000年至今约8 000条澳门出版品的目录，可有利各图书馆及代理商查找及了解澳门出版目录的概况。

该年度在出版合作方面，先后有近30种书刊为本地出版单位委托外地单位出版的，分别香港大学出版社、香港三联书店、从心会社；大陆的中国社会科学出版社、社会科学文献出版社、世界科技出版社、人民教育出版社、人民出版社、广东人民出版社等。

四、书店业

2013年澳门共有门市书店及代理公司387家，包括：澳门文化广场（3家分店）、宏达图书中心（3家分店）、澳门星光书店（2家分店）、葡文书局、文采书店、边度有书、一书斋、珠新图书公司、科海图书公司、信息店、环球书局、光启教育中心、悦书房、耶路撒冷书城、浸信书局、浸信会书局、圣保禄书局、活力文化、新城市图书中心、环亚图书公司、大丰啤令行、竞成贸易行、ABC计算机公司、学术专业图书中心、Bookachina、创意文化、Bloom、澳门政府书店、乐知馆、大众书局、悦学越好有限公司、Milestone及愉阅屋等。至于二手书店约有10家、漫画店约50家、报刊批发商有6家。此外，澳门亦有便利店30家及书报摊30家分销图书及报刊。在澳门有八成的书店设于中区，形成澳门独有的书店街，对象是游客及年轻人。在2013年有商务印书馆澳门分馆因人手不足于7月份结业、二手书店因无法承担昂费租金而转至四蟁街小店经营，反映出澳门中小企业受到博彩业的影响，难以为生。

五、结　语

2013年，澳门传统的图书出版没有显著突破点，书店业基本上没有因为澳门每年有近三千万的游客到访，而令到业绩大幅的进步；反而以游客为出版对象的旅游指南及黄页、地图及期刊业者，主要得到商号的赞助，刊登各种广告，在业绩上录得良好的纪录。此外，澳门特区政府非常关注本地文化及创意产业，多次对业界进行咨询，预计在2014年为澳门回归15年的纪念，澳门出版及图书市场发展将承接此热潮可望有较好的出版成绩。

附录 2013年新出版图书机构　　　　　　　　　（单位：家）

名称	数量	性质
Wynn Resorts（Macau）S. A.	1	私人公司
自由新澳门	1	社团
戒烟保健会	1	社团
亚太博彩研究学会	1	社团
海外国际（澳门）有限公司	1	私人公司
讯艺有限公司	1	私人公司
超越行动	1	社团
黄绮雯	1	个人
精瓷艺术中心	1	社团
澳门大学研究生会书法协会	1	社团
澳门化验师公会	1	社团
澳门幸运博彩业职工总会	1	社团
澳门法律反思研究及传播中心	2	社团
澳门原创小说协会	1	社团
澳门桃李艺术协会	1	社团
澳门创意产业协会	1	社团
澳门汇才慈善会	1	社团
澳门剧场文化学会	1	社团
澳门乐活产业协会	1	社团
澳门龙禧拍卖有限公司	1	私人公司
澳门临水宫值理会	1	社团
胡家兆	1	个人

（作者为澳门大学出版中心主任、澳门出版协会副理事长）

2013~2014年台湾地区出版业报告

黄昱凯

一、台湾地区出版产业概况

根据《"中华民国"行业标准分类》的定义，出版业是指从事新闻、杂志（期刊）、书籍及其他出版品、软件等具有著作权商品发行之行业，而在2010年通过《文化创意产业发展法》之后，软件出版业已经归类至"数字内容产业"，音乐书籍出版则被归类至流行音乐及文化内容产业。台湾对于出版产业进一步细分为下列各种不同之行业："书籍、杂志批发""书籍、杂志零售""新闻出版""数位（数字[①]，下同）新闻出版""杂志（期刊）出版""数位杂志（期刊）出版""书籍出版""数字书籍出版""漫画创作""文学创作""独立供稿记者（包括独立作业记者等）"。2013年"文化部"的统计数据显示，台湾地区人口数量约两千三百万，登记之报纸业家（机构）数超过2千家，杂志出版业家数超过7千家，有声出版业家数超过9千家，图书出版业家数则超过1万2千家，每年出书量约为4万3千种（四万多种新书中，翻译书约为五分之一，翻译书的语言根据数量排序分别为日本、美国、英国、韩国）。出版产业的营业额新台币1 153亿元（外销比例只有2.43%），占台湾整体文化创意产业营业额的第三位，前两位分别是：广告产业（新台币1 450亿元）与广播电视产业（新台币1 308亿元）。

---

① 为编者所加。因两岸用词不同，一些比较有特点的词保留用词，另括号标注内地读者更为熟悉的词语，下同。

出版产业的产业链包括上游的创作端，包含支持创作服务的版权经纪公司；中游的生产端（如负责编务与发行的出版社，以及负责制版、印刷、装订的印刷厂）；中下游的图书经销公司（台湾重要的图书经销公司包含联合发行、黎明、红蚂蚁、高见、如翊等）；以及下游的销售端，如书店、网络书店、小说（漫画及杂志）出租店、电子书阅读器、Google 图书等。根据"文化部"的统计，目前台湾出版产业初步估计约雇用 31 156 人，这当中主管及监督人员约占 20.3%（6 331 人），专业人员约占 38.0%（11 837 人），技术员及助理人员约占 20.5%（6 375 人），专务工作人员约占 12.4%（3 861 人），服务工作人员及售货员约占 2.5%（766 人），技艺及机械设备及组装人员约占 3.4%（1 074 人），基层技术工及劳力工约占 2.9%（912 人）。

在图书流通方面，目前台湾书店仍以连锁书店为主，其中诚品（40 家）与金石堂（66 家）是台湾最重要的两大连锁书店体系，其他如何嘉仁、垫脚石、三民书局、诺贝尔等也是常见的连锁书店；原"台湾商务印书馆"更名为"商务十九人文读境"；国外书店在台设点则依附在百货公司的卖场，如纪伊国屋与微风广场合作、淳久堂书店与 SOGO 合作、PAGE ONE 与台北 101 合作。网络书店则以博客来网络书店独大，金石堂网络书店居次，读册生活（TAAZE）则是台湾最大的二手书买卖交易平台（读册是由博客来网络书店的创办人离开博客来后创立的）。至于在数字出版流通方面，除了 Google 图书外，其他数字阅读通路还包含 Hami 书城、Mybook 书城、远传 e 书城、随身 e 册、POPO 原创、PUBU、UDN 等，然而数位阅读的销售额普遍都是个位数，显现数字阅读仍有很大的成长空间。

每年书店都会公布年度图书销售排行榜，由这些信息可以窥见台湾图书市场的部分现象。在诚品书店的部分，2013 年底诚品公布"年度阅读现象分析"及"年度畅销书榜单"书单，其中畅销书榜 TOP10 分别是《跟任何人都可以聊得来》《一周腰瘦 10 公分的神奇骨盘枕》《想念，却不想见的人》《羊毛记》《地狱》《格雷的五十道阴影 III：自由》《没有色彩的多崎作和他的巡礼之年》《惊人的视力回复眼球操》《不爱会死》《每一天，都是放手的练习》。金石堂书店则是在年底公布"年度风云人物"与"十大影响力好书"等信息，金石堂所选的出版产业年度风云人物为黄镇隆与简媜，而在"十大影响力好书"方面则依序为《大唐李白》《公东的教堂》《世界虽然残酷，我们还是……》《羊毛记》《行为的艺术》《耶路撒冷三千年》《脆弱的力量》《国家为什么会失败》《晚熟世代》《发现天赋之旅》。至于博客来网络书店所公布的2013年销售书排行榜TOP10，其书单分别是：《一周腰瘦10公分的神奇骨盆枕》《快思慢想》《惊人的视力回复眼球操》《格雷的五十道阴影Ⅲ：自由》《记得你是谁：哈佛的最后一堂课》《地狱》《解忧杂货店》《塑身女皇美胸、美腹、美臀Dance》《想念，却不想见的人》《少年Pi的奇幻漂流》。

由诚品书店、金石堂书店、博客来网络书店所公布的年度畅销书榜可以发现，《一周腰瘦10公分的神奇骨盆枕》《惊人的"视力回复"眼球操》《格雷的五十道阴影Ⅲ：自由》《地狱》等4本书同时进入不同平台的前十大排行榜。观察台湾2013年畅销书可以发现一个现象，当年度台湾发生了许多食品的安全问题，因此许多有食品安全或教导人们如何注意自己动手做食物的书籍都很畅销，此外，翻译书持续在台湾的畅销书排行榜扮演重要的角色，这也是让台湾出版社应该持续关心的隐忧。

二、两岸与国际交流概况

每年于德国举办的法兰克福国际书展是台湾出版产业对外交流的重要平台，2013年由"文化部"主办、台北书展基金会承办台湾馆的规划，并以"美的台湾（Made in Taiwan）"为主题参加第65届法兰克福国际书展，有83家出版社共1 154本平面及数位出版品参展，会中并举办"台湾沙龙"，让国际出版专业人士与台湾出版业者进行深度交流。此外，"文化部"特别成立"台湾原创作品试译本翻译"补助办法，补助入选只台湾出版社相关的英译费用，本次有《谁在银闪闪的地方等你》《下一个天亮》《花街树屋》《小镇生活指南》《等候室》《海边的房间》等16本文学类书籍，以及《我们去钓鱼》《时光电影院》《看不见》等10本童书为主打推荐，进一步协助出版社开拓版权的国际交易机会。

另外，台北书展基金会以"美的台湾（Beauty，Made in Taiwan）"为主题参与全球规模最大的西语书展：墨西哥瓜达拉哈拉书展（Guadalajara International Book Fair，FIL），会场中设有台湾精选插画家专区、台湾精选图文出版品、已授权图文书区等5大专区展示，共计有37家台湾出版社参与，台湾知名绘本作家几米更是受邀担任与会贵宾，并成为"台湾出版界的文化大使"。由于该书展主推童书绘本和漫画，因此"文化部"补助12本绘本、10本漫画做西语试译本于现场陈列。

而东南亚规模最大的书展"第8届马来西亚海外华文书市"，台湾也没缺席，这次的马来西亚海外华文书市在吉隆坡城中城会议中心举办，由马来西亚大众书局承办。会场中并举办第一次的"台湾文学节"活动及两场版权说明会，会中邀请了罗智成、宇文正、御我等多位作家举办签书会与海外读者交流。

至于2013年台湾作家或出版社在国际上所获得的奖项有：（1）绘本作家几米的《几米画册·创作精选》获得西班牙出版奖艺术类图书首奖；（2）大块文化出版的《坐火车的抹香鲸》获得德国书艺基金会于德国莱比锡书展（Leipzig Boof Fair）所举办的"世界最美丽的书"书籍设计大赛的银奖；（3）格林出版社得到"波隆纳年度最佳童书出版社（Bologna Prize for the Best Children's Publishers of the year）"提名；（4）旅居波兰的台湾作家林蔚昀获颁波兰文化贡献荣誉奖章，以表扬林蔚昀在翻译波兰及台湾二地之文学作品所作出的贡献；（5）漫画家安哲的《礼物》一书荣获瑞士琉森国际漫画节"新秀奖"首奖；（6）漫画家林莉菁的《我的青春、我的FORMOSA》一书在法国巴黎书展中获得大巴黎区高中生票选为"高中读者文学奖"；（7）插画家施政廷的"月光"画作系列入围波隆那插画展；（8）龙应台的《台湾海峡1949》（日文版）入选日本纪伊国屋书店举办的"人文大赏"。

而在2013年也是两岸图书出版交流获得丰盛成果的一年，列举几个重要的成果：（1）中国作家协会副主席、书记处书记陈崎嵘于台北纪州庵文学森林举办《鲁迅文学奖作品选》新书发表会暨座谈会，陈崎嵘表示日后台湾作家在大陆正式出版的文学作品均可参加鲁迅文学奖、茅盾文学奖、全国优秀儿童文学奖和全国少数民族文学创作骏马奖等4项大奖的评选；（2）中共湖南省委常委、省委宣传部长许又声率团访台，举行"2013湘台文化创意产业合作周"，在台北市华山文创园区举办"湖湘文化精品展"，包括湘绣、湘瓷、湘书、湘茶、摄影展览等活动；（3）"国家图书馆""国立故宫博物院""中央研究院历史语言研究所"傅斯年图书馆与山东大学等合作出版《子海珍本编》，第一辑包括大陆卷124册、台湾卷50册，首批台湾卷50册，包括元刊《纂图方论脉诀集成》》；(4) 厦门市人民政府、福建省新闻出版局、中国出版协会、"中华民国图书出版事业协会""中华民国图书发行协进会""台北市出版商业同业公会"共同主办，于福建省厦门国际会议展览中心举办"第九届海峡两岸图书交易会"，以"一脉相承·创意未来"为总主题，"弘扬中华文化、推动两岸文化市场融合"为宗旨，台湾共有285家出版社参展；(5) 凤凰出版传媒集团与诚品书店合作，于诚品信义旗舰店举办"采韵江苏，同城台湾——凤凰出版传媒集团60周年精品图书展"，展出江苏文艺出版社、江苏人民出版社、江苏教育出版社、江苏美术出版社、凤凰出版社、译林出版社等6家出版社的500种、1 500册图书；(6) 国家新闻出版广电总局、上海市人民政府主办，中共上海市委宣传部、上海市新闻出版局于上海展览中心举办"2013上海书展暨书香中国上海周"，上海外文图书公司与华品文创出版公司联合承办第10届上海书展"乐读台湾"展区，展出台湾图书近3 000种、10 000册在现场展示销售，让台湾图书也能融入上海；(7) 中共中央台湾工作办公室海峡两岸关系研究中心与中国国民党国政研究基金会于广西南宁共同主办"第9届两岸经贸文化论坛"，达成19条共同建议，两岸在出版、教育及弘扬中华文化上，盼能加强动漫、网游、数字出版、手机出版等方面合作；(8) 由台湾南华大学、北京大学以及河北大学发起的海峡两岸华文出版论坛为两岸学术界提供了关于两岸出版产业的学术交流平台，第九届的论坛八月在北京印刷学院举行；(9) 海峡出版发行集团与台湾艺术大学签订合作协议共同深耕两岸文化领域；(10) 台湾城邦媒体控股集团与海峡出版发行集团宣布"海峡书局"成立，对于台湾出版业与内地可以同步竞争的目标迈进一大步。

而同属两岸三地的香港，台湾的金石堂网络书店在2013年也与香港的OK便利店开通"香港读者在台湾金石堂网络书店购书、香港OK便利店取货"的服务，这项合作让台湾的书店继诚品在香港铜锣湾开店后，让台湾的网络书店可以经由物流创新的服务方式，提供读者购书的另一选择，目前香港地区在台湾金石堂网络书店的图书购买量，大约是台湾一家金石堂实体店面的规模。

三、数字出版发展概况

Google Play 图书应用程序进入台湾电子书产业可以说是 2013 年台湾电子书的市场主要亮点，2013 年 10 月 Google 宣布与远流、城邦、时报文化、秀威信息、华云数字、尖端出版、三采、台大出版中心等出版社合作，推出 Google Play 图书服务，台湾的读者只要登入个人账户，即可进行跨装置（Android 或 iOS 操作系统都支持）阅读在 Google Play 所购买的电子书，目前仅提供 PDF 的规格。由于台湾使用 Android 系统的载具（手机与平版）约有七成，高于苹果的 iOS 与其他平台（如微软），这也可能是 Google 比其他业者快一步进入台湾电子出版市场的原因。而在便利商店方面，全家便利商店与翰林出版事业合作，引进数字学习系统翰林云端学院，让实体的便利商店除了可以协助网络书店的取货付款服务外，更进一步让便利商店经营异业合作进入尝试以云端服务为主基础的补教市场。

目前台湾电子书的定价方式可以粗略分为两种："订阅"方式是根据电子书的数量在约定的区间内（一般是以年为单位）付费；"买断"的计价方式则是以"纸本定价×倍数×同时间使用人数"当作电子书定价的基准。台湾电子书销售平台的拆账方式可以分为数种：（1）以苹果为标准，作者（内容供货商/出版社/书商）拿 70%，Apple 拿 30%，与苹果拆账方式相同的有远传电信 e 书城、台湾大哥大 myBook 书城、Kobo 以及 Amazon Kindle（Amazon 要求作者必须支付数据传输费）；（2）Google Play Books 模式，作者（内容供货商/出版社/书商）拿 63%（或 52%），Google 拿 37%（或 48%）；（3）中华电信 Hami 云端出版平台，（内容供货商/出版社/书商）拿 75%，Hami 拿 25%。

台湾电子书发展的困境可以归纳为电子书的供给过少（多数畅销书为翻译书，多数出版社考虑电子书的销售潜力不明，不会轻易签下电子书版权）、阅读人口与阅读习惯不足（据统计，台湾平均每人 1 年阅读书籍仅有 2 本，与日本的 8.4 本、韩国的 10.8 本以及新加坡的 9.2 本相差甚远）、阅读平台过多（电子阅读器的规格过多、质量不一，也缺乏有经济规模的数字销售通路）、出版社的电子书制作成本高（台湾出版社多半是小规模，除了消费端没有较为统一的阅读平台，在小出版社面对电子书制作需要外包增加成本的考虑外，也缺少认识与可以对电子书销售制订营销策略的编辑人员),这些因素都是台湾短期要让电子书产业有所成长的主要阻力。

为了增加台湾出版社在电子书产业的竞争力,"文化部"制订"辅导数字出版产业发展补助案",期能借由有关管理部门来推动出版产业的转型。除了"文化部"的补助计划外,台湾地区有关管理部门也为台湾的电子出版产业做了不同层面的努力,这些成果包含:(1)台湾"行政院经济建设委员会"于日本东京举办自由经济示范区招商说明会,并经由财团法人信息工业策进会与日商乐天签订合作备忘录,让台湾成为乐天在海外重要的电子书营运与服务据点;(2)亚东关系协会与日本交流协会签署"台日电子商务合作协议",让台湾与日本对于双方数字内容流通拥有一个合法的规范;(3)"文化部"指导并由城邦文化事业股份有限公司主办,举办"从数位做出版 一次就懂:数字出版八堂课",让出版从业人员熟悉数字著作权、数字格式、数字出版流程等议题;(4)"文化部"举办(台湾数字出版联盟执行)"数字出版专业经理人工作坊",为台湾出版业者与国际数字出版产业界互动交流及经验分享提供条件。

除了台湾地区有关管理部门的努力外,出版产业的民间组织也进行多场的座谈,协助出版产业培养转型为数字出版时所需具备的能力,这些努力包含:(1)联合在线主办"数位阅读,朗朗乾坤:2013数字出版创市季趋势论坛"系列座谈,主题分别是"数字时代,读者驱动出版生态改变""社群、实时通讯软件、内容营销新势力""数字出版定价与营销"以及"网络改变创作生态与阅读风貌"等;(2)城邦文化、台湾数字出版联盟举办三场"电子书两岸授权问题交流会",会中邀请出版业者以及著作权法律专家对于在大陆的电子书授权以及团体机构电子书授权等问题深入探讨。

而2013年也发生了首宗开发网络盗版漫画App(ComicKing)被控告侵犯著作权的案例,开发网络盗版漫画App Store的ComicKing开发者,其ComicKing软件可以让读者以付费或免费方式供使用者搜寻与下载网络上8万多本盗版漫画内容。若以该软件在台湾App Store下载1万次来估算,该App的定价为4.99美元(约台币150元),至少在台湾地区获利150万元,其中3成营业收入归苹果公司所有,这些计算并不包含该App在中国大陆地区的获利。由于该软件的商务行为已经违反台湾著作权法第87条规定:"未经著作财产权人同意或授权,意图供公众透过网络公开传输或重制他人著作,侵害著作财产权,对公众提供可公开传输或重制著作之计算机程序或其他技术，而受有利益者"，因此被城邦媒体集团旗下的尖端出版社提告。事件最后虽然网络盗版漫画的开发者与城邦集团达成和解，除必须支付赔偿金外，开发者与出版社共同召开公开记者会向出版界道歉，但这类案件也说明了台湾电子书市场存在的一大隐患——有市场需求的电子出版品没有电子版权的实质问题。

四、有关部门的角色

台湾是出版相当自由的地区，有关部门对于出版产业多半以协助与辅导的立场来支持出版产业，如"文化部"为培养图书创作及编辑企划人才，鼓励多元出版，因此颁布"'文化部'原创出版企划补助作业要点"，除漫画以外之图书出版企划都可以报名申请该计划的补助。在独立书店的经营部分，"文化部"制订"第一桶金的独立书店圆梦计划"，协助有心经营独立书店的业者的补助计划，并会不定期邀请独立书店的创业圆梦者分享圆梦规划与心得。而台湾与大陆签订"两岸服务贸易协议"，"经济部"也举办超过19场沟通说明会，向出版相关业者说明陆资来台审查管理机制，期能协助台湾出版业者进军大陆出版市场。

此外，有关部门或民间机构每年对于优良的图书作品也都有许多的奖项给予鼓励，这些奖项包含有：金鼎奖、中国时报开卷好书、出版奖、金书奖、金蝶奖、信谊幼儿文学奖、吴大猷科学普及著作奖、数位出版金鼎奖、台湾文学金典奖、台北国际书展大奖、时报文学奖、联合报文学奖、联合文学小说新人奖、金漫奖、丰子恺儿童图画书奖、金漫奖、好书大家读年度最佳少年儿童读物奖、电子书创作大赛、中小学生优良课外读物等。以中小学生优良课外读物为例，"文化部"在2013年公布"第35次中小学生优良课外读物评选推介活动"获选书籍名单，并举办"网络票选活动"及"在线主题书展"等营销推广计划，希望能够透过主题式阅读引导，让亲子分享共读乐趣并养成阅读习惯。

另一方面，"中华民国出版商业同业公会全国联合会"也在2013年成立，由台湾"立法院"副院长洪秀柱担任荣誉理事长，杨克齐担任出版公会全联会理事长，未来"中华民国出版商业同业公会全国联合会"的三大目标，分别是：（1）购书费用列入所得税特别扣除额；（2）图书按定价销售；（3）出版从业人员的专业认证制度。

据了解，台湾有关部门在出版产业所做的相关推广工作成果主要有：（1）由"国立台湾文学馆"主办（台湾文学发展基金会承办）之"流转书页生典律—台湾文学出版特展"，展出"从作者到读者的通路"与"台湾文学出版主题特写"两大主题，除了介绍台湾文学出版历史脉络外，还可让读者认识一本书从诞生到上市的背后故事；（2）"国家图书馆"举办"台湾阅读节"活动，与"中华民国图书发行协进会"、联合发行股份有限公司、台湾独立书店文化协会及台湾地区实体书店与网络书店等合作推动"阅读有'购'赞"活动；（3）"新北市政府"于板桥车站新北市智能图书馆举办"新北漂书运动"活动，结合台湾铁路公司位于板桥、树林、莺歌等10个火车站以及"新北市立图书馆总馆"等12处文化场馆、板桥公车站、捷运站外及200辆大有巴士公交车上设置漂书站；（4）"文化部"委托艺术家出版社出版"家庭美术馆：美术家传记丛书"，呈现二十世纪以来台湾近代美术的重要开拓者的艺术历程，以及对台湾美术发展的贡献及影响；（5）"国立台湾文学馆"推动"国立台湾文学馆文学好书推广项目"。

五、结　语

台湾地区图书出版的软实力逐渐受到国际社会的肯定，如大块文化出版《坐火车的抹香鲸》获德国"世界最美丽的书"书籍设计大赛银奖；安哲《礼物》获瑞士琉森国际漫画节"新秀奖"；格林出版社获"波隆纳年度最佳童书出版社"提名等。此外，实体书店的存在也获得台湾地区有关管理部门的重视，台湾"文化部"订定"'文化部'推动实体书店发展补助作业要点"来协助独立书店改善经营体制，并推出"第一桶金的独立书店圆梦计划"辅导计划，除表示有关管理部门重视独立书店的存在价值外，也有计划地将扶植独立书店列为出版产业的重点政策。而随着两岸三地的图书交流日趋活络，金石堂网络书店更与日朔文化（全家便利商店的文化物流公司）以及和盟电子商务信息公司合作，提供香港读者在台湾的金石堂网络书店购书，并在香港的 OK 便利店取货的物流服务，开启了香港与台湾在图书销售的崭新模式，而 Google 启动台湾电子书的服务平台也为台湾电子书产业开启了新的纪元。

  台湾于 2013 年与大陆签订的"两岸服务贸易协议"肯定是影响台湾未来出版产业的重要政策，虽引发台湾出版产业的争议，但是站在自由竞争与市场经济的前提下，任何产业的永久发展都是依附于公平的竞争环境，相对的，强大企业都是经由严苛的历练存活下来的，大陆的阿里巴巴集团是这样，台湾的博客来网络书店也是这样，当新的游戏规则来临时，逃避只是稍微延长退场的时间，唯有调整资源才能破茧而出。台湾出版产业的未来，势必面临电子出版产业技术的冲击、两岸图书产业合作与竞争并存的现象，新世代的来临带来不可避免的改变，而可能会发生的大改变也不可避免会带来大淘汰。面对"两岸服务贸易协议"，除了有关管理部门需要强化对于会受到冲击的台湾出版业者进行技术升级与辅导外，台湾的出版业者更需将"两岸服务贸易协议"转化为出版产业升级与转型的重要契机。

（作者为台湾南华大学文化创意事业管理系助理教授）

附 录

2013年中国出版业大事记

戴思晶

1月

4日 《民国丛书续编》第一编出版。《民国丛书续编》第一编以精选汇编民国时期出版的各种年鉴为主题,包括一个丛书型的"年鉴专辑"(100册)和两个专刊型的书系。

5日 中国报刊发行经理人联盟在京举行第四届中国期刊发行经理人年会,全国百余家期刊社的相关负责人和多家期刊渠道发行商参会。

4日~5日 2013年全国新闻出版工作会议在北京召开。会议总结回顾了2012年以及十六大以来的新闻出版工作,研究部署了2013年工作。新闻出版总署署长、国家版权局局长柳斌杰作了题为《深入学习贯彻党的十八大精神 加快推进新闻出版强国建设》的主题报告,中宣部领导作重要讲话。

5日~7日 北京地区出版物订货会在华北宾馆、海航大酒店和京燕饭店同时拉开帷幕。本届订货会上,入驻中国北京出版创意产业园区的34家民营企业带来了200余种精品图书。

6日 中华书局有限公司上海分公司正式成立并投入运营。目前在上海发源的著名出版机构商务印书馆、中华书局、三联书店已全部再次进驻上海。

8日 2012年度中国游戏产业年会在苏州开幕。主题为"游戏悦动生活"的年会对2012年中国游戏出版产业的发展现状进行了总结,并发布了《2012年中国游戏产业报告》与《2012年中国游戏产业海外市场报告》。

9日 首批全国印刷行业企业信用等级评价复审会在京召开,上海烟草包装印刷有限公司等49家企业获评A级以上信用等级,印刷行业没有国家级信用等级企业的历史被终结。

11日~13日 2013北京图书订货会在中国国际展览中心（老馆）举办。本届订货会创历届最大规模，参展图书约50万种，新书品种增长约20%。

16日 2012中国互联网产业年会在京召开，其主题为"酝酿2013：在变革中演绎精彩"。本次年会盘点了产业发展成果、预测了来年发展趋势的定位，针对移动互联网、网络营销、网络安全等热点领域展开探讨，探寻2013年发展方向。

17日 国家版权局对外发布2012年全国作品登记和计算机软件著作权登记统计数据和排名，首次对外发布了我国著作权质权登记有关数据：2012年共登记146件，涉及软件和作品数量773件，质押金额总计27.51亿元。

20日 江西日报传媒集团、湖南日报报业集团和湖北日报传媒集团齐聚武汉，签署《中部传媒战略合作协议》，安徽日报报业集团以观察员身份参会，开启了国内媒体区域合作新局面。

本月 中国地图出版社最新推出的竖版中国地形图，首次将南海诸岛同比例展示出来，全景展示了我国的陆海疆域。

本月 新闻出版总署办公厅发布了《生产型数字印刷机目录（2012年）》，列入《目录》的生产型数字印刷机由2011年版的151种增至2012年版的247种。

本月 第六届（2012）全国新闻报刊优秀漫画专版评选在京揭晓。经评议，评选出金奖5名、银奖10名、铜奖15名。评委会同时评选出主管领导慧眼奖1名，中国新闻漫画编辑奖4名。

本月 四川省作家协会主办的老牌纯文学诗歌杂志《星星》诗刊获得四川师范大学文理学院的1 000万元投资。《星星》诗刊于1957年1月1日创刊，是新中国诗歌史上创刊最早的诗歌刊物。

2月

2日 第四届中华优秀出版物奖终评会在京圆满结束，终评结果揭晓。评奖主要对2010年1月~2011年12月间的出版物和论文进行评选。

4日 山西科技新闻出版传媒集团揭牌。

10日~15日 第26届耶路撒冷国际书展在耶路撒冷国际会展中心举行，书展吸引了600多家来自世界各地的出版商参展。书展图书涵盖众多领域，包括小说、科普、学术及耶路撒冷人喜欢的宗教图书。

16日 新闻出版总署办公厅下发通知，决定开展第八批"中国民族网络游戏出版工程"项目申报评选工作。本批入选项目将进入总署2013年度"新闻出版改革发展项目库"，为获得国家相关政策和资金扶持创造有利条件。

20日 《环球时报》正式推出美国版，成为首家在美国同时推出中英文版日报的中国媒体。

21日 由新闻出版总署（国家版权局）牵头，15个成员单位联合召开了推进使用正版软件工作部际联席会议，给2013年的软件正版化工作提出了新的目标。

23日 第三届世界美食图书博览会、世界美食图书奖颁奖典礼和国际美食电视节在法国巴黎罗浮宫同时拉开帷幕。光明日报出版社《舌尖上的中国》荣膺本年度"世界最好的美食图书大奖"。

25日 2013年全国报刊管理工作会议在京召开，新闻出版总署党组书记、副署长蒋建国出席会议。他强调报刊管理要重点做到4个"抓"：一抓导向，二抓改革，三抓规范，四抓队伍。

27日 主题为"整合·攻坚"的2013CPCC中国版权服务年会在北京开幕。在中国版权服务年会上，由《中国版权》杂志和《中国新闻出版报》联合评选的"2012年中国版权十件大事"揭晓。

28日 中国网络版权维权联盟在京成立。联盟首批24个成员单位包括人民出版社、商务印书馆、人民教育出版社、新浪、搜狐、腾讯等多家知名出版社和网络公司。联盟由中华版权代理中心在中国版权保护中心指导下发起，业务范围有网络维权、反盗版技术研发、对外交流合作、版权保护教育培训等。

本月 新闻出版总署办公厅印发通知，对外公布了2013年新闻出版改革发展12项工作要点。通知指出，要牢固树立"改革只有进行时没有完成时"的理念，以更坚决的态度，更有力的措施，坚定不移在更高起点上加快新闻出版改革发展。

3月

1日 国务院新修改的《计算机软件保护条例》《中华人民共和国著作权

法实施条例》《信息网络传播权保护条例》正式施行。三个条例中均对行政处罚罚款数额进行了调整和修改，特别是对我国现行著作权法第四十八条规定的侵犯著作权的行为提高了罚款上限，由原来的可处 5 万和 10 万元以下的罚款，提高到可处 20 万和 25 万元以下的罚款。

1 日　视频网站爱奇艺正式获得"中国动漫第一股"奥飞动漫 2013 年度出品的全部九大动漫作品的独家网络版权。自 2013 年 3 月起，九大动漫作品将在爱奇艺动漫频道陆续首播，播出周期贯穿 2013 年至 2014 年。

1 日~2 日　2013 图书和知识产权深圳会议召开。会议围绕全球化世界中的图书产业所面临的挑战展开讨论，表决通过并宣读了《图书和知识产权深圳宣言》。

3 日　大众报业集团半岛传媒股份有限公司与青岛报业传媒集团有限公司正式签署战略合作框架协议。此次合作是大众报业集团继潍坊、临沂、菏泽之后，第 4 次与市级媒体携手合作，标志着山东报业资源整合取得重大进展，山东报业发展步入新阶段。

3 日　中国财富出版社出版的国内首本有关微信的图书《微信改变世界》在京举行新闻发布会。

3 日~17 日　2013 年全国两会召开。两会上新媒体新技术的应用呈现出诸多亮点，从纸质材料到电子文档，从文字、图片到视频，从微博、微信到手机客户端，多媒体手段让新闻信息的获取更加快捷方便，让两会消息直达民间。

4 日　第 20 届华南国际印刷展在广州琶洲中国进出口商品交易会展馆开幕。本届展会规模创历史新高，展品范围更全面。其中第 24 届香港印制大奖展示区亮相华南展，成为首个中国内地展示站。

5 日　第十二届全国人民代表大会第一次会议在人民大会堂开幕。国务院总理温家宝在作政府工作报告时指出："把文化改革发展纳入经济社会发展总体规划，列入各级政府效能和领导干部政绩考核体系，推动文化事业全面繁荣、文化产业快速发展。"

5 日　全国"扫黄打非"办公室发出通知，从 3 月上旬至 5 月底在全国范围内开展网络淫秽色情信息专项治理"净网"行动，以整治网络文学、网络游戏、视听节目网站等为重点，抓源头、打基础、切断利益链，网上与网下治理相结合。

10日 十二届全国人大一次会议在人民大会堂举行第三次全体会议。国务院机构改革和职能转变方案公布——将组建国家新闻出版广播电影电视总局。

13日 国务院机构改革和职能转变方案拟作一处修改,将"国家新闻出版广播电影电视总局"改为"国家新闻出版广电总局"。

15日 2012中国报刊广告"金推手奖"颁奖表彰大会在成都举办。颁奖大会上同期启动中国传媒经营网,这是中国广告协会报刊分会为业内人士搭建的一个数字交流平台,以期提供更多更丰富的资讯信息。

18日 国内首家浆纸交易综合服务平台——广东浆纸交易所在广州市经济技术开发区广东浆纸交易大厦正式挂牌交易。

19日 国家新闻出版广电总局召开机关领导干部会议,宣布中共中央关于新组建的国家新闻出版广电总局主要负责同志任职的决定。中央决定,蔡赴朝同志任国家新闻出版广电总局局长、党组副书记、国家版权局局长,蒋建国同志任国家新闻出版广电总局党组书记、副局长。

20日 首届白鹿当代文学编辑奖颁奖典礼在京举行。

21日 大型俗文学文献集成《子弟书全集》新书发布会暨子弟书艺术研讨会在京举行。该书是国家出版基金项目,为目前最完备的点校本子弟书集本。

21日 首届中国印刷电子商务年会在京举办,首份中国印刷业电子商务发展报告在会上发布。报告指出,目前大型企业正试水个性化定制平台,外行业分食网络印刷市场。

21日 《2013年国家知识产权战略实施推进计划》在京发布。计划确定了八方面重点工作:提升知识产权创造水平、强化重点产业知识产权布局、促进知识产权运用、加强知识产权保护、提升知识产权管理能力、发展知识产权服务业、加强知识产权文化建设和提高知识产权战略组织实施水平。

22日 《中国文化产业发展报告(2012~2013)》在京发布。该蓝皮书指出,中国文化产业的发展进入实质性拐点,文化市场从总体"短缺"转向"短缺"与"过剩"并存。

22日 新组建的国家新闻出版广电总局挂牌仪式分别在原国家广电总局、新闻出版总署举行。国家新闻出版广电总局局长、党组副书记、国家版权局局长蔡赴朝,国家新闻出版广电总局党组书记、副局长蒋建国出席仪式,并为国家新闻出版广电总局、国家版权局揭牌。

22日~25日　第33届巴黎图书沙龙举办。中国出版代表团携600余种图书亮相,并举办"中法出版人圆桌会议"等一系列交流活动。

24日　由海峡出版发行集团和城邦媒体控股集团共同出资成立的两岸出版合作共同作业平台——海峡书局股份有限公司在福州和台北同步启动。

25日　陕西日报传媒集团宣布:1940年3月25日诞生于战火中延安的《陕西日报》,采用国际前沿AR技术,成为全国首家"会动的"视频化省级党报。

25日~28日　第48届博洛尼亚童书展在意大利举行,中国少年儿童新闻出版总社独立参展。

26日　上证文化产业指数、中证文化产业指数正式发布。数据显示,截至2013年2月28日,上证与中证文化产业指数总市值分别为2 054亿元和3 849亿元,占沪市A股和全部A股总市值的1.2%和1.6%。

27日　美国新闻博物馆位于宾夕法尼亚大道入口处东边的"今日头版"阅报栏中展示着当天的《人民日报》头版,这是《人民日报》头版首次在美国首都华盛顿街头展示。

28日　北京质量协会印刷分会在京颁发北京印刷业2012年度各项质量大奖。中国农业出版社印刷厂等33家印刷厂获选质量管理十佳企业,高等教育出版社等16家出版社获得出版物优质奖。

本月　江西赣州吉安国家印刷包装产业基地正式获批。这是该省第一个上升为国家级的印刷包装产业基地。

本月　华中国家绿色印刷包装物流产业园正式获批筹建。这是湖北省获批的第4个国家级新闻出版产业园区(项目)。

本月　国家税务总局在其官网发布《关于承印境外图书增值税适用税率问题的公告》。国内印刷企业承印的经新闻出版主管部门批准印刷且采用国际标准书号编序的境外图书,属于《增值税暂行条例》第二条规定的"图书",适用13%增值税税率。公告自2013年4月1日起施行。

本月　国家新闻出版广电总局下发了《关于开展2013年全民阅读活动的通知》,决定今年继续在全国范围内开展全民阅读活动,建设书香中国,鼓励建设"全民阅读媒体联盟"。

4月

2日　国内首家由报刊发行单位发起设立的跨地区精准投递/直复营销平台公司在北京签订《发起人协议》，本次协议的签订标志着中国报业发行网络平台转型进入实际操作阶段。

10日　2013南国书香节北京地区推介会在京举行。推介会介绍了南国书香节发展历程、产业带动、筹备情况、新增亮点和名家邀请计划，并重点推介了将南国书香节打造成为全国出版机构新书首发平台概念的规划。

10日　国家新闻出版广电总局印发了《关于组织开展2013年国家印刷复制示范企业申报工作的通知》，定于4月15日至5月15日期间集中受理2013年度国家印刷复制示范企业的申报工作。

11日　首届文化产业安全与文化软实力论坛在京召开，北京印刷学院文化产业安全研究院同时成立。

11日　全民阅读媒体联盟在武汉成立，同时启动了走进书香江城活动。《光明日报》《经济日报》《工人日报》《农民日报》《中国新闻出版报》等多家媒体记者走进武汉，聚焦"书香江城"建设。

13日　在南京召开了第十届中国民营书业发展高峰论坛。在会上中国新闻出版研究院发布了《2012年中国民营书业发展报告》。报告对2012年民营书业总体情况、面临的问题及2013年发展趋势作了阐述并提出了应对建议。

15日　凤凰出版传媒集团旗下香都出版公司在伦敦国际书展开幕日揭牌，这标志着凤凰出版传媒集团正式进军英国出版业。

16日　"畅游中国文化——吉尔吉斯斯坦首届中国图书展"于比什凯克国家图书馆拉开帷幕。此次图书展由吉尔吉斯斯坦国立民族大学孔子学院与吉尔吉斯斯坦国家图书馆联合举办，历时两天，共展出中文、吉尔吉斯语、俄语、英语等多个语种共2 000余册中国图书。

18日　中国新闻出版研究院在京公布了第十次全国国民阅读调查成果。根据调查，2012年我国18~70周岁国民图书阅读率为54.9%，比2011年上升了1个百分点；数字阅读方式的接触率为40.3%，比2011年上升了1.7个百分点。国民人均纸质图书阅读量为4.39本，人均每天读书时长为15.38分钟，比2011年的14.58分钟增加了0.8分钟。

19日~22日　23届全国图书交易博览会在海南国际会展中心开幕。本次书展新书和重点图书占到60%，民营书业首次统一组团参展。期间，中国新闻出版传媒集团有限公司与海南广播电视总台在海南国际会展中心签订战略合作协议。

22日　上海市新闻出版局全面启动阅读"三联行动"，成立首家地方阅读媒体联盟——上海全民阅读媒体联盟。

23日　第八届文津图书奖颁发。颁奖活动拉开了国家图书馆"书香中国·阅读让人生更美好——4·23世界读书日优秀图书推介活动"的帷幕。

26日　北京国际版权交易金融服务中心宣布成立，由北京国际版权交易中心与中国民生银行共同打造的我国首只文化创意企业互助基金宣布启动，"中国优秀动漫项目推介及投融资洽谈仪式"也在当天举行。

26日~5月1日　第九届中国国际动漫节在杭州滨江白马湖举行。本届动漫节成为历史上参展、参赛、参会国家和地区数最多的一届动漫节。同时，《2013中国动画产业年度发展辑要》发布。

本月　福建省获批建立海峡国家数字出版产业基地。至此，全国第11家国家级数字出版基地落户福建省。

本月　上海人民出版社《中外书摘》杂志发布《2012年中国纸质媒体书摘年度报告》。报告显示，图书定价呈现上涨趋势，全部样本平均定价37.77元，比2011年同口径统计的平均定价35.12元上涨了2.65元，增长7.5%。

5月

10日　湖北省新闻出版广电局正式成立，这是新一轮机构改革后第一个省级新闻出版广电局。

12日　国内首部《图说灾难逃生自救丛书——地震灾难救援分册》在四川省成都市召开的"第二届灾难医学大会"上举行首发仪式。

13日　由中国印刷技术协会、中国印刷杂志社联合主办的《中国印刷》绿色出版行动合作签字仪式在北京举行。《中国印刷》杂志从2013年第5期开始，真正实现了完全意义上的绿色化。

13日　第三届国际印刷工业发展论坛在北京举行。来自印度、德国、意大利、英国、日本、印度尼西亚、巴基斯坦、美国、韩国和中国等10个全球主要发达国家和发展中国家的印刷协会主要负责人，在论坛上介绍了各自国家的印刷工业和发展情况，并对全球印刷工业发展前景作了趋势性分析。

14日~18日　第八届北京国际印刷技术展览会拉开帷幕。本次展会展出面积达16万平方米。

15日　《崛起的中国新兴媒体——中国新兴媒体发展报告（2012~2013）》由新华社新媒体中心首次对外发布。报告显示，2013年，中国已是名副其实的世界新兴媒体用户大国。

15日　《2013中国印刷业年度报告》在京首发。

15日~17日　"2013年北京·台湖全国图书馆采购会全国少儿图书订货会"在北京台湖出版物会展贸易中心举办。展会展销的60余万种图书吸引了全国千余家图书馆、批发商、零售书店等到场交易。

16日　上海中华印刷有限公司等64家书刊、包装、票据印刷企业和印刷设备及耗材企业获评首批中国印刷行业A级以上信用企业，同日，由中国印刷技术协会主办的授牌仪式在京举行。

17日　全国云报纸技术应用平台签约仪式在京举行。60余家媒体参加了这一平台的启动仪式。其中，21家全国主流报纸加入该平台，正式开启"云读天下"时代。

17日~20日　第九届文博会在深圳会展中心举办。本届文博会更加鲜明地体现了以文化为核心、多业相融合的特色。

19日~24日　世界印刷标准化领域最高级别会议ISO/TC130第27届春季工作组会议在深圳举行。会议期间，来自16个国家的专家们积极参与了各工作组会议。

25日　上海图书馆正式推出总结上海读者阅读生态的《上海市公共图书馆2012阅读报告》，这是国内第一份面向公众的图书馆阅读白皮书。

29日　韬奋基金会推动全民阅读图书捐赠工程在京启动。该工程分出版单位直接向韬奋基金会捐赠图书和出版单位自主捐赠两种形式，捐赠单位将享受捐赠图书码洋4%的成本补贴。

31日　《中国日报》东南亚版正式创刊。东南亚版的创刊是《中国日报》进一步细化全球布局的最新举措，标志着《中国日报》分众传播再创新格局。

本月　3D打印产业首次入选科技部公布的《国家高技术研究发展计划

(863 计划)、国家科技支撑计划制造领域 2014 年度备选项目征集指南》。

本月　全国唯一一家以新闻出版装备产业为主的国家级新闻出版装备产业园于正式落户国家级天津北辰经济技术开发区。

本月　第二届亚洲 G7 高峰会在北京中国国际展览中心新馆举办。我国印刷企业自 2007 年开始进行 G7 认证,获证企业已从当年的 6 家发展至今天的 162 家。

本月　国家发展和改革委员会、商务部联合发布 2013 年第 1 号令,公布《中西部地区外商投资优势产业目录（2013 年修订）》,外商投资中西部九省包装印刷项目可享优惠,该目录自 6 月 10 日起施行。

本月　位于长沙的国内首家女子图书馆正式向公众开放。

6 月

3 日　江苏国家数字出版基地镇江园区授牌。

7 日　全国新闻出版工作座谈会在京召开。会议的主题是,围绕深入学习宣传贯彻党的十八大精神,深化中国特色社会主义和中国梦的宣传教育,落实国务院机构职能转变动员电视电话会议精神,部署下半年新闻出版工作。

15 日　第四届中国传记文学优秀作品奖颁奖典礼在京举行。

15 日~18 日　第五届海峡新闻出版业发展论坛在厦门举办。本届论坛上海峡国家数字出版产业基地和中国新闻出版研究院海峡分院正式授牌成立。

20 日　韩国举办第 19 届首尔国际图书展。书展上,重庆出版集团、北京华章同人文化传播有限公司同韩国子音与母音出版集团、法国菲利浦皮克尔出版社,正式签署中韩法国际合作出版项目协议。

22 日　中国新闻出版书协正式成立。来自北京和全国各地部分参与发起成立中国新闻出版书协的相关单位负责人参加了会议。

25 日　《中国新媒体发展报告（2013）》在京发布,这是该系列年度报告的第四部。《报告》提出:中国主流媒体网站加快了改制上市步伐；微博"国家队"异军突起,新华社、《人民日报》、中央电视台等中央媒体齐发力,在微博舆论场尝试主导"微话语权"；微博成谣言主传播渠道之一。

28 日　广西首家报刊集团——广西师范大学报刊传媒集团有限公司在桂林挂牌成立。

28 日　《中国当代文学编年史》首发式暨当代文学史写作研讨会在京举行。该书是国内首部大型当代文学编年史。

28 日　第七届中华图书特殊贡献奖专家评审会在京举行。第七届中华图书特殊贡献奖的 6 位获奖者中有 3 位翻译家、2 位作家和 1 位出版家。

28 日　首批 70 家"数字出版转型示范单位"公示。其中包括出版集团 5 家、图书出版社 20 家、报业集团 5 家、报社 20 家和期刊社 20 家，占全部申报单位的 16.3%、全国出版单位的 0.56%。

29 日　中国文化产业示范基地园区协会在京成立。该协会是由全国优秀文化产业基地、园区和从事文化产业经营的企事业单位等自愿参加的全国性社团组织，首批会员 110 家，其中包括 15 家常务理事单位、37 家理事单位。

本月　中国印刷技术协会商业票据印刷分会第 13 届年会暨商业票据绿色印刷标准宣贯会在大连召开。会议布置 2013 年的工作重点是推动票据印刷企业的绿色认证。

本月　由法国书业杂志《图书周刊》赞助、国际出版咨询公司吕迪格·魏申巴特执笔的《2013 全球出版业 50 强收入排名报告》发布。中国出版集团、凤凰出版传媒集团、中国教育出版传媒集团 3 家出版企业入选全球出版业 50 强。这是中国出版业首次有 3 家企业入选。

7 月

1 日　由邹韬奋先生 81 年前创办的生活书店这一出版"老字号"正式恢复设立，重张开业。

2 日　第 42 届世界技能大赛在德国莱比锡拉开帷幕，来自上海出版印刷高等专科学校的学生王东东参加了本届印刷媒体技术项目，这是中国印刷人首次参加该项目比赛。

5 日　我国首部全面记载内蒙古自治区哲学社会科学事业研究历史与现状的专志——《内蒙古自治区志·社会科学志》首发式在呼和浩特举行。

8 日　《2012～2013 中国数字出版产业年度报告》发布。《报告》显示，2012 年我国数字出版产业总产值达到 1 935.49 亿元，比 2011 年的 1 377.88 亿元同比增长 40.47%，而这一数字在 2010 年仅为 1 051 亿元，在两年时间实现从千亿元到近 2 000 亿元的发展。

8日~10日　第五届中国数字出版博览会举办。本届数博会以"科技与出版融合、转型与创新并举"为主题，国际、国内20多位专家发表了主题演讲，10余个分论坛同时举行。

9日　《2012年新闻出版产业分析报告》由国家新闻出版广电总局发布。《报告》显示，2012年全国出版、印刷和发行服务实现营业收入16 635.3亿元，较2011年增加2 066.7亿元，增长14.2%；增加值4 617.0亿元，较2011年增加595.3亿元，增长14.8%，新闻出版业保持了平稳较快的发展态势。

10日　马耳他尼山书屋揭牌仪式在马耳他中国文化中心举行。这是山东友谊出版社建成的首个海外尼山书屋。

10日~13日　2013上海国际印刷周在上海新国际博览中心举行。本届印刷周的主题为"服务创新、科技引领、绿色发展"，第七届上海印刷大奖在2013上海国际印刷周上揭晓，本届大奖的奖杯采用3D方式打印制作。

15日　中国开发性金融促进会与中国新闻文化促进会在京签署《合作备忘录》，标志着我国金融业与新闻文化产业融合发展进入新阶段。

17日　中国政府网公布了经国务院批准的《国家新闻出版广电总局主要职责内设机构和人员编制规定》。根据《规定》，国家新闻出版广电总局是正部级单位，为国务院直属机构，机关行政编制为508名，设22个内设机构，将加强组织推进新闻出版广播影视领域公共服务，大力促进城乡公共服务一体化发展，同时加强推进新闻出版广播影视领域体制机制改革。

20日　第二十一届全国青少年爱国主义读书教育活动在京启动。本届读书活动以"走复兴路 圆中国梦"为主题，近千名来自全国各地的师生代表共同分享阅读的快乐以及心中的梦想与追求。

29日　首届中国出版馆配馆建交易会招商工作会议在京召开，这标志着此次交易会各项筹备工作正式启动。其目的是要发挥协会的桥梁、纽带和助手作用，为出版行业服务，为图书馆馆配馆建服务，为全民阅读服务。

30日　《2013中国文化产业发展指数报告》发布。报告显示，北京、广东、浙江、江苏、山东、上海、天津、湖南、福建、辽宁等形成中国文化产业发展"新十强"。"新十强"格局显示，东、中部地区仍然是中国文化产业发展的主要增长区，北京以82.75的指数稳坐第一把交椅。

31日　中国新闻出版研究院发布中国出版蓝皮书——《2012~2013中国

出版业发展报告》。《报告》将2012~2013年中国出版业发展的整体特点概括为"稳中求进、稳中有进",稳和进相辅相成。

本月　全国首批"游客书屋"落户青海。每个"游客书屋"配备宣传青海旅游和藏区文化的旅游指南、地图和旅游经营管理类图书和宣传资料2 000余册,以及展示陈列图书宣传资料的书柜、阅读桌、椅子、书屋标牌等设施。

8月

14日　上海书展在上海展览中心正式拉开大幕。上海书展7天全部开设夜场,开创了内地全国性书展的先河。本届上海书展汇聚全国各地逾15万种图书、500多家出版社以及600余场读书活动,还首次创设了以"书香上海悦读季"为总冠名的区县全民阅读系列活动,每个区县都确立一个主题,举办各类阅读活动,与主会场高度互动。

15日　国务院办公厅印发《政府机关使用正版软件管理办法》,进一步规范了政府机关使用计算机软件行为,建立健全政府机关软件正版化工作长效机制。

16日　"百年文脉——商务、中华、三联社科精品区"落户上海书城。

18日　首届文化创意产业发展模式暨企业法律风险防控高峰论坛在中国传媒大学举行。与会专家就文化创意产业的法律风险防控和应对,知识产权保护及融资等问题进行了深入分析和讨论。中国文化创意产业联盟宣布,将组建全国律师维权体系,以满足文创企业的法律服务需求。

18日　第八届中国印刷史学术研讨会在京举行。本届研讨会的主题包括:印刷史研究的新进展与新动向、传统印刷的传承发展与产业化、印刷品保护修复与科学技术研究、印刷类博物馆建设与发展等四个方面,30多位专家、学者就新的研究成果进行了交流和探讨。

21日　纪念叶圣陶从事编辑出版工作90周年研讨会在京举行。

21日　"第十二届输出版引进版优秀图书"推介活动获奖图书名单公布。本次活动最终评选出2012年度输出版图书100种,引进版社科类图书50种,引进版科技类图书30种,以及优秀版权经理人10名,推动输出引进的典型人物10名。

22日~26日　第五届中国国际影视动漫版权保护和贸易博览会(以下简

称漫博会）在广东省东莞市举行。本届漫博会共吸引 418 家海内外知名企业参展，比上一届的 382 家增长 9%，其中海外参展企业数量比上届的 54 家增长 13%。

26 日　《中国出版物在线信息交换》行业标准（以下简称 CNONIX 标准）出版首发式暨新闻发布会在京举行。CNONLX 标准是中国发布的首个出版物信息交换行业标准。

28 日　中国财经出版传媒集团挂牌仪式在京举行。

28 日　中国人民解放军出版物产品质量检测中心在京揭牌。该中心是全军首家拥有国家级资质、具有独立法人资格的出版物质检中心。

28 日　中国图书进出口（集团）总公司国际数字资源交易与服务平台——"易阅通"（CNPeReading）正式启动运营，标志着出版物进出口行业的数字化升级迈出了重要一步。

28 日~9 月 1 日　第二十届北京国际图书博览会在中国国际展览中心（顺义新馆）举办。展会期间的大型文化活动围绕版权贸易和数字出版两个主题举行，图博会逐渐成为了推广中外作家和文学出版物的重要平台。

29 日　第五届中国图书馆馆长与国际出版社高层对话论坛在京举行。围绕"电子图书与图书馆"这一主题，180 多家专业、公共与大学图书馆负责人、出版集团高层、业内专家进行了深入探讨。爱思唯尔、施普林格等近 30 家国际知名出版集团和数据服务商的高管也应邀出席。

本月　2013 出版界图书馆界全民阅读年会在黑龙江省图书馆举办。在年会上，2013 全民阅读年会组委会发布了《全国图书馆推荐书目（2012 年度）》和《全国图书馆 50 种重点推荐图书（2012 年度）》。

本月　国务院印发《关于促进信息消费扩大内需的若干意见》。《意见》指出，要大力发展数字出版、互动新媒体、移动多媒体等新兴文化产业。

本月　由中国新闻出版研究院和韩国出版学会共同主办的第 15 届中韩出版学术研讨会在京召开。以"多媒体融合背景下的全民阅读与出版产业发展"为主题，两国专家学者进行了深入研讨和交流。

本月　当前最权威的一部汉字规范《通用规范汉字表》由国务院正式发布。

9月

2日~5日 2013中国—阿拉伯国家（宁夏）出版合作论坛暨版权贸易洽谈会在银川举办。论坛以"传承友谊、深化合作、共同发展"为主题，旨在为中国和阿拉伯国家及穆斯林地区在出版合作和图书贸易方面，提供一个相互了解的平台和版权贸易的交流平台。

4日 第二届中国—东盟出版博览会在广西新闻出版大厦开幕。本届出版博览会以"书香传友谊，和谐共发展"为主题，是第十届中国—东盟博览会的系列展会之一，内容丰富多彩，共有1万多种精品图书同台展示。

10日 腾讯文学正式亮相。腾讯文学涵盖QQ阅读等子品牌和产品渠道的全新业务体系和"全文学"发展战略，并与众多出版社、发行商、华谊兄弟等影视公司和机构达成合作，致力推动文学作品泛娱乐开发。

11日~14日 2013中国国际新闻出版技术装备博览会在天津梅江会展中心举办。本届装博会展览面积6万平方米，设立了5个展区。展会汇聚了新闻出版业的新技术、新成果、新的运营模式及相关解决方案，同时增加了广播电视特别是电影的元素。

14日~16日 2013年中国（武汉）期刊交易博览会在湖北武汉举行。本届刊博会的主题为"期刊让生活更精彩"。展会期间，有万余种海内外期刊、4万余种海外图文展品亮相武汉国际博览中心，精彩纷呈的期刊文化活动贯穿整个刊博会。

15日~17日 首届中国出版馆配馆建交易会在北京国贸国际会展中心举行。这是目前国内唯一一个全方位的馆配馆建交易平台，也是目前国内唯一整合各类馆建器材的交易平台。

16日 中国外文局所属国图集团公司首次发布《中国期刊海外发行报告》以及"年度最受海外读者喜欢期刊排行榜50强""年度最受海外图书馆青睐期刊排行榜50强"等榜单，展现了中国实施文化"走出去"战略的成果。

23日 由搜狐网与鲁迅文化基金会共同主办的首届"2013鲁迅文化奖"在京启动。评选活动于10月中旬开始，评出年度小说、诗歌、绘画、音乐、展览、电影、戏剧、纪录片、图书奖等总计12项大奖。此外，还将评出年度彷徨事件、年度呐喊事件、年度致敬人物大奖等特别奖项。

23日 国家版权局在其官网上发布《使用文字作品支付报酬办法（修订

征求意见稿)》，其中拟将原创作品的版税率提高到 5%～15%，原创作品的基本稿酬标准则提高到每千字 100～500 元。

24 日　第九届全国优秀儿童文学奖颁奖典礼举行。本次评奖共有 114 家出版社参与角逐，有效参评作品达 460 部（篇），20 位儿童文学作家获得这一文学荣誉。

24 日　吉林省全民阅读协会在长春国际会展中心召开成立大会，这标志着全国首家全民阅读协会正式成立。

28 日　内蒙古蒙文报网联盟报纸新闻出版系统和地方网站群建设工程在内蒙古日报社正式通过验收，内蒙古各地的蒙文报网在数字平台全面实现"互联互通"。

本月　人力资源和社会保障部、全国博士后管理委员会发文批准人民教育出版社有限公司设立博士后科研工作站。这是全国首家教育出版传媒方面的博士后科研工作站。

本月　盛大文学联合河南省文联首次推出"群出版"概念，试图打通网络文学与传统文学的界线，打造"期刊、图书、新媒体"的出版跨界组合。"群出版"模式旨在优化资源配置，加强各媒体之间的交流和联系，并在作者、作品、销售渠道、宣传平台等诸多方面进行强强联合。

本月　根据国务院有关规定，国家新闻出版广电总局取消了"设立出版物全国连锁经营单位审批"和"从事出版物全国连锁经营业务的单位变更《出版物经营许可证》登记事项，或者兼并、合并、分立审批"项目的行政审批。

本月　国家新闻出版广电总局为认真做好取消行政审批项目落实工作，切实加强后续监管，研究并制定了《国发〔2013〕19 号文公布新闻出版行政审批项目取消后续监管措施》。通过建立事后备案制度、完善法规规章等，深化行政体制改革，加快转变政府职能，提升管理科学性和规范性，为行业健康有序发展服务。

10 月

1 日　国家版权局新修订的《全国版权示范城市、示范单位和示范园区（基地）管理办法》今日起正式实施。2010 年国家版权局发布的原《办法》同时废止。

8 日　2013 年德国法兰克福国际书展在法兰克福会展中心开幕，160 家中国展商参展。

11 日~20 日　国际动漫博览会（北京 2013）开幕式在北京蟹岛 8 号展馆举行。

15 日　《法制日报》西藏记者站在拉萨挂牌成立。这是《法制日报》建立的第 34 个国内记者站。西藏记者站的成立，填补了《法制日报》国内省级记者站建设的空白，实现了全覆盖。

18 日　国家新闻出版广电总局在京召开《新闻记者培训教材 2013》出版座谈会，向全国新闻界推介我国首部由政府管理部门组织编写的新闻记者培训教材。

19 日　中华书局版《史记》修订本首发式在北京、上海、香港、台北以及新加坡、伦敦、东京、纽约等 25 座城市的 31 家书店同步举行。这是点校本《史记》初版问世 54 年后首次出版修订本。

21 日　联合国教科文组织授予深圳"全球全民阅读典范城市"称号，教科文组织总干事伊琳娜·博科娃表示，这是对深圳十几年来坚持不懈推动全民阅读的肯定。深圳，也成为迄今为止唯一获此殊荣的中国城市。

23 日~25 日　2013 年北京台湖国际教育书展在北京台湖出版物会展贸易中心园区举行。这是目前国内最大的外文原版教材教辅特色书展。

25 日　由韬奋基金会、台湾夏潮基金会主办的第一届龙少年文学奖在厦门启动，本次文学奖以"我的梦想"为主题开展征文活动。

25 日~28 日　第九届海峡两岸图书交易会在福建厦门举办。本届交易会有大陆 400 家以上出版单位和图书出版产业相关单位、20 家海峡两岸各大书城、台湾 250 家以上出版企业参与，全面展示了海峡两岸出版及相关产业的丰硕成果。

28 日　由解放日报报业集团和文汇新民联合报业集团整合重组的上海报业集团经中共上海市委批准正式成立。

30 日　中国首家培养网络文学原创作家的公益性大学——网络文学大学在北京宣告成立。诺贝尔文学奖得主莫言出任网络文学大学名誉校长，并在活动现场授课。

30 日　《教科书法定许可使用作品支付报酬办法》由国家版权局与国家

发改委联合公布，对教科书使用已发表作品支付报酬问题进行了明确与规范。《办法》于12月1日起正式施行。

本月　中央文化企业数字化转型项目资本预算编制启动，61家出版单位被列为首批实施企业。

本月　上海首家对台研究学术期刊《台海研究》正式创刊。该刊是上海台湾研究所、上海社会科学院出版社主办的公开学术性刊物。

本月　中国媒体主办的唯一一份尼泊尔文刊物《尼好》创刊号，在尼泊尔首都加德满都正式出版发行。

11月

2日~4日　2013年全国少年儿童科普读物编辑学术研讨会在成都召开，来自全国少儿出版界的资深编辑和科普作家共60余人与会。本次研讨会聚焦少儿科普知识读物，涉及的学术话题均以论文形式呈现。

2日~10日　2013年第32届伊斯坦布尔国际书展将在土耳其举办，中国将首次以主宾国身份参展。

4日　2013年绿色印刷宣传周首日，国家新闻出版广电总局和环保部在京宣布，票据票证实施绿色印刷工作正式启动。

5日　"第二届韬奋出版人才高端论坛·中国好编辑"在合肥举行。论坛围绕"后转企改制时代"及"流媒体"语境下，如何培养、选用各类编辑出版人才以及好编辑对建设出版强国的作用等问题，从不同角度进行了深入研讨。

6日　2014年度国家出版基金项目评审会议第一次大会在京召开，会议标志着2014年度国家出版基金资助项目评审工作正式启动。

7日~9日　亚太区唯一的年度少儿出版物国际盛会——中国上海国际童书展在上海世贸商城展览中心举行。本届书展主题为"让少儿阅读与世界同步"。上海国际童书展是目前唯一一个由国家新闻出版广电总局批准、专注于0~16岁少儿读物内容的版权贸易、出版、印刷、发行及阅读推广的展会平台。

9日~12日　中国共产党第十八届中央委员会第三次全体会议在北京举行。全会听取和讨论了习近平受中央政治局委托作的工作报告，审议通过了

《中共中央关于全面深化改革若干重大问题的决定》。决定指出，要紧紧围绕建设社会主义核心价值体系、社会主义文化强国深化文化体制改革，加快完善文化管理体制和文化生产经营机制，建立健全现代公共文化服务体系、现代文化市场体系，推动社会主义文化大发展大繁荣。

10日　我国文化产业领域唯一中英文资料性年刊——《中国文化产业年鉴2012》英文版发布。

16日　第二届人文社会科学集刊年会在杭州召开。此次年会以"学术集刊与学术规范"为主题，旨在为全国的专家学者搭建一个交流沟通的平台，进一步推动学术集刊的规范发展与集刊建设。

17日　2013年度"中国最美的书"评选揭晓。长江文艺出版社的《冬至线》、接力出版社有限公司的《云朵一样的八哥》以及同济大学出版社的《一点儿北京》等来自全国各地19家出版社的21种图书荣膺本年度"中国最美的书"称号，并将代表中国参加2014年度的"世界最美的书"评选。

17日　2007年诺贝尔文学奖得主、英国女作家多丽丝·莱辛11月17日去世，终年94岁。译林出版社拥有莱辛12部作品的中文版权，计划3年内陆续推出。

20日　2013年中国图书展销在印尼首都雅加达举行。本次展销会汇聚了近年来出版的1000多种优秀图书，内容涵盖中文教辅、科普、文学、历史、艺术、旅游、中医中药、中国—东盟合作等各个门类。

22日~24日　中国全民阅读媒体联盟第一次代表大会在京召开。本次大会审议并通过了《中国全民阅读媒体联盟章程》，这标志着联盟组织架构形成，正式开始运行。

23日　当地时间10：30，新知图书（科伦坡）华文书局在斯里兰卡首都科伦坡开业。这是继柬埔寨、老挝、马来西亚、缅甸之后，昆明新知集团在海外开设的第五家连锁书城，也是昆明新知集团在南亚国家开设的第一个连锁书城。

30日　第六届中国版权年会在北京召开。年会包括以"移动互联网时代下的版权运营与保护"为主题的年会论坛和2013年中国版权协会年度评选颁奖大会。

本月　国家新闻出版广电总局正式发布《2013~2025年国家辞书编纂出版

规划》，共有189个重点辞书项目入选《规划》，100家出版单位承担该项目。

本月　湖北省新闻出版广电局正式向武汉三新书业有限公司和武汉亿童文教股份有限公司颁发新版出版物经营许可证，授予其出版物全国总发行权。这是湖北省首次向民营文化企业授予全国总发行权。

12月

2日　中国出版企业社会责任研讨会暨《社会科学文献出版社企业社会责任报告（2012～2013）》发布会在京召开。该报告是我国单体出版社第一份真正意义上的企业社会责任报告。

5日　国家版权局在京召开《教科书法定许可使用作品支付报酬办法》宣传贯彻座谈会。该《办法》自12月1日起正式实施。

7日　经国家新闻出版广电总局（国家版权局）批准，全国版权标准化技术委员会在京成立，该委员会的成立填补了我国版权标准化建设领域的一项空白。

9日　中国报业协会户外媒体专业委员会成立大会暨第一届报业户外媒体年会在郑州举行，大会通过了《中国报业协会户外媒体专业委员会章程》。中国报业协会户外媒体专业委员会是国内首家报业户外媒体行业组织。该组织的成立对报业户外媒体的发展及与国际户外媒体接轨具有重要意义，标志着我国报业户外媒体进入了新的发展阶段。

12日　全球第一款财经类中英双语新媒体读物——《中国文摘》上线两周年，《中国文摘》推出日文版、西班牙文版、阿拉伯文版，"智媒体俱乐部（Smart Media Club）"同时在京成立。

本月　上海报业集团所属《新闻晚报》在上海市新闻出版局备案休刊，成为上海报业集团成立后首份休刊的报纸。

本月　甘肃省定西市临洮县发现了一套只有两个火柴盒大小、页面比身份证还要小的《四书备旨增注详解》。经专家考证，确认此书是目前我国已知古籍中版本较独特、字体较小的石印本。

本月　由中共中央文献研究室编辑的《习近平关于实现中华民族伟大复兴的中国梦论述摘编》一书由中央文献出版社出版，在全国发行。

本月　中共中央办公厅印发了《关于培育和践行社会主义核心价值观的意

见》,并发出通知,要求各地区各部门结合实际认真贯彻执行。《意见》指出,新闻媒体要发挥传播社会主流价值的主渠道作用。

(作者为中国新闻出版研究院出版经济研究室实习研究员)

2013年中国香港特别行政区出版业大事记

香港联合出版集团

1月

17日 香港文汇报与美国美中信使报合作,在美国出版发行"香港文汇报休斯顿版"。

21日 浸会大学为香港首所国学院——"饶宗颐国学院"举行成立典礼。

25日 由香港光华新闻文化中心主办的"台湾式言谈系列讲座",今年迈入第四年,1月25日由教育暨科学家朱经武打头阵,之后至4月2日,包括王健壮、吴念真、高希均等台湾学者专家将陆续登场。

2月

21日 香港特区政府公布第三期活化历史建筑伙伴计划的结果,中环必列啫士街街市将变身亚洲首间新闻博览馆(NEWSEXPO)。

24日 由香港《镜报》主办的《我可以为"和平"做些甚么》香港地区征文比赛颁奖典礼于香港科学园举行。

28日 首创读者可携书在户外庭园阅读、全港第二大的屏山天水围公共图书馆于2月28日开放给市民使用。

3月

18日 联合出版(集团)有限公司副董事长、总裁陈万雄于2013年3月18日退休,另获聘任为集团顾问,任期三年。总裁一职由该集团董事长文宏武兼任。

20日 海上图书馆船"望道号"抵达香港,停泊于港岛坚尼地城招商局码头，并于3月22日至4月1日开放给公众人士入场参观。

31日 三联书店的最新出版项目《what.》生活文化志，是一本从未见于香港本土出版界之跨界刊物。每期只以一种生活风貌为主题，该刊试刊号《what. issue 0：黑夜之后》于2013年3月出版。

4月

2日 国家图书馆馆长周和平与香港特别行政区康乐及文化事务署署长冯程淑仪，在香港中央图书馆签署了《关于在香港公共图书馆开展数字图书馆合作的协议》。根据协议，香港民众可以借助数字平台浏览国家图书馆藏有的丰富文化资源。

12日 香港出版学会假香港世界贸易中心会举行"2013年度周年大会暨25周年会庆晚宴"。

19日~26日 为响应"4·23世界阅读日"，与市民共享阅读之乐，联合出版集团属下的三联书店、中华书局、商务印书馆、香港联合书刊物流公司合办"旧书回收大行动"。受惠机构为救世军。

5月

7日 金石堂宣布来港与OK便利店合作发展网上购书，便利店提货服务。

9日 "2012香港艺术发展奖"颁奖礼已于5月9日圆满举行，刘以鬯荣获2012香港杰出艺术贡献奖。

30日 世界华文媒体（00685）及旗下万华媒体（00426）公布今年3月底止的年度及第四季度业绩，世界华文年度股东应占溢利5 698.5万美元，跌逾9.8%，其中第四季度大跌11%，至1 371.4万美元。万华第四季度业绩更转盈为亏。

31日 《牛津高阶英汉双解词典》面世65年，今年推出第8版，辑录多个网络词汇。

6月

10日 由中华书局打造，营造淡泊从容氛围的"慢读时光"概念店于中央图书馆开幕。

17日　《大公报》创刊111周年暨"大公之友"十周年庆典活动,6月17日晚7时假座香港会议展览中心旧翼一楼会议厅隆重举行。

19日　"三联书店.元朗文化生活荟"于元朗青山公路49号启业。

25日　由香港电台文教组、香港出版总会合办,康乐及文化事务署香港公共图书馆协办的"第六届香港书奖"于6月25日假香港电台举行颁奖礼。

26日　全国政协委员包陪庆所著《包玉刚　我的爸爸》一书英文版《Y. K. Pao: My Father》举行发布仪式。

30日　香港特区政府公布今年七一授勋名单,香港报业公会主席及联合出版集团名誉董事长李祖泽等九人获颁金紫荆星章。

7月

8日　新鸿基地产(新地)委托智库组织 Roundtable 之网络成员圆思顾问有限公司(圆思),连续第二年进行《新地喜"阅"指数》问卷调查。结果发现有超过5成港人过去半年没有阅读。

8日　日本人和仁廉夫将多年搜集的证据,结集成《岁月无声——一个日本人追寻香港日占史迹》,详述香港于1941年12月沦陷的苦况。

11日　为确保网络信息能顺利流通,香港特区政府就处理俗称"恶搞"的"戏仿作品",7月11日起展开三个月的公众咨询,抛出三大建议方案。

17日~23日　"香港书展2013"于湾仔香港会议展览中心举行。

17日　联合出版集团宣布推出崭新的电子商务平台——超阅网(SuperBookCity.com),一种结合实体书店、网上书店和文化活动的业务模式。超阅网搜罗中国内地、香港、台湾及欧美近百万种中、英文纸本书及电子书,读者可在网上、网下,在线、线下选购和阅读图书。

19日　由中国人民大学出版社主办、香港职业训练局及香港流行图书出版协会协办的"第一届编辑出版业务培训班"于长沙湾香港专业教育学院开课。

8月

2日　免费报章《街市报》由思网络(SEE Network Ltd.)出版。

5日　香港联合出版(集团)有限公司向西藏自治区新闻出版局捐赠人才培养资金仪式在拉萨举行,捐赠的20万元资金用于支持西藏新闻出版系统人才教育培训。

15 日　香港研究协会于 7 月 31 至 8 月 7 日展开全港性随机抽样电话访问，发现 58% 受访者"几乎每天"及"一星期数次"阅读免费印刷报纸。

24 日　《朱镕基上海讲话实录》繁体字本由香港三联书店出版。

27 日　由中国文化院主办的首届中华国学论坛，在香港会议展览中心 N101 室举行。

31 日　香港作家董启章凭一部写于九七前夕的作品《地图集》英译本，勇夺每年春天都会在美国加州大学颁奖的"科幻奇幻翻译奖"（Science Fiction & Fantasy Translation Awards）长篇小说奖。

9 月

6 日~10 月 13 日　首间"香港新闻博览馆"举办"新闻纸·老香港"展览。

14 日　藉纪念成立 25 周年，联合出版集团赞助于 9 月 14 日晚假香港文化中心音乐厅举行的一场"千年之声·钟乐龢鸣"音乐会。此次庆典共获港币十万元贺仪，全数捐赠中华商务希望基金会。

26 日　港台文化合作委员会在香港举行第三届港台文化合作论坛，讨论跨界别合作、创意产业群组和基地等，望摸索香港文化艺术前路。

30 日　"香港漫画传奇：黄玉郎 50 周年殿堂展"由 9 月 30 日起至 10 月 20 日于将军澳东港城一楼展览厅展出。

10 月

4 日　"Google Play 图书"与香港三联书店、商务印书馆、万里机构、中华书局、明窗出版社、香港大学出版社、经济日报出版社和青森文化八大本地出版社合作，为书迷提供本地化的电子书及流行读物。

12 日　为鼓励学生多写作及多阅读，香港中华书局与《大公报》、童梦城通识假大公报史馆室合办"'走近作家'讲座暨《作文百达通》小作者颁奖典礼"，近 300 名中小学师生和家长出席。

18 日　壹传媒 10 月 18 日声称，基于"理顺资源，专注有利可图业务"理由，决定旗下的《爽报》于下周一起停刊，令创刊只有两年的《爽报》，成为香港首份停刊及"最短命"免费报章，估计近50名员工随时面临失业。

22日　四名男子自称是中联办代表，涉嫌讹称获授权出版"中国大事"书刊，四处找城中名人在书中卖广告，欺诈对方1.2万至12.9万元。当中欺诈对象包括玄学家、上市公司董事、慈善团体副主席等等，被控欺诈罪、意图妨碍司法公正等10项罪名。

29日　香港公开大学连同四间自资专上院校，包括明爱专上学院、珠海学院、树仁大学及东华学院，开启电子图书馆藏共享计划。

11月

1日　连载逾24年的漫画《风云》，于2013年11月推出武者无敌《终战篇》后，正式划上句号。

6日　负责出版《丁丁历险记》港版的香港商务印书馆表示，其所持版权于今年12月31日届满，之后将不再续约。

14日　"2013亚洲文化合作论坛"于香港举行，来自亚洲十余个国家和地区的文化部长和高层官员聚首香港，就"文学与文化生命力"的主题，对如何深化文化合作及推广文化艺术发展交流意见和分享经验。

28日　由康乐及文化事务署香港公共图书馆举办的、两年一度的"香港中文文学双年奖"，在香港中央图书馆举行颁奖典礼。新雅作者韦娅小姐的童诗集《长翅膀的夜》在众多参选图书中脱颖而出，荣获"第十二届香港中文文学双年奖"中的"儿童少年文学组"双年奖奖项。

12月

1日　荣宝斋于中环长江中心举行香港分店重张仪式。

9日　第25届香港印制大奖以"印出创意·姿彩生活"为主题，于12月9日假尖沙咀香格里拉大酒店举行颁奖典礼。联合出版集团属下的中华商务联合印刷公司印制的Gothic《歌德艺术》，夺得"全场大奖""最佳印制书籍奖"和"书刊印刷/精装书刊冠军"三项荣誉。

9日　《新晚报》12月9日起正式转为收费报纸，售价为每份港币5元。

15日　为庆祝成立65周年，三联书店举办"两岸三地书籍设计讲座及论坛——书籍设计背后的故事"活动，由曾担任"世界最美的书"及"中国最美的书"评委的廖洁连女士策划。

16日　香港历史掌故专家、香港浸会大学传理学院电视电影系前系主任吴昊因胰脏癌及食道癌病复发，12月16日凌晨病逝，享年66岁。吴昊系历史博士，对香港历史了如指掌，出版过《香港掌故系列》《老香港》系列、《太平山下》《香港电影民俗学》等。

23日　《海军司令刘华清》新书发布会及赠书仪式12月23日在昂船洲基地举行。

23日　为庆祝成立65周年，香港工联会特别编印《工联会与您同行——65周年历史文集》，将工联会与香港劳工基层在这65年来所走过的艰辛而丰富的历程辑印成书。该书由中华书局出版。

31日　香港教育局2013年12月31日公布第二期电子教科书市场开拓计划，共批核20份申请，获批的申请来自8个机构，非牟利机构及其他机构各占一半，当中4个为第一期计划中选者。

2013年中国台湾地区出版业大事记

黄昱凯

1月

3日 "新北市政府文化局"公布"新北市动漫画原作剧本"以及"新北市动漫画原创漫画"竞赛结果,张佩芳的《三峡老街霸王通》及林芳宇的《黑龙轶闻》获"原创漫画"首奖;张玉芬的《天灯节考》及张家豪、高穆凡合作的《冬雨山城》获"原作剧本"首奖,这些得奖作品同时获得出版机会。

9日 "文化部"及财团法人台北书展基金会公布"2013台北国际书展大奖"(Taipei International Book Exhibition Prize)得奖名单,小说类由郑清文的《青椒苗:郑清文短篇小说选3》(麦田出版社)、陈雨航的《小镇生活指南》(麦田出版社)、郭松棻的《惊婚》(印刻出版社)获奖;非小说类得主为王健壮《我叫他,爷爷》(九歌出版社)、庄素玉与徐重仁合著的《流通教父徐重仁青春笔记:一生感动一生青春》(天下杂志)。

23日 "文化部"于艺文空间举办"2013法国安古兰国际漫画节台湾馆"行前记者会,邀请漫画家阿推、常胜、安哲等8位一同前进安古兰,"台湾馆"以"快乐的漫画船·台湾"(The Joy Ship of Taiwan Comics)为主题。

23日 UDN购物平台与TAAZE读册生活网络书店结盟。

30日至2月4日 "文化部"及财团法人台北书展基金会于台北世贸中心举办"2013台北国际书展",比利时为主题馆,另有西语文化馆、香港馆、简体馆、台湾出版主题馆、青年创意馆、2013数字主题馆、动漫主题馆、遇见幸福主题馆等,共有70国,737家出版社参展,今年首设"简体馆",共有28个展位;版权交易会议共举办438场,第二届华文出版与影视媒合平台"一对一媒合会议"举办250余场。2月1日举行"2013金蝶奖——台湾出版设计大奖"颁奖典礼，"整体美术与装帧设计奖：文字书类"金奖为王庆富设计的《有一间小房子的生活——特别刊妈妈经》（品墨设计工作室）获得，"图文书类"金奖为林银铃设计的《嫁妆》（田园城市文化）。

2月

1日 "台北市立图书馆"、联经出版事业公司、国语日报、"新北市立图书馆"主办，幼狮少年、"中华民国儿童文学学会"协办，公布"第63梯次'好书大家读'优良少年儿童读物"名单，共计选出单册图书190册。

1日~3月3日 诚品书店与大陆中华书局合作，于诚品书店敦南店举办"百年岁月·时代芳华"中华书局百年特展，展出包括梁启超文献集《南长街54号梁氏重要档案》，收录徐悲鸿往来书信、书稿与罕见书法作品的《中华书局藏徐悲鸿书札》，及复刻重印的大字版线装书《史记》等珍稀出版品限量展售。

4日 "文化部"所属"国立传统艺术中心"台湾音乐馆举办《台湾作曲家乐谱丛辑II》出版发表记者会，共搜录台湾资深作曲家张昊《宝岛环游》、柯芳隆《锣声》《客谣四章》《祭》，及钱南章《小河淌水》《158》《Ma Ma 奏鸣曲》等7套乐谱，希望透过乐谱出版，提升台湾优秀作品的演出几率，对音乐文化发展产生帮助。

8日 "国立台湾文学馆"公布2013年至2014年"国立台湾文学馆台湾文学翻译出版补助"名单。计有郑鸿生《青春之歌》的日译书出版、陈玉慧最新小说《CHINA》的德语翻译与出版等29件申请获补助。

19日 德国书艺基金会公布NOBU设计，大块文化出版《坐火车的抹香鲸》获德国"世界最美丽的书"书籍设计大赛（International Competition Best Book Design from all over the World 2013）银奖。

26日 "新北市政府文化局"举办"万军主帅《邱火荣的乱弹锣鼓技艺》第二集"有声书新书发表会，本书完整保存邱火荣先生北管扮仙戏《新三仙会》《封王》《金榜》《小金榜》《加官》的曲谱与剧本，详细描述北管扮仙中的锣鼓运用与保存。

3月

7日　"国立台湾文学馆"公布2012"'国立台湾文学馆'台湾文学学位论文出版征选"录取名单。

9日　国语日报社书店全新改装开幕,除了儿童书籍外,亦加入更多如亲子教养、旅游、养生等成人书籍。

10日　唐山书店、东海书苑、水木书苑、洪雅书房、小小书店、有河book、凯风卡玛儿童书店、自己的书房、注书店等9家书店于台中举行"独立书店联盟"成立大会。

22日　漫画家林莉菁中译《我的青春、我的FORMOSA》(Formose)于法国巴黎书展中获得大巴黎区高中生票选为"高中读者文学奖"。

24日　城邦媒体控股集团、海峡出版发行集团于台北、福州同时宣布启动"海峡书局",为大陆第1家获得网络出版许可,以及加值电信业务经营许可的外商投资企业,意味着台湾出版业可以与陆商同步竞争。

25日　"客家委员会"举办《远扬筑梦》新书发表及"海外客家人奋斗故事"网站启用记者会,远赴欧、非两洲,采访记录了二十位客家人物的精彩人生

4月

2日　"国家图书馆"与佛光山文教基金会共同举办星云大师《百年佛缘》增订版新书发表会,记述星云大师87年以来的种种殊胜佛缘,共有16册。

4日　猫头鹰出版社出版曹铭宗《台湾史新闻》,模仿报纸新闻的写作体例与编排,精选史前、荷西、明郑、清朝至今在台湾岛发生的重大新闻,用100个"报纸跨页版面"来"报导"从古到今的台湾史。

8日　"文化部"公布"第37届金鼎奖"得奖名单及特别贡献奖得主,共有数字出版类、杂志类及图书类三大类组22个奖项,本(102)年图书类新增"最佳图书主编奖"及"优良政府出版品奖","最佳图书主编奖"为周佩蓉编辑的《流麻沟十五号:绿岛女生分队及其他》(书林)获奖;"优良政府出版品奖"为"客家委员会"客家文化发展中心出版《客庄生活影像故事》、"行政院农业委员会"林业试验所出版《沉默的花树:台湾的外来景观植物》

获奖；特别贡献奖为前任《中国时报》开卷版编辑及主编李金莲获得。

10日 "台中市政府"与大英百科全书公司合作规划，由250名师生创作《幸福梦想大台中》3D立体书，全书有100个立体页面、295页的故事书，长105米，以大甲镇澜宫、大坑登山步道、逢甲夜市、台中公园湖心亭等100个台中在地故事为主题。

26日~5月1日 国家新闻出版广电总局和浙江省政府于杭州市举办"第九届中国国际动漫节"，计有68个国家和地区的动漫企业、名家和机构参加，中华动漫出版同业协进会、木棉花、曼迪传播、皮皮家族、群英社以及铭显文化等9家业者共同成立"台湾动漫馆"，展示200本台湾当红原创漫画小说，金漫奖得奖作品等。

5月

1日~5日 "第27届日内瓦国际书展"于瑞士日内瓦Palexpo展场开幕，主宾国为墨西哥，佛光山日内瓦会议中心展出星云大师著作中、英、法、德、葡、韩等语文图书。

6日 联经出版事业股份有限公司出版夏洛特·孟莉克的《最糟的假期》及《小伤疤》绘本，《最糟的假期》获得2012年瑞士儿童绘本奖。

8日 印刻文学生活杂志出版有限公司出版李黎《半生书缘：一名文学新生与巨擘的灵光之会》，描述茅盾、巴金、沈从文、丁玲、艾青、钱钟书、杨绛、范用、刘宾雁、李子云、殷海光、陈映真等12位作家的人格与作品风格。

9日 "文化部国家人权博物馆"筹备处于"国立台湾文学馆"举办《秋蝉的悲鸣：白色恐怖受难文集》台南场新书发表座谈会，全书共收录18位受难者或家属的白色恐怖经历。

15日 开发网络盗版漫画APP的ComicKing开发者与城邦集团达成和解，除付赔偿金外，并召开公开记者会向出版界自白道歉。

23日 "文化部文化资产局"于台中文化创意产业园区求是书院举办"读·飨 文化资产导读系列活动"，导读社团法人外省台湾人协会编的《眷村的前世今生》及林美吟译《历史街区与聚落的保存活化方法》（"行政院文化建设委员会文化资产总管理处筹备处"）。

28日 "宜兰县立文化局"于杨士芳纪念林园举办"宜兰市"鄂王小区

协会《宜兰城慢游、宜兰市旧城区深度导览手册I》及《怀旧慢游地图》新书发表会,手册除了介绍宜兰旧城的发展历程外,也规划"兰城百工与怀旧慢游""巷弄体验与艺术再造""传统市集与地道小吃"与"旧城寺庙巡礼"4条不同类型与特质的探游路线,让读者了解旧城在地文化特色。

6月

4日 胡元辉于中正大学图书馆多元创意教室举行《公众委制新闻的时代来临:weReport调查报导平台的意义与展望》(允晨文化)新书发表会。

7日 "行政院原住民委员会文化园区管理局"于屏东文化园区游客服务中心muakay咖啡店举办《山林智慧:排湾族Tjaiquvuquvulj群民族植物志》新书发表会,内容以排湾族的Tjaiquvuquvulj大武山区群的Padayin(高燕)、Piuma(平和)、Payuan(筏湾)、Makazayazaya(玛家)等部落为搜集数据与调查访谈的区域,记载传统作物、野生植物及外来植物共80种排湾民族植物。

8日~7月6日 BABEL市集与茉莉二手书店合作于台北茉莉二手书店师大店举办5场"我有一份目录"出版论坛。

10日 纸风车文教基金会举办"纸风车368儿童艺术工程第二里路期中报告暨《TAIWAN 368新故乡动员令》出版记者会",《TAIWAN 368新故乡动员令》(远流)由纸风车文教基金会与中国时报调查采访室合作编辑,收集47个地方乡镇小区改造、公民运动的故事。

21日 八旗文化出版社于台北诚品台大店举办吾尔开希《为何自首:一个流亡者的自由书》新书分享会。

21日 远流出版事业股份有限公司与宝瓶文化事业有限公司于高雄诚品新世纪店举办阿布《来自天堂的微光》及殷小梦《寻医者:一张白色巨塔往非洲大陆的航海图》联合新书分享会,记录在史瓦济兰行医的过程。

22日~28日 缪思出版有限公司分别于22日在台中敦煌书局中港门市、28日在台北诚品信义书店举办王俪瑾《巴塞隆纳,不只高第:跟着中文官方导游深度行》新书分享会,为专职中文官方导游所写的巴塞隆纳旅游专书,精心规画9条漫步路线和14处周边景点。

29日 东森综合台、高宝书版集团于台北诚品信义书店举办赖宪政、季芹《现在才知道:小小上班族也能投资、理财、保险、买房》新书发表暨读友签书会，从个人理财、投资术、保险及房地产四个面向，运用实际案例、清晰的图表，让读者轻松学会控管个人资产，掌握不同投资标的的操作重点。

29日 "高雄市文化局"和新自然主义出版社共同出版台湾千里步道协会策划《千里步道3：高雄，慢·漫游 一本令人难忘的旅行故事书》，呈现在高雄都会行走或山城漫游等多样迷人风情。

7月

2日~9月1日 "文化部所属台湾文学馆"举办"绘本阿公·图画王国——郑明进80创作展"，共展出34幅绘本原作及主题书展。

4日 "2013上海台北城市论坛"在上海浦东举行，以"城市未来发展的格局和亮点"为主题，上海与台北两市就市民服务热线、图书馆等方面签署交流合作备忘录。

5日 "桃园县政府文化局"公布陈雨航着《小镇生活指南》（麦田）获选为2013"桃园之书"，及5本年度推荐书：阮义忠《台北谣言、人与土地》（行人）、艾伦·狄波顿《宗教的慰藉》（先觉），陈丽端、戴文婉、詹迪薾《您从哪里来》（"桃园县政府文化局"），葛瑞琴·鲁宾《过得还不错的一年：我的快乐生活提案》（早安财经），蔡珠儿《种地书》（有鹿文化）。

6日 台湾首家军事专业书店"菁典军事专业书店"在五南文化广场台大店B1开幕，以独立书店与大型连锁书店结合，采用"店中店"模式经营，展售两岸与世界各国出版的军事图书。

10日 堂朝数字整合股份有限公司宣布与株式会社电算合作，共同协力推广Finder电子刊物平台的应用，将Finder电子刊物的服务范围推广至日本，开拓日本电子刊物市场。

10日 西班牙教育文化与"体育部"公布几米《几米画册·创作精选》获得西班牙2012年度出版奖艺术类图书首奖。

29日 全家便利商店宣布推出畅销书实体书卡预购，并与翰林出版事业合作，引进数字学习系统翰林云端学院，抢攻网络书店与补教市场。

29日至31日 "文化部"委办，联合营销研究公司主办，华品文创出版公司承办，于台北"国立台湾师范大学"综合大楼国际会议厅举办"2013台湾图书出版产业调查研讨会"，29日主题为"台湾图书统一定价可行性探讨：从国外经验与出版社、发行商、书店通路的探讨",31日主题为"图书馆公共出借权对出版业的影响：从国外经验与作者、出版社、图书馆、著作权的探讨"，探讨"统一定价"与图书馆是否应该推行"公共出借权"两大议题。

8月

4日 屏东县牡丹乡的林明德在屏东县玛家乡三和村开设全国第一家原住民独立书店"蕃艺书屋"。

9日 "国立台湾图书馆"举办《日据时期（1895~1945）绘叶书—台湾风景明信片》新书发表会，该馆出版《日据时期（1895~1945）绘叶书—台湾风景明信片》共3册。

9日~10月18日 "文化部"指导，城邦文化事业股份有限公司主办，于台北集思台大国际会议中心举办"从数字做出版 一次就懂：数字出版八堂课"，讲授包含用数字出版趋势分享与数字著作权认识、数字格式的表现与出版流程探讨、EPUB3.0电子书籍制作学习等课程，用出版人了解的语言，解构数字出版的秘密，分享数字出版最新信息与技术。

13日 "文化部"为培养图书创作及编辑企划人才，鼓励多元出版，发布"文化部原创出版企画补助作业要点"，补助申请案以除漫画以外之图书出版企划为限，并于30日在该部举办说明会

14日~20日 国家新闻出版广电总局、上海市人民政府主办，中共上海市委宣传部、上海市新闻出版局承办的"2013上海书展暨书香中国上海周"在上海展览中心举行。上海外文图书公司与华品文创出版公司联合承办第10届上海书展"乐读台湾"展区，展出台湾图书近3000种，10000册在现场展示销售，让台湾图书也能融入上海。

24日 "行政院环境保护署"于台北西门红楼2楼剧场办理2013年"第一届绿芽奖环境教育优良图书征选"颁奖典礼，蔡亦琦等作《知本·森林故事绘本系列》（行政院农业委员会林务局）等32本图书获奖，"环保署"请评审委员为获奖优良图书撰写推荐序及图书摘要，汇编成《环境教育优良图书专辑》。

9月

2日 "国立海洋生物博物馆"出版《透视·鱼》（时报），以真实鱼类标本，鱼的骨骼结构清晰呈现，是一本透明染色鱼类图鉴。

3日 "行政院经济建设委员会"于日本东京举办自由经济示范区招商说明会，财团法人信息工业策进会与日商乐天签订合作备忘录（MOU），成为乐天海外重要的营运与服务据点，扩大在台电子商务、电子书等服务。

5日~6日 "文化部"主办，台湾数字出版联盟执行，于台北市政大公企中心举办"数字出版专业经理人工作坊"，进行国际数字出版产业界之经验分享及互动交流。

7日 "高雄市政府"与远流出版社合作推出"台湾云端书库"电子书服务（http：//ebook.ksml.edu.tw），未来高雄市民可借阅电子书，所需费用由"高雄市政府"与百万藏书募得款支付。

10日 "文化部"以"阅读者的漫游"为主题，举办"数字阅读在线书展""随处云阅读""云阅读无偏乡""数位授权现况研讨暨反侵权系列座谈会"系列活动，"数字阅读在线书展"邀集 Hami 书城、远传 e 书城、随身 e 册、Book Teller 布克听听、Hyreadebook、Pubu 电子书城、readmoo 电子书店、udn 读书吧等 8 家共同举行电子书平台联展。

14日~22日 公益信托星云大师教育基金、财团法人人间文教基金会、财团法人佛光山文教基金会于高雄佛光山佛陀纪念馆举办"佛光山 2013 国际书展"，以"百大精选、分龄阅读"为主题，规划百大书区、亲子书区、心灵书区、云水书区、质感书区、优质书区及动漫书区，共有 60 家出版商、150 个摊位展出 10 万册的好书，最大特色是由各领域名人推荐的"百家精选"好书，供爱书人品选。

17日~22日 中共湖南省委常委、省委宣传部部长率团访台，举行"2013湘台文化创意产业合作周"，在台北华山文创园区举办"湖湘文化精品展"，包括湘绣、湘瓷、湘书、湘茶、摄影展览等活动。

21日 天下文化书坊于台北国际佛光会台北道场举办莫言《盛典：诺贝尔文学奖之旅》新书发表会，记录了莫言在瑞典期间的活动、演讲、采访及感想，包括日记 13 篇，演讲实录 7 篇，采访实录 8 篇。

25日 "文化部"推出"第一桶金的独立书店圆梦计划"，并举办独立书店圆梦记者会,邀请8家独立书店的创业圆梦者分享圆梦规划与心得。

10月

2日 中国时报人间副刊公布"第36届时报文学奖"得奖名单,短篇小说组首奖为张怡微《哀眠》,散文组首奖为林巧棠《错位》,新诗组首奖为张继琳《旧石器时代》。

13日 陈致元在第65届法兰克福国际书展的瑞士出版社 Baobab Books 展位举办《小鱼散步》德文版签书会。

13日 "新北市政府"于板桥车站新北智能图书馆举办"新北漂书运动"开跑仪式,结合台铁公司于板桥、树林、莺歌等10个火车站点及新北市立图书馆总馆等12处文化场馆、板桥公车站、捷运站外及200辆大有巴士公交车上设置漂书站。

22日 海峡出版发行集团与台湾艺术大学签订合作协议,深耕两岸文化领域。

25日~28日 厦门市人民政府、福建省新闻出版局、中国出版协会、"中华民国图书出版事业协会""中华民国图书发行协进会""台北市出版商业同业公会"共同主办,于福建省厦门国际会议展览中心举办"第九届海峡两岸图书交易会",以"一脉相承·创意未来"为总主题,"弘扬中华文化 推动两岸文化市场融合"为宗旨,台湾共有285家出版社参展。

11月

1日~15日 联合在线主办"数位阅读,朗朗乾坤:2013数字出版创市季趋势论坛"系列座谈,1日在台北台湾大学应用力学所国际会议厅举办,主题为"数字时代,读者驱动出版生态改变"及"社群、实时通讯软件、内容营销新势力",8日主题为"数字出版定价与营销"及"网络改变创作生态与阅读风貌"。

6日 联合在线"UDN读书吧"与墨色国际股份有限公司合作推出几米《向左走·向右走》APP电子书。

7日~9日 上海市新闻出版局、中国教育出版传媒集团有限公司等于上海市上海世贸商城展览中心共同举办"CCBF中国上海国际童书展",以"世界和未来在一起"为主题,共有154家出版社参与,7日,畅谈国际文化事业股份有限公司与中国少年儿童出版社在展览会场举行"《十万个为什么》(第六版)台湾地区中文繁体版权签约仪式"。

12日 "文化部"公布"第35次中小学生优良课外读物评选推介活动"获选书籍名单,计有356种书籍获选,并举办"网络票选活动"及"在线主题书展"等营销推广计划,通过主题式阅读引导,分享亲子共读乐趣并养成阅读习惯。

27日~29日 "金门县政府"及福建出版者工作协会、海峡出版发行集团、新华发行集团及"中华民国图书出版事业协会"于"金门县金城国中体育馆"共同办理"第八届金门书展",展出大陆简体书,约四千余种,共近万册,台湾图书专区,约一千余种,计三千余册。

30日~12月8日 "台北书展基金会"承办"墨西哥瓜达拉哈拉书展"台湾馆,以"美的台湾"(Beauty, Made in Taiwan)为主题,设有"台湾精选插画家专区""台湾精选图文出版品""已授权图文书区"等5大专区展示,37家出版社参与,主推童书绘本和漫画,"文化部"补助12本绘本、10本漫画做西语试译本于现场陈列,几米受邀担任与会贵宾,成为"台湾出版界的文化大使"。

12月

1日 公益信托星云大师教育基金于高雄佛光山佛陀纪念馆大觉堂举行"第二届全球华文文学星云奖"赠奖典礼,贡献奖为痖弦(本名王庆麟),创作奖之报导文学二、三名为李秀兰《撒奇莱雅族丰年祭纪实》、马西屏《眷村一道噙笑的泪痕》。

7日 "国立台湾文学馆"于该馆举办"2013台湾文学金典奖"赠奖典礼,图书类长篇小说金典奖为李乔《v与身体》(印刻),新诗金典奖为陈黎《朝/圣》(二鱼文化),剧本及原住民短篇小说金典奖为刘勇辰《并行线》和奥威尼·卡露斯的《泪水》

9日 "文化部"委托艺术家出版社出版"家庭美术馆:美术家传记丛书":赖明珠《灵动·淬炼——吕铁州》、陈奕恺《典雅·奔放——张启华》、熊宜敬《高逸·奇趣——吴学让》、陈长华《写景·抒情——何肇衢》、郑芳和

《醇朴·融通——郑善禧》、潘襎《豪迈·幽远——欧豪年》，呈现20世纪以来台湾近代美术的重要开拓者，叙述他们的生命经验、艺术历程，以及对台湾美术发展的贡献及影响。

12日 "国立台湾文学馆"于"台北市文化部"艺文空间举办《台湾文学史长编》新书发表会，由《山海的召唤：台湾原住民口传文学》到《母语文学》，共33册文学史著作。

15日 中国作家协会副主席、书记处书记陈崎嵘于台北纪州庵文学森林举办《鲁迅文学奖作品选》新书发表会暨座谈会，会上表示，台湾作家在大陆正式出版的文学作品，均可参加鲁迅文学奖、茅盾文学奖、全国优秀儿童文学奖和全国少数民族文学创作骏马奖等4项大奖的评选。

23日 "立法院教育及文化委员会"邀请"文化部"报告独立书店的产业扶植，及其成为小区新文化中心的可行性。

30日至2014年1月10日 凤凰出版传媒集团与诚品书店合作，于诚品信义旗舰店举办"采韵江苏，同城台湾——凤凰出版传媒集团60周年精品图书展"，展出江苏文艺出版社、江苏人民出版社、江苏教育出版社、江苏美术出版社、凤凰出版社、译林出版社等6家出版社的500种、1 500册图书，包括康熙55年《康熙字典》《汉字大爆炸》《再会邮简》《活字：文字的解构》《文字的拼贴》《文字的世界》等。

（作者为台湾南华大学文化创意事业管理系助理教授）